信托财产权的形成与特质

汪其昌　著

中国财政经济出版社

图书在版编目（CIP）数据

信托财产权的形成与特质/汪其昌著．—北京：中国财政经济出版社，2011.6
ISBN 978－7－5095－2884－6

Ⅰ.①信…　Ⅱ.①汪…　Ⅲ.①信托－财产权－研究－中国　Ⅳ.①D923.24

中国版本图书馆 CIP 数据核字（2011）第 084854 号

责任编辑：林治滨　　　　责任校对：胡永立
封面设计：郁　佳　　　　版式设计：兰　波

中国财政经济出版社出版

URL：http：//www.cfeph.cn
E－mail：cfeph@cfeph.cn

社址：北京市海淀区阜成路甲 28 号　邮政编码：100142
发行处电话：88190406　财经书店电话：64033436
北京富生印刷厂印刷　各地新华书店经销
787×960 毫米　16 开　15.25 印张　256 000 字
2011 年 6 月第 1 版　2011 年 6 月北京第 1 次印刷
定价：28.00 元
ISBN 978－7－5095－2884－6/F·2447
（图书出现印装问题，本社负责调换）
本社质量投诉电话：010－88190744

序 一

从效率角度看信托法律制度

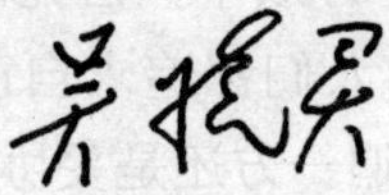

相对于人类无限需求来说，任何资源都是稀缺的，这就决定了人类只能有效率地利用资源。效率的标准是什么？如何才能建立有效率地利用资源的制度？亚当·斯密继承曼德维尔的思想，用富有诗意的语言写道："每个人都力求运用自己的资本，生产出最大的价值。一般而言，他不会是为了促进公共利益，也不知道促进多少。他只考虑自己的安全，自己的所得。正是这样，他由一只看不见的手引导着，实现着他自己并不打算实现的目标。与有意地促进相比，在追求他自己的利益的过程中，往往能够更加有效地促进社会的公益！"这就是著名的"看不见的手"原理，意思是每个理性人追求自己的私利最终能够达到资源优化配置。随后一系列经济学家论证自由市场经济制度是最符合人性、有效率利用资源的社会制度。效率的标准是帕累托最优和一般均衡。这种理想状况要在一系列严格假设条件下才能达到，如完全理性、没有信息不对称、无交易成本、无时间空间的约束、充分竞争等，但这些严格假设条件在真实世界不存在，因此，只能作为理想参照物。放松这些假设条件，就有次优、卡尔多—希克斯效率、公平和效率交替论等一系列关于效率的理论和标准。

人之自利本性如水，随物赋形，也即有什么样的激励约束条件，人们就有什么样的自利行为选择。就像我们不能消除万有引力一样改造人的自利本性。资源优化配置与否，是人的自利行为选择的结果。因此，要达到优化配置资源的目的，就要建立相互配套的一系列正式和非正式制度，诱导人的行为选择，引致优化资源配置。法律制度是影响资源配置的一种正式制度。根据科斯定理，法经济学家、美国大法官波斯纳认为只有符合效率原则的法律制度才是正义、公平。

我国2001年颁布实施《中华人民共和国信托法》，随后颁布了《中华人民共和国证券投资基金法》，现在正在修订之中，其法理学基础是信托法原理，是用信托法律制度规制各方当事人。看完汪其昌同志所著《信托财产权的形成与特质》一书，我就想到信托法律制度的效率问题。我想的效率与一般的效率原则有所不同。

首先，在真实世界妥协才有效率，信托制度即是一种利益妥协的制度安排。因为资源的稀缺，不同的人们都追求自己的私利，不免有利益矛盾和冲突。怎么办？使用暴力强制压迫一方还是妥协谈判？从世界历史看，各方妥协谈判有利于资源有效率运用。作者认为，信托法律制度现在作为一个博弈规则，是英国历史上多元化利益集团以税为中心的利益冲突和妥协的均衡结果。这根源于英国的封建保有制下国王靠自己过活和没有常备军队，依靠封建人身义务和封建附属义务作为治理国家的财政收入。因此，首先是英国的国王、贵族、教士，在英国封建主义保有制这个最大的约束框架下，分别从各自的利益出发，围绕税收进行相互博弈的行为选择，导致了地产权、普通法和普通法财产权制度的形成，后来加上法律发展形成的职业律师阶层和随工商经济发展崛起的乡绅、市民阶层和资本家阶层，导致王室税收结构的变化，不依靠土地税收而依靠工商业的交易税。这些人增强了与国王的税务谈判力，参与到既定制度下的税收博弈，结果形成了衡平法和衡平财产权利，并最终形成信托财产权的普通法所有权和衡平法所有权这种独特的法律制度。所以信托法律制度具有宪政因子，是利益冲突和妥协的一种均衡结果，现在作为解决人们利益冲突和妥协的一种制度安排。

其次，把负外部性成本内部化才有效率。法律制度作为影响和制约人类行为的内生变量，其原则规范对人们的行为产生主动调适作用，人们并非完全对抗法律，也不会盲目服从，而是循着法律规范所引起的个人利益得失的信号来决定自己的行为。良法就应该通过检验和优化法律规范，矫正权利资源的不合理配置，引导人们的自利倾向朝既“利己”又“不损人”发展，使负外部效应“内部化”，大大降低社会成本，最终达到“利人利己”的最佳境界。

信托法律制度以信托义务为核心形成的治理就是此种机制。由于人的有限理性和信息不对称产生不确定性，加上人的自私自利本性，人们不可避免地在交易中发生交易费用。交易费用包含内生交易费用、外生交易费用和中性交易费用。内生交易费用为人们为争夺分工利益采取机会主义行为使交易不顺利或者失灵造成的损失，外生交易费用为议定、执行交易合同和保护产权交易等防范内生交易费用发生的费用。所谓中性交易费用就是除内生和外生交易费用之外的交易费用，如时间成本、搜寻成本等。内生交易费用和外生交易费用的减少具有不可兼顾的两难冲突，即减少内生交易费用就要增加议定和执行合约的外生交易费用，没有适当的外生交易费用就难以克服和减少内生交易费用。两者具有跷跷板效应。中性交易费用是由于人的有限理性、时间空间等约束条件形成的，也是不可消除的，随着技术进步，最多只能减少。所谓效率就是分工经济中交易的总收益要大于三项交易费用之和。这种效率把负外部性内部化为一方代理成本，或者说私人成本，而不是扩散为社会成本。

科斯认为交易中各方权利义务如何配置影响资源配置效率。信托法律制度通过将信托义务配给能够以最低成本避免损害的一方——受托人，也就是通过法律和法官设定的义务使得一方内部化负外部性，减少外生交易费用的同时减少内生交易费用，从而提高交易效率。这是对有信息优势、谈判能力强的一方单方面强加的责任和义务，这种义务配置方式不是与权利的自愿和对等配置。这种通过法律和法官事前和事后强加给受托人以衡平法下信义义务，就是对初始权利义务的再配置，就是亚里士多德矫正正义和交换正义的体现，是对人性的深刻理解。

在金融领域，运用信托法律关系具有特别重要的意义，是促进金融市场有效的一种法律制度。法与金融理论认为，法律对于金融发展是重要的。因为金融资源既是稀缺的，又是配置其他资源的机制，即“物随钱走”。美国次贷危机就证明金融资源的错误配置产生的负外部性影响非常大。因此，信托法律关系，不仅可以运用到产品设计中，如信贷资产证券化，而且可以运用到金融组织中，如公司型基金，还可运用到金融服务者与金融消费者的关系中，把受托义务规定为金融服务从业者的最高职业道德规范。美国政府还以预算中的信托基金作为对选民的一个可靠承诺。在中国社会经济发展方式转换的今天，利用信托原理进行金融规制，发展财富管理市场，利用专家的智慧提高资源的配置效率、拓展居民的财产性收入是非常重要的。

汪其昌同志的著作以经济学原理从信托财产权利的历史形成去理解和认识

信托法律制度，视角独特，分析新颖，引人深思。他既从事过信托业务，又进行理论研究和信托课程教学。因而，其研究成果对于信托理论研究和实务工作都带来诸多启迪。所以我愿推荐此书，希望藉此推进信托制度和信托法律的完善。

2011 年 4 月 13 日

序 二

历史与现实：创新性地解读信托财产权制度

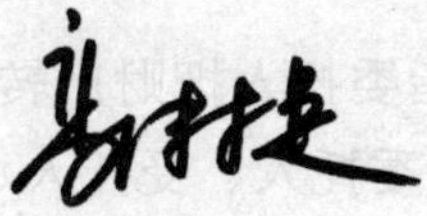

《中华人民共和国信托法》颁布实施已经十周年了。十年来，国内研究信托制度的论文论著渐次增多，使人们对这一源自域外的财产管理制度有了越来越多的了解。著名比较法学家达维说："英国法的结构，它的分类和它的概念，如果不借助于历史，就无法解释和理解"。要理解信托制度也是如此。本书作者就是从信托财产权形成的历史出发，结合法律史、政治史和经济史，运用经济学分析方法进行研究，得出了不少有价值的创见。

首先，关于信托的普通法所有权和衡平法所有权的双重所有权问题，作者不仅指出了英国法所有权和与罗马法所有权的实质不同，还认为信托的双重所有权实质是财产权利的分解。他认为，信托财产权源于英国的财产法，而财产法源于英国的地产权制度。不同于欧洲的封建自由保有制，信托财产权制度是对封建保有制关系的拟制。诺曼征服后，英格兰的土地全部为国王所占有，领主和封臣都保有土地，封臣封土形成的封建义务关系致力于对土地上财产权益的开发、分割和利用，而不是注重对土地本身的占有。因此，英国法中的所有权就是指附着在土地上的抽象权利，而不是罗马法意义上的具体物权。与罗马法相反，通过双方合意任意创设权利义务，事前并不严格规定当事各方的权利义务，遇到争执时，才诉诸法庭是其制度的特色之一。普通法和衡平法都是以法官自由裁量权行使司法救济。这就从根源上解释了信托财产权为何是地产权制度（一物多权）的翻版，是封建关系的拟制，为何是一个财产权利不断被分割的权利束，也指出了英国信托财产权形成的路径依赖。

认识这一点对理解信托双重所有权很有帮助。信托财产权制度首先是一种权利义务的法律关系。我们既不能把信托财产权引入大陆法系的物权债权的框架，也不能以权利法定的方式限制信托财产权的创设。我国信托公司已经有许多案例突破了创设信托财产权的法律限制。

其次，信托财产权的有关设计是英国财产法的一个内容，其制度原理可在政治、商业、金融、财产传承等领域得到广泛运用。作者从人的自然本性出发，对信托财产权形成的历史和内涵进行独具视角的探析，建立了一个分析框架。他指出信托财产权作为一种法律制度，重点体现了交易安全和效率的价值追求。

信托制度体现交易安全是指委托人把财产转移给受托人成为信托财产后，信托财产具有独立性。它独立于委托人、受托人、受益人的固有财产和其他信托财产。独立后的信托财产可以实现破产的隔离、抵消的禁止、混淆的禁止、法院查封的禁止，以信托财产为限承担有限责任。

信托财产制度体现效率是指，第一，由于权利的分解和创设，有价值的东西易于被人发现和利用，顺应了专业化分工和提高资源利用效率的追求。第二，受托人承担了法律和法官强制施加衡平法下以忠实义务和谨慎义务为主的信托义务，一方面克服了法律的僵硬；另一方面可以最大限度防范普遍存在的机会主义行为所造成的道德风险，防止负外部性。第三，信托目的和信托财产的设置与管理极具弹性和灵活性，可以满足多样化的交易需求。

理解了信托制度这一特质，我们可以看到，《中华人民共和国信托法》不仅是约束信托公司和基金公司的财产管理事务，其原理还可以在法定和事实存在的信托法律关系中约束其他契约关系。比如，在各类金融机构理财与客户、保险公司与投保人和受益人、财产保全、公司并购重组和破产托管、浮动抵押等各项关系中，在政府雇员与人民群众、国有资产管理人与人民群众、公司治理架构中的相关人、医生与患者等等的众多关系中，信托原理都可以发挥基础性规范作用。由此可见，信托制度不仅在财产管理事务中有广阔的运用空间，当人们对制度原理了解更多更深以后，它一定会有更多的运用领域，会对我国经济社会发展发挥深远的积极作用。

最后，作者指出信托财产权制度的形成具有极强的路径依赖。比如，封建保有制、几大利益集团以税为中心而进行的加强王权和反王权的博弈、衡平法的基础、先例传统、法官造法、司法中心主义等等，都为信托财产权制度的完善与运行发挥了作用。脱离了这些制度背景，信托财产权制度移植到我国如何实施就成为一个非常现实的问题。作者认为，《中华人民共和国信托法》在立法、司法、执法方面的制度设计是不完备的。他基于内生不完备法律理论，以金融领域为例，分析了剩余立法权和执法权如何在立法者、法庭、行政监管者之间重新分配的问题。我国没有衡平法和信托制度传统，信托知识不普及，一般人不了解受托人侵权后的法律救济。针对这一社会现实，作者提出，应制定《统一受托人法》，由全国人大授权银监会、证监会和保监会等机关，对各自监管的金融机构制定以受托人义务为核心的管理办法。为弥补没有衡平法基础的制度缺陷，可赋予监管机关以部分准司法和执法权，作为纠纷解决的替代性机制，对受托人违反《中华人民共和国信托法》和《统一受托人法》的案件进行仲裁，以利于及时解决纠纷案件。事实上，银监会对信托公司的监管经验也证实了这一设想的可行性。

其昌先生运用经济学的分析方法，探讨信托制度形成的理论创见是多方面的。比如，关于信托的普通法所有权和衡平法所有权的内涵、信义义务与信托义务的关系、对《中华人民共和国信托法》多个条款的评析，许多见解很有新意。

本书不仅对信托法理论研究者开阔视野有益，相信对信托实务工作者加深理解信托原理并将其运用好会有帮助。

谨遵嘱，是为序。

2011 年 4 月 11 日

导 读

信托制度是以信托财产权为基础，以衡平法下受托人义务为核心展开的一套法律关系规则。信托财产权分为普通法所有权和衡平法所有权，受托人义务的内核是忠实义务和谨慎义务。这些是理解和移植信托制度的核心和难点。《信托法》颁布实施十周年了，遇到的诸多理论和实践运用问题，除去其他原因，凸显基础理论研究的薄弱，尤其是方法论刀锋的锈钝。如果从概念和条文出发理解，很易陷入云山雾海中，不知所向；套用大陆法系的法律概念和法律思维去分析，不免穿凿附会，削足适履；面向邻人取经，虽少走弯路，又易矮人看戏人云亦云。

信托财产权制度不是套用哪一个先验的理论范式构建出来的，是在英国特定的历史土壤中逐渐生长出来的。为此，本著另辟蹊径，以经济学方法，从历史形成出发解读信托财产权制度。

信托制度既然是英国人在其历史长河中行为选择的结果，因此，第一章主要是从人的自然本性出发，揭示英国人进行行为选择的路径依赖起点：诺曼征服后的日耳曼因素和封建因素。为何欧洲大陆也具有同样的因素没有孕育出信托？为此，本著分析了英格兰不同于欧洲大陆封建主义的三个特点：我的封臣的封臣是我的封臣；国王没有常备军；王权较为强大但又受到多元利益集团制约。这一初始状态还促成了英美法系与大陆法系不同的法律思维方式。由此，本著建立了一个多元化利益集团在封建保有制关系下以谈判力为核心展开博弈的分析框架。在这一逻辑起点上，各利益集团以税为中心的利益冲突和妥协、自生自发长期演化，形成了信托制度。这是各利益集团博弈均衡形成的规则。

因为信托财产权首先是一种财产权，源于英国的财产法，英国的财产法源于英格兰的土地法，其土地法制度主要孕育于英格兰不同于欧洲的封建自由保有制下的地产权制度。由于英格兰的土地全部为国王所有，领主和封臣都是保有土地，封臣封土形成的封建义务关系就致力于对土地上财产权益的开发、分割和利用，而不是对土地本身的占有。因此第二章在介绍封建自由保有制的类型与特征、保有制中各方权利义务、地产权分类和法律规范的基础上，指出了不同于古罗马一物一权的一物多权财产权制度，为何英国的财产权是一个权利不断被分割的权利束。这就从根源上解释了信托财产权为何是地产权制度的翻版，信托财产权当事人之间的法律关系是对封建保有制关系的拟制。随后的两章是对信托财产权中普通法所有权和衡平法所有权的分论。

第三章讨论的是国王加强中央集权形成的普通法与信托的普通法所有权的关系。英国的国王、贵族、教士和后来形成的法律职业阶层，在英国封建主义保有制这个最大的约束框架下，分别从各自的利益出发，围绕税收进行相互反复博弈的行为选择，导致了丰富的地产权利、普通法和普通法财产权制度的形成，建立了纳税与财产权利保护的内在联系，所以信托的普通法所有权首先是一个权利转移依据和证明的占有权 title，是受普通法所正式承认、保护和救济的财产权利，其次是一个不断分割的使用、经营、管理、处分等的权利束，再次是基于地产权产生的抽象权利，不是一个具体物。信托的普通法所有权主要反映了英格兰由原始社会末期向封建社会转型的需要。

为什么会产生衡平法？许多论著单纯从自然法的正义和基督教会法的精神、国王的良心，或者伦理哲学的抽象理论出发，忽视了观念的东西不与利益集团实际的利益藕合是不能产生法律制度，或者产生了也不会持久的。本著认为，是因为英格兰工商业发达后封建税赋不足以应付国王因战争和治理国家的支出，转而保护工商业交易，才以衡平法保护乡绅、商人等相关利益者，他们以纳税获得财产保护。这些新的利益集团因此增强了与国王的谈判力，也意外地造成了工业革命的崛起和衡平法产生发展。因此，第四章分析了国王为何首先对因各种原因规避税收产生的土地用益制进行打击后来又放弃了的原因，指出了土地用益制与衡平法受益权的内在联系，是从地产权中分离出来的一种未来财产权利。同时也以科斯定理推论三阐述了衡平法中的信义义务具有普世价值所在的人性基础，指出了信义义务与受托人义务的联系和区别。这章还详细分析了信托的衡平法所有权实质、具体内含（如没有占有的受益权、衡平法救济产生的各种权利等），不能用对人权对物权，或者物权债权的概念分析其性质。信托的衡平法所有权主要反映了英国从封建社会向资本主义社会转型的需要。

因而信托制度的形成与宪政制度不可分割地联系一起，那么，信托财产权制度有什么特点？为什么会在社会进化中存在下来并普及全球？我们应该怎样移植和实行信托制度？第五章在前述几章的基础上，首先，指出了信托财产权的三个特质：根据现实需要不断创设和分解的权利束，独立性，鲜明的衡平法特性。信托财产权所体现的法律制度由于顺应了人类专业化分工和提高资源利用效率和安全的追求，同时这种相互制约的权利义务关系内含分权和制衡的宪政因素，可以防范普遍存在的道德风险，因而具有普世制度价值意义，超越了一般的财产权制度。其次，依照前述信托制度历史解读，作者对我国《信托法》若干条款进行了评析。最后，依据路径依赖和法律不完备理论，分析了信托法律制度移植问题，指出我国要制定《统一受托人法》弥补失去的衡平法基础，并且以金融领域为例，建议通过赋予法官有中国特色的遵循先例之自由裁量权、授权证监会、银监会、保监会和金融仲裁委以部分剩余立法权、司法和执法权，使信托制度以另一种方式快捷进入司法和执法层次。

目 录

第一章

问题的缘起和分析框架

信托财产权是理解和移植信托法的一个难点，一般都是从概念和条文出发进行研究。本书则从信托财产权的历史形成出发。为了避免史料的堆砌和罗列，同时对信托财产权形成过程中的历史有个整体的有机理解，本章以经济学理论建立一个一般分析框架，然后建立对信托财产权进行具体分析的框架，以期对信托财产权的特质有个准确的理解，避免以大陆法系的概念和法律思维去理解。

第一节

为什么要研究信托财产权制度

信托是舶来品，1949 年前我国就移植了信托制度，1979 年，我国成立了中信信托公司后①，历经 5 次整顿，推倒重来，2001 年颁布实施《中华人民共和国信托法》（以下简称《信托法》），随后我国将信托原理运用于证券投资、信贷资产证券化、企业年金、企业并购重组、股权分置改革等社会经济、金融生活中。最近几年，银行、大型产业（实业）集团、外资金融机构纷纷收购、

① 在 2007 年之前，我们一直把信托公司称为信托投资公司，2007 年之后，中国银监会颁布新的《信托公司管理办法》中一律将其改称为信托公司。

参股、重组信托公司，信托公司的信托特许经营权成为一种稀缺资源，也说明人们对信托制度的价值有了新的认识。

但是我国在移植和运用信托法原理的同时，理论准备匆促和薄弱①，信托法与大陆法系的立法和司法理念、中华法系制度传统产生严重冲突，造成在现实中，一方面对信托原理理解有误，立法有缺陷；另一方面缺乏配套实施机制，信托法执行不下去，反而造成这一重要法律制度资源的巨大浪费。如何正视和解决这些问题，必须在基础理论研究方面下功夫。信托的基础理论涉及很多方面，但信托法律关系的基础是信托财产，信托财产的核心和关键是受托人在衡平法下的信托义务。所以，我选择信托财产权制度形成与特质着手进行研究。只有首先知道为什么，才能了解是什么。本节三个问题是笔者研究信托财产权形成和特质的动因。

一、信托财产权制度价值优势原理何在

梅特兰说“如果有人要问，英国人在法学领域取得的最伟大、最杰出的成就是什么，那就是历经数百年发展起来的信托概念”②。确实自信托起源并成型于英国后，不仅英国和美国许多州将信托法成文化，而且英国的殖民地大多继受英国的信托法制，许多大陆法系国家和混合法系国家都承认和引进信托制度③。信托从民事领域广泛运用于商事、政治、公益、环保等领域，信托目的从消极的财产转移发展为形式多样化的财产管理、企业并购重组、信贷资产证券化、资产保全、企业组织设计、公司治理等方面。正如美国斯科特所言，“信托的运用可以与人类的想象力媲美”。

信托制度首先是一种财产权利制度，体现的是当事人之间的法律关系④。为什么这种财产权利制度具有如此的灵活性和适用性？许多学者的研究认为，

① 参见江平口述，陈夏红整理：《沉浮与荣枯：八十自述》，法律出版社 2010 年版，第 404—417 页。事实上，当时国内研究信托法的著作主要是他的学生周小明所著《财产权革新——信托法论》（贵州人民出版社 1995 年版）、《信托制度比较法研究》（法律出版社 1996 年版），还有就是张淳著《信托法原论》（南京大学出版社 1994 年版）。直到现在，在信托基础理论研究方面，许多研究著作还没有超出他们的研究水平。

② Richard Edwards & Nigel Stockwell, Trust and Equity, Law Press, 2003, p. 1.

③ Maurizio Lupoi, Trust Comparative Study, Cambridge University Press, 2000, pp. 271—290; David Hayton, Modern International Development inTrust Law, Kluwer Law Internantional. Ltd. 1999, pp. 19—36.

④ 这体现在英国 1925 年和 2006 年《财产法》中。

主要是信托发挥了其他制度发挥不了的独特制度功能，如财产转移与财产管理、所有权分割、信托财产的独立性、弹性空间等。发挥这些优势的道理何在？也就是说信托法律制度能够流传几百年并且得到越来越广泛的运用，一定有其符合人性的合理性。这些合理性何在？这主要是从法经济学分析和比较法角度进行的。

从比较法和法经济学研究信托制度优势的论文主要有四篇：汉斯曼和马太的《信托法的作用：比较法与经济分析》、王文宇的《信托法的分析框架及可行的发展方向》①、谢哲胜的《信托法的功能》② 和石纬林的博士论文《信托法律制度的经济分析》（2009 年）。长期以来，信托被大量应用在经济、金融活动中，却很少分析背后的经济逻辑。汉斯曼和马太从信托与合同法、代理法比较，认为信托的格式合同条款能够降低达成交易的谈判成本，与公司法比较，确立了债权人权力机制，便于资产分割。王文宇的论文是模仿汉斯曼和马太的分析方法，分别从契约法、物权法、组织法三个方面，说明信托法结合多重法律关系的核心内涵，在五个方面具有普适性：信托财产的独立性、信托财产的登记制度、受托人忠实义务、有限责任、任意规定与强制规定的调和。谢哲胜认为信托提供了契约法和代理法、公司法、物权法所无法达成的功能，具有典型契约条款的效率。这三篇论文分析方法相似，都指出信托制度的独特性在许多方面没有其他制度可替代。石纬林的论文在委托代理模型的基本框架下，对信托制度的要素和信托法律制度的成本与效率进行了经济分析，认为是可以降低交易成本从而提高效率。这些研究对于信托法制度的核心设计——衡平法义务和财产权分割，由于缺乏历史的理解，难以进行透彻的经济学逻辑分析，从而对于信托财产权制度优势背后的原理阐述不够彻底、不清晰。

二、信托财产权的性质是什么

（一）财产说

基于普通法和衡平法产生的历史沿革，英美法习惯将信托法看做是财产法

---

① 这两篇论文分别参见《比较》（第 9 辑），中信出版社 2004 年版，第 107—129 页（英文 the function s of trust law：a comparative legal and economic ananlysis，N. Y. U. Law Review，1998，pp. 434—479），《北大法律评论》第 9 卷第 2 辑，北京大学出版社 2008 年版，第 283—309 页。

② “信托法的功能”，载于谢哲胜著：《财产法专题研究》（三），中国人民大学出版社 2004 年版，第 160—177 页。

的一个分支，把信托财产权权利分为普通法所有权（Legal title）和衡平法所有权（Equitable interest），即所谓双重所有权，把受托人的财产权利称为名义所有人，把受益人的权利称为实际所有人①。这种划分对于英美人来讲，因为其财产权观念是相对的、可以根据实际需要分割和创设，所以不难理解也无不妥之处，但大陆法系国家由于没有普通法和衡平法，财产权是绝对的、一物一权，英美法的“所有权”与大陆法系的“所有权”观念完全不同，所以大陆法系人很难理解双重所有权，也无法理解普通法所有权和衡平法所有权的差异与实质②。这也是继受信托法律制度的难点。

财产说的倡导者 Scott 没有强调两种所有权的区分③，将其观点写入了美国《信托法重述》（第二版）对信托所下的定义：“信托是一种关于财产的信义关系，财产的所有权人由此受到衡平义务的约束，为他人的利益处理其控制下的财产，该义务产生于设立此关系的明确意图”④。《信托法重述》之所以如此规定，是因为信托是源于财产，“没有信托财产，就不可能设立信托”⑤。

大陆法系国家深受日本的信托法学家影响，按照财产的归属和利用，认为信托财产权的实质有债权说、物权说、法主体说、限制性权利转移说、双重构造说、物权债权并行说、附解除条件法律行为说⑥。大陆法系没有普通法和衡平法的分野与对峙，更没有英美那样灵活多样的财产权观念，普通法所有权和衡平法所有权不能与物权和债权对应，大陆法系与英美法系的财产权的结构很难对应，因此上述学说很难理解信托财产权的实质，说来说去还是以民法财产权的概念去理解，不免方枘圆凿，削足适履。

在国内的研究中，周小明认为信托的本质是信托财产上所有权与利益分离，同时又认为是一种新型的组合财产权利⑦，自相矛盾，还是没有脱离大陆法上的权利观去理解。唐义虎认为信托制度的实质既不是物权也不是契约，而

---

① 参见方嘉麟著：《信托法之理论与实务》，中国政法大学出版社 2004 年版，第 2—3 页。

② 正如梅特兰在评价用罗马法的对人诉讼、对物诉讼和混合诉讼来将英国的诉讼分类时所说“使用外来术语是非常危险的，除非我们非常清楚自己在做什么”。参见［英］梅特兰著，王云霞等译：《普通法的诉讼形式》，商务印书馆 2009 年版，第 136 页。

③ Austin W. Scott, The Nature of the Rights of the Cestui Que Trust, 17Colum, L. Rev. pp. 269—270.

④ Restatement of Trusts 2d, § 2 Camt. F (1959).

⑤ Restatement of Trusts 2d, § 2 Camt. F (1959).

⑥ 参见中正野俊、张军建著：《信托法》，中国方正出版社 2004 年版，第 18—27 页；唐义虎著：《信托财产权利研究》，中国政法大学出版社 2005 年版，第 271—280 页；周小明著：《财产权革新——信托法论》，贵州人民出版社 1995 年版，第 30—34 页。

⑦ 参见周小明著：《财产权革新——信托法论》，贵州人民出版社 1995 年版，第 12 页，第 35—36 页。

是权与利分离[1]。这种观点本质上也是以大陆法的概念分析信托，没有从信托产生和发展的特征去理解，无法解释其衡平法基础。陈雪萍和豆景俊认识到信托是财产权在受托人和受益人之间的分割[2]，但无法解释其衡平法特征。张天民看到了信托的衡平法基础，及其对受益人权利和受托人权利的意义，指出信托不存在民法上所有权的分割，衡平法上所有权不能按照民法传统的所有权去理解[3]，但是无法解释清楚信托财产权作为一个整体的真实含义。李培峰指出历史赋予信托两大特征：一是具有地产权特征；二是信托财产权的创设基于合意，具有与债权密不可分的交叉特性[4]，因而难以在物权和债权二分的大陆法中找到归属。这种理解较之前述观点深刻多了，但还是没有深入到英国封建主义关系之中，没有解释其对封建关系的拟制和衡平法基础。从大陆法系的所有权权能分解为占有、使用、收益和处分出发，高富平和吴一鸣认为普通法所有权对应的是处分权，是"法律所有权"解决处分权力的归属，衡平法所有权对应的是受益权，是"经济所有权"解决物之利益的归属[5]。这种解释实质还是以大陆法系的物权观念去套取信托财产权，仍然无法解释其衡平法基础，况且两大法系的所有权概念根本不同。

可见，无论是信托作为既有制度的英美法系国家，还是拒绝或接受信托的民法法系国家，在运用财产法或物权—债权来说明信托时，都面临着许多难题，如受托人的法律地位、受益人对信托财产的权利性质、委托人在信托中的地位、衡平法救济为何可以拓展到其他社会经济关系中。这表明单纯从财产法角度难以准确理解信托制度的本质。"无论是从构造形式上看，还是从构造内容上看，无法将信托纳入大陆法系民法的传统财产权体系之中"[6]。信托财产权是一种独立于传统民法财产权体系之外的独立形态的财产权利。在这种财产权利中，既有物权关系的内容，也有债权关系的内容，还有物权、债权关系所不能包含的其他内容。这种财产的法律关系还可以拓展运用到其他社会关系方

---

① 参见唐义虎著：《信托财产权利研究》，中国政法大学出版社 2005 年版，第 281—283 页，第 296—297 页。

② 参见陈雪萍、豆景俊著：《信托关系中受托人权利与衡平机制》，法律出版社 2008 年版，第 56—57 页。

③ 参见张天民著：《失去衡平法的信托》，中信出版社 2004 年版。

④ 参见李培峰："英美信托财产权难以融入大陆法物权体系的根源"，《环球法律评论》2009 年第 5 期，第 9—18 页。

⑤ 参见高富平、吴一鸣著：《英美不动产法：兼与大陆法系比较》，清华大学出版社 2007 年版，第 221—231 页。

⑥ 参见李群星："信托的法律性质与基本理念"，《法学研究》2000 年第 3 期，第 118—126 页。

面。所以，我们不应当在传统的概念和制度中去寻找信托财产权的合理位置以及探讨信托财产权的本质，同时还要注意区分信托作为一种财产权与作为一种拓展运用的法律关系的联系和区别。

（二）合同说

Maitland 在其《衡平法》讲义中指出，信托是一种衡平法法院能够强制执行的"一种合同性权利，一种基于承诺而产生的权利"①。合同说的倡导者劳森认为信托是"关于委托人、受托人与受益人三方的关系，很容易用现代第三人利益合同来解释"。

Langbein 强调信托的合同性质主要因其两方面的特点：第一，作为交易的信托是委托人和受托人自愿设立的协议，没有人能被强迫成为受托人。这一特点从信托开始设立时就已经存在，Maitland 就是基于这一特点，将信托视为一种合同。第二，几乎所有的信托法都是任意性规则，当事人可以对其进行修改，而且信托法规则只有在信托文件没有做不同规定的时候才适用。因为当事人可以选择不采用信托法的任意性规则，所以如果他们决定不订立条款排除其适用，也即选择采用它。上述两个特点强调了信托以协议设立和当事人对条款的自主选择权，都是合同法的两个标志性特点②。在国内张淳和秦洁认为信托是一种合同，受合同法和信托法调整③。

合同说能够解释一些现象尤其是大陆法系都明确以合同的形式确立信托关系，但信托财产权制度还是与合同制度有重大区别：一是信托是衡平法的产物，与普通法随后发展而来。信托合同虽以合同形式订立，但受托人义务不能等同合同义务，是衡平法信义义务的运用。二是法律构造不同。信托存在委托人、受托人和受益人，委托人和受益人或为同一人，如果是不同的人，则不存在合同关系。合同是双方当事人的协议。信托关系中，委托人的意志起很大作用，受托人的义务有部分是法律和法官强加的，不是来自意思自治。合同条款是当事人的意思自治。三是合同支付对价，信托在商事活动中支付对价，在遗

① Frederic W. Maitland, Equity: A Course of Lecture John Brtmyate rev. ed. ,2d. 1936, pp. 29.

② John H. Langbein, The Contractadan Basis of the Law of Trusts, The Yale Law Journal, Vol. 105, (1995), pp. 625—652.

③ 参见张淳："信托合同论——来自信托法适用角度的审视"，《中国法学》2004 年第 3 期；张淳："诺成合同——我国信托法关于对信托合同定性的规定及其完善"，《社会科学战线》2007 年第 2 期。秦洁："信托合同在适用中的法律探讨——以信托合同的法律性质为中心"，《西南民族大学学报（人文社科版）》2009 年 5 期。

嘱信托、推定信托、归复信托中都不支付合同法意义上的对价。四是信托涉及财产转移与财产权利分割，合同有财产权利转移，也没有财产权利转移，甚至有的不涉及财产。所以合同法无法解释信托制度的许多特征。

法律现实推动了法律理论的发展，但是，不能用法律理论去剪裁法律现实来实现其自圆其说，因此对于信托财产权的本质，要结合英国信托的形成、英美法的传统与特征来认识。关于英美法的传统（或者说精神），美国法学家罗斯科·庞德说："普通法形成时代主要的社会和法律制度，即地主与佃户的封建关系制度……问题不在于他已经承担了什么或已做了什么，而在于他的身份是什么……佃户有侍服、尊敬、效忠地主之责，地主对佃户则有提供、保证之责……我们制度的主要因素和许多独具一格的学说，都是封建关系的类推。这种封建关系认为：权利、责任、义务的法律概念的出现，并非来自明确的约定、交易条件或者故意的不当或犯罪行为，而只是一种关系使然"。庞德说："以关系的概念处理法律问题，是根据封建保有权附属的权利义务关系类推而来的典型的普通法模式。在此模式中，我们有着极其重要的法律惯例面向未来；我们能够使我们现有的法律传统成为在今天、明天的社会里实现正义的有生力量，正如它在昨天的社会里一样"①。

庞德认定英美法注重法律关系而不注重法律关系成立以前的法律事实，是封建主义保有制的拟制，这种看法是十分深刻的，这种看法同样适用于对信托财产权的认识。英美法对于形形色色的信托，包括明示信托和非明示信托，其关注的焦点是信托财产权利的独特构造，而不是信托的设立或推定。信托的设立和推定的规则尽管也比较多，却不是法律的重点，因此，认识信托本质，不应从信托的设立及推定着手，不应从既有的概念和法律条文出发，应从历史出发，把握信托财产上的权利构造特征。信托财产权的形成不是理论指导发展的结果，是英国人在既定的历史约束条件下，应对要解决的实践问题产生的智慧结晶，即如哈耶克所说是人之行动而非设计的结果。信托制度主要是英国历史促成的，并无法理上的必然性，我们也应该历史地看待它，对信托财产权的认识应采取实用主义的态度，即认识它、接受它，没有必要非得把它纳入后世的某一理论逻辑体系内。

---

① 参见［美］罗斯科·庞德著，唐前宏、廖湘文、高雪原译：《普通法的精神》，法律出版社2001年版，第13、第14、第19、第21页。

三、怎样移植信托财产权制度

对信托制度优势的认识和对信托财产权的认识，归结到一点，都是为了移植和运用信托财产权制度。我国已经颁布施行了《信托法》和依照信托法律关系调整的《证券投资基金法》，是否意味着我国就成功地移植了信托制度？表面上信托法已成功移植，但法系之间的差异所带来的种种难题不可能在短期内消除。我们先看几个案例①。

［案例一］ 2003 年 6 月交通银行上海分行私金部下设的理财中心向其 VIP 客户推介一种“风险较小收益较高的紧俏金融产品”——金新信托乳品行业并购资金信托计划。信托计划书称，信托计划资金规模约 8000 万元，期限一年，用于收购一至两家乳制品公司，金新信托受托对被收购公司进行战略整合，一年后德隆国际按受托人收购价 106.5% 价格全额回购乳制品公司的股权，扣除信托计划运营费用，信托受益人的年收益率可达 5.2%。一个月内，197 名委托人（同时其自身又是受益人）将 8720 万元资金委托给金新信托，该信托计划于 7 月 2 日成立。当年 9 月，金新信托告知委托人已按计划完成了对三家乳制品公司股权的收购。2004 年上半年，德隆国际资金链条断裂，经查实金新信托并没有真正成为三家乳品公司的投资主体，是以其控制的“天山畜牧”公司名义完成了相关产权手续的变更。2004 年 7 月信托计划终结时，德隆国际无力回购，被中国银监会委托的华融资产管理公司接管。华融资产管理公司按乳品计划受益权本金部分的 50% 先行垫付给委托人，如信托财产处置完毕最终分配比例不足 50%，由华融承担损失；如超出 50%，则扣除华融已垫付金额及相关费用后分配给委托人。最终法院也是以非法吸收公众存款对金新信托公司和相关责任人处理的，并未以没有履行《信托法》第二十五条等有关受托人义务条款惩罚②。事实上由于没有法官自由裁量权制度，加上受托人义务条款的过于原则且含糊不清和没有配套法规，法院也无法根据信托法判案。

［案例二］ 2007 年 5 月原上投摩根成长先锋基金经理唐建涉嫌“老鼠仓”一案被曝光。据调查，唐建自担任基金经理助理起，便以其父亲和第三人的账户，先于基金建仓前买入了新疆众和的股票，共获利逾 450 万元。2008 年 4

---

① 这些案例都是作者根据相关公开新闻报道整理而成。

② 类似的案件还有爱建信托、庆泰信托和金信信托挪用或者采取欺诈手段发行信托计划，以数亿信托资金炒股造成巨亏。

月，中国证监会对唐建处以罚款50万元，没收违法所得152万余元，终身市场禁入。这个案例体现了对于唐建和基金公司与受益人之间信托法律关系认定的缺失以及没有衡平法的救济造成的尴尬。

[案例三] 2009年4月10日，北京问天律师事务所律师张远忠向南方稳健成长贰号的管理人南方基金管理有限公司、托管人中国工商银行以及基金持有人同时发出《关于追究南方基金管理有限公司未及时分配2007年利润违约责任的公开法律意见书》，希望追讨该基金2007年年末分配的巨额收益。南方稳健成长贰号成立于2006年7月25日，截至2007年年末，该基金合计可供分配收益达到97.35亿元，折合每份额近0.7元的可供分配份额收益。但在没有分红的情况下，2008年度该基金巨亏91亿元。张远忠指出，正是没有及时分红，南方稳健成长贰号让2007年的分红化为泡影。张远忠及其他基民投资者想通过司法途径来获取正常分红，追讨2007年的97.35亿元的可供分配收益。

南方基金没有分红是否违规？根据契约规定，南方稳健成长贰号基金明确规定，每年收益分配次数最多为12次，但并未规定每年必须分红。有人认为南方稳健成长贰号即使不分红，也不违反契约。2008年6月10日，南方稳健成长贰号的单位净值开始跌破面值。根据契约无法分红。2009年6月3日，张远忠向中国国际经济贸易仲裁委员会提出仲裁申请。2010年3月25日，中国国际经济贸易仲裁委员会对此案作出仲裁，认定南方基金公司不分红行为构成违约，退回违法收取的管理费并承担案件80%的仲裁费。这说明没有受托人义务中注意义务的规定和对衡平法义务的认定，不好适用信托法律关系，同时也说明信托不完全是合同。

总之，上述三个典型案例，不仅暴露我国移植信托法律制度的重大缺陷，失去衡平法义务的法律制度约束，而且说明我国没有普通法、衡平法及其判例法的司法传统下，法官判案奉行的规则至上主义和逻辑三段论的推理模式，使得现有的信托法律制度形同虚设，更突显出我国移植信托法律制度的基础理论准备不足。进一步的问题是，信托财产权的法律制度移植要有效率，要怎样移植才能适用中国的土壤？要怎样才能够得到执行？这涉及立法、司法和执法三个层次。我们往往把司法和执法看成“黑箱”，不清楚内部如何运转，以为只要立法了就会自动实行。由此形成了信托法移植的严重法律冲突。

我国移植信托法律制度理论准备的不足，突出体现在《信托法》的第二条、第十四条和第二十五条，没有对信托财产权的正确认识，没有对衡平法义务下的受托人义务进行明确界定。这使得《信托法》中规定若干关于信托财产的独立性制度如破产隔离制度、抵消的禁止等，没有法理基础，也使得《证券投资基金法》的第六、第七、第八、第九条失去了根基。随着信托在我国民事和商事领域运用的更深入展开，如果没有对信托财产权制度的正确认识，必然会造成更大的混乱和困惑。比如，信托公司主要把信托制度当做融资工具使用，规避政策和法律，银信政合作引发的地方政府融资平台风险、银信合作引发的监管资本套利风险等。

那么，我国应该怎样移植信托法律制度？周小明提出对信托财产权制度要以特别立法的方式移植①。这点已经实现了，但难在怎样移植。马俊驹和梅夏英从英美法系与大陆法系的各自财产权制度角度，讨论了信托法律制度移植的困难，设想要重构我国财产权体系，对像信托财产权这样的新型财产权利赋予所有权和债权平等的地位②。何勤华认为法律移植包括：法律观念、法律体系、法律制度、法律概念与术语、法律教育、法律职业等内容③。这样广泛的法律移植似乎又不可能。有学者提出把法律移植分为形式移植和实质移植，形式移植就是法律理论、立法技术等，实质移植是指作为实质层面的法律精神的移植④。照此理论，信托财产权制度移植应该是着重于实质移植。对此，陈雪萍认为两大法系财产法难以在短期内融合，应该承认双重所有权制度，明确受托人享有信托财产的管理所有权，受益人享有受益所有权，对受托人以信义义务监控，具体化信义义务内容⑤。她和张天民一样，看到了衡平法的重要、财产的归属和利用解构权利结构，但是对于双重所有权的理解缺乏实质理解，对于衡平法义务的精神实质还是缺乏深入分析。康锐从成本—收益的角度研究信托法律制度移植的动因⑥。非常遗憾，因为对信托财产权制度的实质缺少历史理解，她没有研究应该怎样移植才有效率。笔者所看到的所有研究信托移植的论著都没有涉及信托移植要怎样进入到司法层次，才具有可执行性。

除了两大财产法本身的差异导致信托难以在大陆法系财产法中定位外，英

---

① 参见周小明著：《信托制度比较研究》，法律出版社 1996 年版，第 34 页。

② 参见马俊驹、梅夏英："财产权制度的历史评析和现实思考"，《中国社会科学》1999 年第 1 期，第 90—105 页。

③ 参见何勤华、李秀清主编：《外国法与中国法——20 世纪中国移植外国法的反思》，中国政法大学出版社 2002 年版，第 631 页。

④ 同上③，第 634 页。

⑤ 参见陈雪萍著：《信托在商事领域发展的制度空间——角色转换和制度创新》，中国法制出版社 2006 年版，第 268—280 页；陈雪萍、豆景俊著：《信托关系中受托人权利与衡平机制研究》，法律出版社 2008 年版，第 215—252 页、第 253—254 页。

⑥ 参见康锐著：《我国信托法律制度移植研究》，上海财经大学出版社 2008 年版，第 206—208 页。

美法独具特色的普通法和衡平法二元法律结构也是造成信托难以融入大陆法系财产法的重要原因。在英美法形成和发展的历史上，普通法和衡平法在不同层次上运行，互相补充，互相制衡，这就使得英美法制极富弹性（当然，这种弹性并非完全源于英美法的二元法律结构，其司法机关所具有的造法功能也是促成这种弹性的重要原因之一），因而也就孕育出了极富弹性的信托法制。这使得信托财产权制度移植中很少关注其配套的司法和执法制度，从而产生法律冲突。

总之，对于信托制度、信托财产权、信托移植，都涉及怎样认识信托财产权制度及其特质。本书没有从概念和法律条文去理解，而是从信托财产权制度形成的过程去理解（包括立法、司法和执法三个层次），也就是历史地解读信托财产权的形成和特质，看“尘埃是怎样落定的”，按照英国人的财产权利观念去理解信托财产权利，从而努力把握其精神实质。

第二节
一般分析框架：人类行为的选择与法律制度的形成与执行

罗宾斯和科斯都认为经济学是研究人类行为选择的学科，所以经济学分析方法才能运用分析诸如法律、政治等方面的人类行为选择①。这也是今天行为法学研究方法风行的原因。在方法论上，秉承科斯和波斯纳的法律经济分析传统，本书用经济学的方法研究信托财产权法律制度的形成与特质。与他们不同的是，本书不是以微观经济学的价格理论和卡尔多—希克斯效率标准作为分析基础，而是从基本的经济人本性出发，以人类行为选择作为分析基础，效率既是一种诺斯所说的动态适用性效率，又是一种负外部性内部化的效率。通常认为经济学是研究资源优化配置的，这是新古典经济学的分析方法。资源优化配置与否，是人类行为选择的结果，这是现代经济学的分析方法。

信托财产权作为一种财产权利法律制度是英国人在既定的约束条件下演化

① 参见科斯著，盛洪、陈郁译：《企业、市场与法律》，上海人民出版社、上海三联书店 2009 年版，第2—3页。

博弈选择的结果，成为一种既定制度后，又成为一种有效的博弈规则。为此我们需要理解的是：信托财产权制度是英国人在怎样的约束条件下形成的？在这些约束条件下是怎样进行博弈的？信托财产权制度一旦形成作为一种既定博弈规则，为什么历经几百年风行世界而不衰？为达到上述目的，笔者试图首先建立一个人的自私自利——行为选择——制度这样一个基本的分析框架，探讨信托财产权制度的形成，随后建立一个绩效分析框架，研究信托财产权制度背后的经济理性，以便深刻理解和运用信托财产权制度，为现实服务。

一、一般分析框架：人——行为——制度

经济人是对人性本质的一个抽象和假设，从经济思想史的发展历程看，“经济人”概念内涵是不断发展的，大体有古典经济人模式、新古典经济人模式和广义经济人模式①。经济人这一命题包括三个基本命题②：

（一）人是自私自利的

这是经济人追求自身利益行为的根本动机。对于这种本性的极端表述是俗语“人不为己，天诛地灭”，还有杨朱所说的“拔一毛利天下而不为也”、“人人不损一毫，人人不利天下，天下治矣”。这种动机和由此产生的行为源自于人本身的生物学基础：基因就是自私的，一些利他行为也只是利己的另一表现③。这里自私自利的内容既包括物质的经济利益，也包括受人尊重、社会地位、面子等非经济的精神利益（这是经济人社会性的表现）④。经济人追求这些自私自利的内容就构成经济人的目标效应函数，或者说“偏好”。每个人的自私自利的具体内容是不同的，这构成了私利的复杂性：不同的人追求不同的私利，有不同的偏好和目标函数。这导致偏好很难完全加总和集合。当然每个人

① 参见杨春学著：《经济人与社会秩序》，上海人民出版社、上海三联书店 1998 年版，第 19—20 页，第 41—209 页。

② 笔者对这三个命题的提出受到了杨春学的启发，但又不同于他的三个命题，他的三个命题是：经济人是自利的，是理性的，只有良好的法律和制度保证，经济人追求个人利益最大化的自由行动，才能无意识、有成效地增进社会公共利益。参见杨春学著：《经济人与社会秩序》，上海人民出版社、上海三联书店 1998 年版，第 11—12 页。

③ 参见 R. 道金斯著，卢允中、张岱云译：《自私的基因》，科学出版社 1986 年版；威尔逊著，林和生、谢显林、王作虹译：《论人的天性》，贵州人民出版社 1987 年版。

④ 这是边沁以幸福最大化作为判断法律优劣标准的基础。

的目标函数也可能是相互矛盾的，是多元的。这又导致了每个人追求私利时必须有所取舍。对这些自私自利内容的追求和实现过程就是经济人的行为过程，经济人追求自私自利的过程会形成喜怒哀乐的情感，出现羊群效应、贪婪和恐惧等许多心理现象。由此，具体的人是异质的①。这些既是方法论个人主义的基础，也是斯密的“看不见的手”和哈耶克的“自生自发秩序”原理的原动力②，更是人性和人的行为选择复杂性的基础原因之一。

经济人自私自利是人的自然本性，如同万有引力一样，无所谓“性善”和“性恶”，人们既不必为他人牺牲自己的利益，也不必为自己的利益而牺牲和剥夺他人利益③。如果不承认人的这一根本属性，就无从发挥价格在配置资源机制中的基础作用，也没有必要搞市场经济，因为价格信号发挥作用就是基于人的自利本性。价格内生于人的自利本质和行为。各国宪法承认和保护私人财产权利，本质上就是对人的这一本质属性的认同。19 世纪空想社会主义者、传统社会主义都试图改变这一人性，忽视人的有限理性导致的信息不对称，结果都以失败告终④。

根据命题 1，经济人效用函数为：

$$U_i = u_i(c_1 + c_2) + \theta u_j(c_1 + c_2) \tag{1}$$

其中 u_i 表示自私自利效应，u_j 表示利他，j 是经济人 i 关心的另一个经济人，θ 是利他参数，且 $0<\theta<1$。c_1 表示经济人所有的物质经济效应内容，包括金钱、房屋、地产等，c_2 表示经济人所有的精神效应内容，包括声誉、虚荣心、自我价值实现等。$\theta=0$，上述经济人的函数是一个完全自利的情形，令 $0<\theta<1$，有三个层面的利他行为：一是经济人基于血缘关系的利他行为，因为拥有共同的基因，所以随着血缘关系的由近及远，爱有差等；二是基于互惠互利的利他行为，个人虽然短期内牺牲自己的利益，但可以间接收到长期回报，并且预期回报大于付出的代价。这种利他仍然是自利的表现；三是经济人

---

① 参见［美］保罗格莱姆齐著，贺京同、王晓岚、李峰等译：《决策、不确定性和大脑神经经济学》，中国人民大学出版社 2010 年版，第 260—282 页。

② 即达到帕累托最优和一般均衡状态。

③ 我国古代有不少从人的自然本性出发论述人的伦理道德的思想资源，如孔子的“己所不欲，勿施于人”、“推己及人”、“义然后取，人不厌其取”；墨子的“兼相爱，交相利”。

④ 对于这一问题的深刻论述，可以参见奥地利学派代表人物米塞斯的《人类行为的经济学分析》（广东经济出版社 2010 年版）、哈耶克的《个人主义与经济秩序》（北京经济学院出版社 1991 年版）、《自由秩序原理》（上海三联书店 1997 年版）、《通向奴役之路》（中国社会科学出版社 1998 年版）、《致命的自负：社会主义的谬误》（中国社会科学出版社 2000 年版）。

根据自己的价值判断进行利他，如果一个人想获得受人尊重、荣誉和社会地位等社会价值观带来的个人效应满足，可以从事政治、慈善和博爱等活动，“生产”出自己所需要的上述“产品”。经济人自愿“遵守制度、传统的价值标准和信守承诺，也构成他实现自身利益的有效方式”[①]。这充分体现了经济人自利本质方面的社会属性。自利引出的利他行为方式是多样的，不论采取什么样的行为方式，都不过是自私的基因自我保护和达到自利目的的一种手段。

（二）经济人在约束条件下作出自身效应最大化行为选择

这里的约束条件有两层含义，一层是基本的约束条件。如人的有限理性、资源稀缺、信息不对称、竞争程度、技术、成本、时间和空间、不确定性、一系列正式制度和非正式制度、人的内分泌和心智模式等等。另一层是约束条件之间的相互作用。人所面临的各项具体约束条件构成约束条件之间的相互作用。既定的约束条件构成了人的行为选择集和空间。人们常常很难清楚地认识自身所处的约束条件极其相互作用过程，即为苏轼说的人在庐山中不知真面目，或者产生哈耶克所说的理性的自负。

经济人不是全知全能的数学天才[②]，不是古典经济学意义上的完全理性，只是在一系列约束条件下作出他所认为的最优行为选择。其中最基本的约束条件是人的有限理性和资源稀缺。因此经济人作出效应最大化行为选择不是数学意义上的最优解。这里有必要解释有限理性，从静态来看，所谓有限理性就是人是有目的行动的，人不是全知全能的上帝，人的知识是有限的甚至是无知的，不能够做到目的与手段一致[③]，并且每个人的知识是分散的、主观的和实践性的，产生“理性不及”[④]。从动态来看，人的理性是进化的，人类不断从经验实践中学习。资源的稀缺性是资源的有限供给相对于人的无限欲望需求来讲的，资源不仅是指自然资源，还包括其他一切有财产利用价值的东西，如时

---

① 参见杨春学：“经济人的‘再生’：对一种新综合的探讨与辩护”，《经济研究》2005 年第 11 期，第 28 页。

② 参见肯·宾默尔著，王小卫、钱勇译：《博弈论与社会契约》（第 1 卷），上海财经大学出版社 2003 年版，第 5 页。

③ 行为经济学认为人有非理性的一面，其实不对的，没有非理性。

④ 参见哈耶克著，邓正来译：《法律、立法与自由》，中国大百科全书出版社 2000 年版，第 6 页。朱海就解释为“个体可以根据自己的行为进行安排，但不能对整个社会的行为进行安排，个体可以判断自己行为的结果但不能准确预测行为的结果”。参见朱海就：《市场的本质：人类行为的视角与方法》，上海人民出版社、上海三联书店 2009 年版，第 157 页。

间、知识产权、金融、制度等。随着人类的发展，资源的外延在不断扩大，有些原来不稀缺的变成相对稀缺了，如水资源；有些稀缺的资源变成相对不稀缺了，如粮食。

约束的另一面是激励[①]，激励有正向激励和负向激励，如产权界定私有，就有鼓励人们能力为自己增加财富的正向激励，如我国企业承包制中的“负盈不负亏”，导致掏空企业再生能力的负向激励。

不同的人和同一人在不同的约束条件下，其具体的目标效应函数是不同的，马斯洛的需求层次理论是其典型，因此，现实生活中，面临的具体约束条件不同，各个具体的“经济人”的效应函数不同，偏好不是稳定的，行为选择也不同，呈现多样化和差异化以及趋同。也即是说人性如水，随物赋形。人的行为具有随机性。这是人性和人的行为选择复杂性的基础原因之二。

正因为资源的稀缺与经济人的自利，人们之间才需要交易，才有竞争，才有专业化分工。正因为人的理性是有限的，信息是“私人”的，才内生出人与人之间、人与自然之间的信息不对称和不完全，经济人在交易中才面临不确定性和风险，同时又发明创造技术和制度以应对不确定性和风险，由此又产生新的不确定性和风险，典型的如货币、互联网。

人在一系列约束条件及其相互作用下，常常面临着各种自利目标之间的冲突选择，即所谓“熊掌与鱼不可兼得”的两难困境，进行权衡的一般标准是利弊比较和成本—收益比较。

根据命题2，经济人作出自利效应最大化选择时的约束条件为：

$$\max U_i = f(L, R, I, T, S, U, \cdots N; \beta) \tag{2}$$

权衡的条件是：

$$i \geqslant l$$

$$r - c \geqslant 0$$

其中，L代表有限理性，R代表资源的稀缺，I代表信息不对称，T代表时间，S代表空间，U表示不确定性，β代表约束条件之间的相互作用。

i表示利益，l表示弊端，r表示收益，c表示成本。利弊是不能用货币化比较的，收益成本能够用货币表示。

（三）自利会导致人之行动而非设计的合作秩序扩展

人们在“看不见的手”的指引下追求狭小的私人目的时，却始料未及地实

① 关于激励与约束的论述，参见钱颖一：“激励与约束”，《经济社会体制比较》1999年第5期。

现着增进人类福利的更大社会目的。在《国富论》中，斯密认为把资本用来支持产业的人，通常既不打算促进公共利益，也不知道自己能在什么程度上促进这种利益，他所盘算的只是自己的利益。在这场合，“像在其他许多场合一样，他受一只看不见的手的指导，去尽力达到一个并非他本意想要达到的目的，也并不因为事非出于本意，就对社会有害。他追求自己的利益，往往使他能比真正出于本意的情况下更有效地促进社会的利益”[①]。他坚信在人类政治生活中也存在一只“看不见的手”，“在人类社会这个大棋盘上每个棋子都有它自己的行动原则”[②]。这个原则就是斯密所强调的利己主义原则。而且，社会法规正是作为那只“看不见的手”的具体表现，使不同利益的人得以和平共处，达到人类社会政治生活的平衡。“看不见的手”是一种对从利己出发的活动进行调节、从而使私利与公益协调的力量[③]。这种力量在经济生活中表现为经济规律，在政治生活中表现为社会法规。哈耶克进一步认为社会秩序内部规则（包括法律）是人之行动而非人之设计的结果[④]。确实，交易从部落出发，扩展到家族之外，再到现在的全球化，人类合作的经济和法律秩序都是从自利出发形成的。

从短期看，经济人从自私自利出发作出的行为选择并不必然形成自由秩序，会形成利益矛盾和冲突，会导致机会主义行为，出现道德风险和法西斯。从长期看，经过多次博弈，会产生一系列符合人的自然本性的正式制度和非正式制度安排，进行适当和合意的限制，化解矛盾和冲突，促成互利双赢，从而形成有效公共秩序。

经济人的假定并没有否认人的社会性。认知心理学告诉我们，个体主动地解读他们所处的环境（即约束条件）并且总是注重实效地行动，即与问题相联系。这种认知行为是新行为产生的根源，因此也导致不确定性的产生。这意味着演化过程具有历史性，而且也会使试图把握社会经济变迁的理论尝试严重地复杂化。尽管演化过程中结果的不确定极大地降低了预测将在社会中出现制度

① 参见［英］亚当·斯密著：《国民财富的性质和原因的研究》（下卷），商务印书馆 1972 年版，第 27 页。

② 参见［英］亚当·斯密著，蒋自强、钦北愚、朱钟棣译：《道德情操论》，商务印书馆 1997 年版，第 302 页。

③ 参见［荷］伯纳·德曼德维尔著，肖律译：《蜜蜂的寓言：私人的恶德，公众的利益》，中国社会科学出版社 2002 年版。

④ ［英］弗里德里希·冯·哈耶克著，邓正来、张守东、李静冰译：《法律、立法与自由》（第一卷），中国大百科全书出版社 2000 年版，第 39 页。

的具体形式的可能性，但是给定的制度，一旦被创造出来，就会成为在其中展开的市场过程的选择环境。

从一种内在观点来看，制度不过是个体通过与他们所处的环境互动获得的共享心智模型。人们以自己掌握的关于如何解决社会冲突的问题的知识为基础，在市场中进行交换。制度是首要的，因为它们在人们没有开始在市场中进行交换之前，已经固化在他们的心智之中。只有当制度在互动的个体的心智中具有对应的部分，制度对市场过程的引导作用才存在并且有效。因为制度与市场结果之间的这种因果关系是建立在认知路径依赖基础上的，所以关于试图改变制度框架的企业家或组织的反馈机制必须被相对化。

不合理的制度环境必然会导致人们追求自身利益，造成人的异化，因而从自利出发也可能出现纳什均衡，或者说囚徒困境，出现个体理性与集体理性的矛盾。由于人的有限理性和信息不对称，人们进行制度选择的时候，会出现制度悖论，即理性的个人本着在约束条件下最大化原则去选择制度，但结果出现了偏离资源有效配置目标，违背个人追求最大福利的初衷。换言之，制度悖论是在既定约束条件下人的最优行为，即个人理性，并未实现制度理性，其结果并没有与适宜制度所对应的结果吻合，反而选择了仅对少数人有利对大多数人不利的制度。要打破制度悖论，需要首先打破利益均衡的力量。

人类合作秩序的扩展过程就是制度形成和变迁的过程，制度变迁存在路径依赖。制度的选择不仅受历史的影响，历史上的选择具有不可逆性，更受现行的制度安排、权力关系、政治斗争、国家行为和相互经济利益的约束。

从上述命题，我们可以得出下列结论：

1. 承认经济人的自私自利本性，在约束条件下作出自利最大化行为选择，并且指出即使那些在崇高情感下作出的利他行为也仍然摆脱不了自利的动机，是科学的诚实和客观①。既然我们像不可能摆脱地球引力一样摆脱经济人自私自利的根本约束，那么，我们所做的就是承认它并且顺应这一本质属性，作为

① 正如宾默尔所言，经济人假设“它唯一的优点就在于，所有的其他替代物都比它更差……如果人性结构中非自利的动机比自利动机更为强有力，合理的利他主义行为比利己主义行为更为盛行，那么，人类就可以省却许多麻烦和烦恼！谁不想生活在利他主义盛行的社会之中呢……虽然我们可以把经济人假说合理地拓展到某些非经济领域的分析，但这不意味着经济学必须给所谓的‘人文关怀’提供直接的解决方案！经济学的最终目标是促进人类‘外在的’物质福利，而不是直接满足人内在的精神需要。”参见［英］肯·宾默尔著，王小卫、钱勇译：《博弈论与社会契约（第1卷）：公平博弈》，上海财经大学出版社2003年版。

我们理解人类社会现象的内在逻辑出发点[1]。我们的制度构建应该是建立一个以利己之心制约损人利己的自我执行机制。

2. 经济人自私自利的具体内容依约束条件的变化有不同外在表现，是具体的、历史的和多样化的。我们需要从真实的人类行为出发理解现象的复杂性。深刻理解人性特点，对于理解制度形成和构建至关重要。例如，在理论上，在完善的法律和监管制度支持下，当引入利润最大化的竞争性行为和创新性行为时，人性自利会表现为贪婪，成为创新和经济增长的引擎。如果得不到合理的制度约束和监管，贪婪就会降格寻租、腐败和犯罪。在社会中，自私自利之心人皆有之，对此进行管理是集体的选择。经济理论可以指导我们如何创建正确的激励机制和薪酬结构，限制贪婪并将之转化为前进的动力。

3. 上述三个命题具有很强的普适性，既是经济学分析问题的独特视角，也是经济学理论分析问题的逻辑起点和基石[2]，由此发展出来的若干基本原理构成经济学理论研究的参照系和分析工具，形成一个一般分析框架[3]，或者库恩所说的范式。这些首先是用于研究纯粹经济行为的，后来被科斯、诺斯、布坎南、贝克尔等人延伸到政治学、法学、史学、社会学等其他社会科学领域，或

---

① 经济人的假设和抽象只是对人性本质一个方面的刻画，存在局限，并不能解释人类所有行为选择所导致的一切社会经济现象，有其解释应用边界，但社会科学需要一个统一的人性假设。

② 理论假定越简洁，越契合实际，就越能在从理论到假设的过程中做更多的复杂演绎推理，甚至是用数学语言来进行长程推理，最后得到超出自然语言理解范围之外的理论命题（这就是经济学的现状，其命题不靠数学很难理解）。初始的假定越复杂和不合实际，可能的推理方向就越难统一，就越难做深入的演绎推理，其重要表现就是难以运用数学工具和计量。而且假定复杂和不符合实际之后，不同的研究者有不同的理解，也就越难得到统一的、可重复的推理过程和可检验。然而人类心智不可完全数学化，这也导致数学化运用的局限和批评。罗素说："科学知识的目的在于去掉一切个人的因素，说出人类集体智慧的发现。"经济学正是在这一点上比政治学以及其他社会科学更靠近自然科学，根源就在于它理论假定（assumption）很简洁，符合人性的本质实际，能让研究者发展出无差别的、可重复的理论假设（hypothesis），使得社会科学各分支学科具有逻辑一致的解释力，即都是从人本身出发。

③ 经济学作为一门科学，首先是方法论的科学，经济学研究方法采用的是自然科学研究方法，如界定约束条件，提出假说，或者以基准理论为参照系，放松、修改旧的假定约束条件，引入新的约束条件，然后以语言、数学工具和几何图形进行学理推导论证。其他的方法有演绎和归纳。其次是采用科学的工具，如数学模型论证和计量检验。再次就是经济学理论内容的科学，即理论的抽象能够真实地模拟、解释现实世界的人、人的行为及其结果。经济学的基本理论几乎可以分为两类，一类是对人类选择行为约束条件的抽象，如有限理性、信息不对称、不完全竞争、不确定性、交易成本等，另一类是对既定约束条件下相互作用机制及其人类行为选择规律的刻画，如迭代模型、一般均衡定理、纳什均衡、蒙代尔——弗莱明模型、自由秩序原理等。因此经济学的基本原理都是有条件才成立的，也不是无条件运用的。荣获诺贝尔经济学奖的经济学家几乎都是在这两方面的贡献。关于视角、参照系、分析工具与分析框架的关系，参见钱颖一："理解现代经济学"，《经济社会体制比较》，2002 年第 2 期。但是经济学首先预设一个均衡点作参照的方法也不是完善的，所以有从一般均衡到博弈均衡再到现在的演化博弈均衡。奥地利学派就从不采用这种虚构均衡的方法，而重视演化博弈的过程。

者拓展了影响人类行为的约束条件，研究诸如选举、经济史、家庭、婚姻、犯罪、司法、行为心理等问题，形成所谓“经济学帝国主义”。本书以此三个命题分析信托财产权制度的形成和特质。

二、经济人的本性与财产权利

（一）财产权利的三种形式：应然权利、法律上的权利和可实现的权利

经济人所追求的上述自私自利的物质和精神内容，即为利益。经济人是自利行为有限理性最大化者。这些利益的冲突和实现，需要法律界定和执行。这些利益通过法律界定表现为生命、自由和财产三大权利，经济人是其权利主体。这三大权利并不是“天赋人权”，而是经历了应然权利到法律权利再到可实现的权利三个阶段。在休谟看来，权利首先表现为某种习俗和惯例，然后才上升为法律规则。如果法律规则上的权利得不到保障、救济以及赔偿，仍然是“空头支票”，只能停留在观念上。也即是无救济无权利。只有可执行的权利，才是可实现的权利。因此，权利就是受到保护的利益[①]，只有为法律所承认和保障的利益才是权利[②]。

每个主体都追逐利益，但是法律保护的不是任何人之任何内容的利益追求，能上升为权利的利益首先要经过正当性评价，然后是正当程序（即正义原则），正义是利益走向权利的桥梁[③]。因此，财产权利即为一种法权，财产权利意识是人们为了生存和改进生活而获取和维护财产的意识。财产权利一旦成为法律上的权利，司法和执法是能否把法授权利变为可实现权利的关键。信托财产权的形成典型地经历了从应然权利到法律上的权利再到可实现的权利这样一个过程，深刻地体现了普通法和衡平法有限理性下的实践性品格。

（二）财产权利的界定和冲突

巴泽尔认为一切权利分析单位是个人，所谓“组织”（如社团、国家、企

① Rudplph von Jhering, *The Struggle for law*, trans. By John Lalor, Hyperion Press, Inc., 1979, pp. 58.

② 参见［美］罗斯科·庞德著，沈宗灵、董世忠译：《通过法律的社会控制》，商务印书馆 1984 年版，第 46 页。

③ 参见彭诚信著：《主体性与私权制度研究——以财产、契约的历史考察为基础》，中国人民大学出版社 2005 年版。

业等）的行为最终可以分析为个人行为的整合。财产权利是对有经济价值资源的法律界定，界定的是一种人与人之间的权利义务关系。由于信息成本，任何一项财产权利都不是完全界定了的。没有界定的权利于是把一部分有价值的资源留在了“公共领域”里。公共领域里全部资源的价值就是“租”。产权的界定是一个演进过程，随着新的信息获得，资产的各种潜在有用性被技能各异的人们发现，并且通过交换他们关于有用性的权利而实现有用性的最大价值[①]。这使得财产权利不断分解，每一次交换都是财产权利的界定，财产权利的产生是一个不断发展的过程。因为人的自利性和资源的稀缺性，这样不可避免产生财产权利的冲突，同时界定财产权利的过程也就是权利冲突解决的过程，其中法院起着很大作用。另外，由于人的多样性和人的自私自利内容的多样性，也不可避免会产生财产权利冲突。财产权利冲突的本质是利益冲突。

尽管理论上现代解决财产权利冲突的原则应是所有权利平等保护，但在财产权利形成、分解和界定的历史过程中，是由利益集团的谈判力决定的。那么，谈判力由什么决定呢？是由市场竞争程度、生产要素相对稀缺程度、政治法律制度、技术进步程度决定的[②]。每一次形成的财产权利制度都是不完备的，因而每当利益集团谈判力变化时，财产权利的规则随之变化，所以不同利益集团所处相对境况和反复博弈对财产权利的分解、界定和形成具有决定性作用。信托财产权制度的形成就是如此，是英国的国王、贵族、教会、新兴市民和资产阶级在特定的历史背景下，财产权利冲突和重复博弈的均衡结果，其触发条件是税收和战争。所以，信托财产权制度作为正式制度的一种，可以看做是：关于重复博弈进行的主要共有信念的自我维系系统。其本质是对均衡博弈路径显著和固定特征的一种浓缩性表征，该表征被相关域几乎所有参与人所感知，认为是与他们策略决策相关的。这样，信托财产权制度就以一种自我实施的方式制约着参与人的策略互动，并反过来又被他们在连续变化的环境下的实际决策不断再生产出来[③]。

---

① 参见 Y. 巴泽尔著，费方域、段毅才译：《产权的经济分析》（中译本序），上海三联书店、上海人民出版社 1997 年版，第 3 页。

② 参见汪其昌：“要素、个人财产权利与企业最优治理结构”，《上海经济研究》2003 年第 2 期，第47—53页。

③ 参阅［日］青木昌彦著，周黎安译：《比较制度分析》，上海远东出版社 2001 年版，第 5—29 页。其中的“域”是博弈的基本单元，有参与人集合和每个参与人在随后各个时期所面临的技术上可行的行动集组成，参与人包括自然人和组织。最近青木昌彦进一步认为制度是介于策略性互动和个体信念之间的认知媒介。具体参见青木昌彦：“制度是介于策略性互动和个体信念之间的认知媒介”，载于吴敬琏主编：《比较》第 47 辑，中信出版社 2010 年版，第 58—77 页。

在传统的法律观念中，权利义务的配置常常具有绝对性和对等性。比如侵权法领域，传统的侵权法一般以行为主体为标准，即对于导致损害结果的行为，如果是行为的主动实施者，则其往往被界定为侵害权利人，必须承担侵权责任；如果是行为的被动接受者，则其往往被界定为权利的受侵害者，拥有赔偿请求权。

但是，科斯教授在其著名的《社会成本问题》中颠覆了这一看法。在他看来，侵权行为应该具有相互性，并不能简单以行为的主体特征来判断谁应当承担责任，谁应当享有权利。在科斯看来，“传统的方法掩盖了不得不作出的选择的实质。人们一般将该问题视为甲给乙造成损害，因而所要决定的是：如何制止甲？但这是错误的。我们正在分析的问题具有交互性质，即避免对乙的损害将会使甲遭受损害，必须决定的真正问题是：是允许甲损害乙，还是允许乙损害甲？关键在于避免较严重的损失。”①

科斯在《社会成本问题》中根据上述理论，详细分析了“糖果商 VS 诊所医生（即噪音污染）”的案例、“养牛者 VS 农夫（牛群走失损毁谷物）”的案例、“草席厂 VS 化工厂（即废气污染草席）”的案例、“布莱恩特 VS 勒菲佛（围墙阻碍烟尘流通）”的案例以及“巴斯 VS 格雷戈里（即阻碍地下室通风）”的案例，以充分论证侵权相对性和权利义务配置不对等的新理念。这一理念对于理解信托财产权制度中的受托人义务和衡平法所有权具有重要意义。

（三）财产权利的保护与税的关系

不同人的行为是相互的。从经济学和会计学角度看，权利与义务，是一个资产与负债的关系。一个人的权利是另一个人的义务，一个人的权利是其资产、收入，表现为另一个人的义务和负债以及成本支出。正如法经济学家斯密德所说“成本是权利的函数，正是权利决定谁的利益是其他人的成本，正是权利使一个人的利益成为其他人的成本变为可能”②。所以巴泽尔认为任何个人的任何一项权利的有效性都要依赖于，为保护该项权利所做的努力，他人企图分享这项权利的努力，第三方所做的保护这项权利的努力。这些努力都是有成本的，也就是界定、转让和保护财产权利的交易成本③。这个交易成本相当一部

---

① 参见［美］罗纳德·科斯：《社会成本问题》，盛洪主编：《现代制度经济学》（上），北京大学出版社 2003 年版，第 3 页。

② 参见阿兰·斯密德著，刘璨、吴水荣译：《制度与行为经济学》，中国人民大学出版社 2004 年版，第 22 页。

③ 参见 Y. 巴泽尔著，费方域、段毅才译：《产权的经济分析》（中译本序），上海三联书店、上海人民出版社 1997 年版，第 3 页。

分就是税。

个人权利包括财产权利要想成为法律上和可实现的权利，必须有立法，或者得到法律承认，在司法上可执行。要成为可执行的权利是有成本的，政府要想为权利提供保护，必须依赖于税。无税收，无财产。政府与民众的关系是税收交换保护，是一种交易契约，是政府合法性权威的来源。财产权实施的程度随着历史条件、政治决定、政府能力而变化，包括贫乏或丰厚的税收。因此权利包括财产权利要获得实施和救济，要靠纳税人的税收资助法院，对财产的保护是公共物品①。财产权利的冲突源于资源稀缺，财产权利通过所有者获得改进措施的利益鼓励个人更好地利用他的财产。财产权利的确认和实施需要公共支出，所以自然提出：根据什么原则分配税款实施法律权利？谁决定多少资源用于资助哪个具体团体和个体的哪种具体权利？

对于信托财产权利的形成历史，大多著作以考证、梳理和描述历史为主，援以概念和条文，缺少放在整个的经济、政治和社会背景中的深层分析。其实，在普通法和衡平法基础上形成的信托财产权利与税收密切相关，信托财产权利内涵宪政因子和法经济学原理。这点基本被人们所忽略。为什么这样说？因为，第一，国王上收和下放司法管辖权形成的普通法和衡平法就是为了税收，没有普通法和衡平法就没有信托财产权利；第二，信托财产权是封建地产权分割的翻版，普通法所有权和衡平法所有权都是对封建主义关系的拟制，英国封建主义关系就是关于税收的权利义务契约关系；第三，从不承认信托到承认信托也是因为税收来源结构的变化；第四，因为战争引发的税收，英国几大利益集团的斗争和妥协成就了信托这么一种独特的财产权利关系结构。

第三节

信托财产权的具体分析框架：封建制度——财产权制度——利益集团行为选择的演化博弈

正如梅特兰所说“法律科学所涉及的问题并非一个伦理或政治分析的理念

① 参见［美］史蒂芬·霍尔姆斯著，毕竟悦译，《权利的成本——为什么自由依赖于税》，北京大学出版社 2003 年版，第 26—30 页。

上的结果，而是人类自然和历史的一个实际结果"①。既然信托财产权制度是英国人在具体的历史环境下不经意创造的，那么我们就有必要了解他们在历史过程中所面临的主要约束条件，以及在既定的约束条件下各自做出的行为选择是如何创造出信托财产权制度的。

为了分析的方便，我们截取英国历史长河中的1066年诺曼征服作为分析的起点。在这一起点，对国王、贵族、教会等利益集团最主要的约束条件是封建制度。后续的发展变化都是从此滥觞。在这一制度下，因为农业社会土地的稀缺性和重要性，首先是国王、贵族和教会三大利益集团的利益冲突，产生了基于封建地产制度的财产权制度和普通法，随着工商业的兴起和工业革命的发生，导致了封建制度的衰落，由此国王与贵族、教会、市民和资产阶级之间的利益冲突和妥协，产生了衡平法和信托财产权制度。在上述利益集团争斗中，律师执业阶层又成为一个特殊的利益集团，在信托财产权制度形成中起着特殊的历史作用。英国的普通法、衡平法和信托法都是实践经验的产物，都是为了解决具体纠纷产生的，是一个自发的发展过程。英国缺乏对于法律的形而上的抽象分析，专注于经验的运用。信托财产权制度是历史发展中英国各利益集团演化博弈的产物，内生发端于封建保有制和地产权制度，加上外部的机缘巧合、风云际会。

因此，我们对英国的封建制度特点和封建地产权制度做一简要介绍。

一、问题的逻辑起点：英国封建主义的特点

封建主义在中世纪的欧洲普遍存在②，但其他国家和地区没有从中演化出普通法、衡平法和信托财产权制度，这是因为英格兰封建主义的一些特性所致。

（一）英格兰在实现封建主义的同时维持了相对强大的中央权力

这是英国各位国王进行中央化制度设置的基础，但是这种中央权力又不足以对贵族形成全面压倒性的优势。根据《末日审判书》（Domesday Book）记载，当时全英格兰收入总计73000镑，其中国王的收入有17650镑，教会的收

① Pollock F, Maitland F W. The History of English Law before the time of Edward Ⅰ. Cambridge: Cambridge University Press, 1978, pp. 263.

② 参见［法］马克·布洛赫著，张绪山译：《封建社会》（上、下），商务印书馆2005年版。

入为 19200 镑，所有贵族的收入总和为 30350 镑①。从这些数字可以看出，国王的收入相比任何一个单独的贵族，哪怕是最大的贵族，都具有决定性的优势，因此如果贵族们试图对国王进行限制，主张自己的权利，就必须联合起来，形成一种国家层面的联合态势。这种联合一旦真正形成，国王就会处于下风。

从历史上看，英格兰的贵族暴动，凡是单独的或联合不力的必定要败给国王，如果大量贵族进行联合，比如约翰面临的情况，国王就必须作出妥协。另外，当商业发展之后，地方上的乡绅和城市市民阶层也形成了一种不可忽视的力量，这也是他们得以进入议会的根本原因。

我们不难发现，在中世纪的英国，从来没有出现过一种可以压倒一切反对力量的专断权力——类似于同时期的拜占庭和中国皇帝的那种权力。首先被注意到的就是教权和皇权的斗争。世俗权力和宗教权力的两分局面否定了一种政教合一的专制国家体制。在世俗界，封建主义使得一种统一的、绝对的中央权力无法诞生。罗马帝国的统治方式依赖于强大的中央权力，这一点后来在拜占庭发展出了专制的东方式君主。封建国家的性质同民族国家存在显著的差异，国王只是封建金字塔结构的最顶端者，而从来没有考虑过所谓在国内处于绝对地位的“主权”问题。

在不存在一种统治一切的专断权力的情况下，各种权力在相互斗争的过程中就可以发展出一些个人性质的自由和权利。我们可以发现，中世纪英国自由城市大发展的原因多少在于各种权力之间的斗争：教会同世俗国家的斗争、国王同封建领主之间的斗争以及不同的封建领主之间的斗争。在权力的缝隙之间，商人和市民们才有活动的空间，商业和工业才能成长起来。

（二）在中央化的态势展开之后，各种具体的制度受到封建贵族、教会、律师和国王几种力量的相互制约，往往形成妥协

就中央机构而言，由于中央化要求高效率，中央的各种政府机构开始逐渐发生职能分化，但分化产生的机构并非完全由王权控制，而是常常受到贵族的挑战。从《大宪章》中我们可以发现，贵族们反抗行动的矛头指向不断膨胀的中央王权，而在性质上属于封建性质，所要求的是传统的封建权利，但同时又希望从新机构所产生的效率中获益。

---

① The Cambridge Medieval History, Vol. 5, Cambridge, 1929, pp. 508.

法院也形成了相对的独立性，普通法体系的巩固和普通法法律家的形成同样也可以被认为是中央化与权力限制的妥协：一方面用中央的司法体系取代地方的封建司法体系；另一方面，普通法法律家们又成为下议院的中坚力量。

在中央化不断展开的过程中，贵族们发现他们的对手往往是出身低微（或者说不那么高贵）、效忠于国王的职业官僚，二者的争斗突出体现在机构之间的争斗，即议会与咨议院的矛盾。因此，在中央机构不断分化、中央化程度不断加强的情况下，始终存在一种限制权力的传统，无论这种传统最初是出于何种目的，对于信托制度和现代宪政制度的形成都极其重要。

另外，在地方上，我们可以看到中央不断试图控制地方事务。郡和百户区设置的保留，用意在于防止地方权力陷于封建贵族之手，同时国王指派各种王室官员到地方上工作，以排斥贵族的影响。这种地方上的政制（尤其是治安法官），处于中央化试图和地方贵族限制王权试图的争夺之中，逐渐有效地形成一种沟通上层和下层的桥梁，维持了某种地方上的自治，所以丘吉尔才会说：“倘若威廉没有把郡和百户区作为积极有效的行政单位保留下来，那么除了贵族世家以外，就不会有别的力量能够抵制中央政府或与之抗衡。”①

各种利益集团力量在斗争的过程中并没有形成绝对的统治，因此斗争最终也就不得不意味着妥协。中世纪的英国确实是不稳定的，各种势力冲突不断，而且战乱频繁，但是冲突最终的（或者在大多数情况下只是暂时的）解决往往并不是一方彻底压倒另一方、消灭另一方，而是一种妥协。我们可以看到各种订立于各种当事人之间的和约与协定。国家或多或少被视为一种私人的产业，人们在其中追逐各自的利益，国王、大小领主、市民、教士乃至农民和农奴都为了自己的利益进行各种活动。人们并没有一种异常强烈的“爱国主义”、一种为了国家可以牺牲一切的精神，相反，人们始终警惕着自己的利益是否处于某种莫名的威胁之下。

伯尔曼说“法律必须被信仰，否则它将形同虚设”②，广为流传。人们很少追问“法律为什么会被信仰”？其实，法律只有经过利害相关者讨价还价形成，并且受到利益集团的相互制约，符合人性和人的经济理性，才能被遵守和执行，久而久之形成惯性，才能被信仰。英国有效的法律制度充分证明了这一点。

---

① 参见［英］温斯顿·丘吉尔著，薛力敏、林林译：《英语民族史》第1卷，南方出版社2004年版，第147页。

② 参见伯尔曼著，梁治平译：《法律与宗教》，中国政法大学出版社2003年版，第14页。

（三）国王与其他利益集团冲突和妥协的原因：加强王权、战争与税收

中古英国国王公私不分、家国不分。由于中世纪存在“国王靠自己过活”的理念，因此承担国家运作任务的国王（尽管在很多时候他也着眼于私利）必须自己承担战争的费用和治理国家的费用。在王室开销加大和战争频繁的情况下，使得国王靠自己的领地过活很难。

尽管封臣们负有为封主征战的义务，但根据封建原则，承担这种义务的时间一般不长（通常是40天），而且在以缴纳货币代替服役的做法普遍盛行之后，实际上国王更需要动员整个国家的力量进行战争。由此，国王需要在封建习惯法之外，加征税收，同时国王又没有常备军队，不得不与被征收者讨价还价，或者出售在欧洲大陆的领地和各种各样的特许权。

有学者总结中世纪中晚期国家发展的因果循环周期为：（1）军队的变革或膨胀；（2）国家榨取臣民资源的新措施；（3）新官僚机构和行政革新的发展；（4）臣民的抗拒；（5）国家强制的加强或代表会议的扩大；（6）国家汲取的财政收入数量持续增加[①]。从这个顺序来看，军事行动的扩展需要更多的资源，于是一方面会有对政府运作效率的要求，促使新机构和行政改革的发生；另一方面也会引起贵族和平民对于榨取税收行为的反抗，结果导致国家强制或代议制的加强。

我们可以对比英法两国的情况。英法两国在战争之前都属于传统的封建国家，所不同的是英格兰的王权非常强大，而法国的中央王权相对衰弱。战争造成的压力使双方都不得不动员一切力量，因此双方都出现了进一步的中央化状态，出现官僚机构发达的情形。在英格兰，贵族和平民趁国王召开议会要求征税用于军事目的时，就不断地对国王的权力进行限制，国王则为了获得战争资源，不得不进一步容忍议会力量的增长。在法国，最初国王的力量相对衰弱，当战争的巨大压力产生时，中央化的过程使得王权不断得到加强，而贵族的权力则逐渐衰落，国王所获得更多的是对内强制力量的增长。

因此，在英格兰出现的情况是，最初强大的王权在中央化的过程中不断遭到限权机制的制约，并且催生出代议制的议会。在法国的情况则是，最初衰落的王权在中央化过程中不断增长并获得强制力量，代议制的会议则并不盛行。

① 参见［英］迈克尔·曼著，刘北城、李少军译：《社会权力的来源》第1卷，上海人民出版社2002年版，第583—584页，引梯利（Tilly）的论述（Tilly, ed., The Formation of National States in Western Europe. Princeton University Press, 1975, pp. 73—75.

英法两国的民族国家形态在战争过程中逐步形成，但英国在发展过程中所经历的是最衰弱的绝对主义国家，而法国的绝对主义则异常强大。这两种不同的发展路径与受到战争压力后的财政收入制约的不同反应有相当大的关联。

如果我们不把历史视为一种单向的直线发展过程，那么我们可以看到英国各利益集团有一种微妙而脆弱的平衡。中世纪英格兰的情况是，封建贵族足够强大——因此才得以抵抗金雀花王朝的专制主义，同时又足够弱小，没有私家军队——不至于破坏国家的有效运作[①]。由此才可以发展出权力平衡的机制，中央权力防止地方分裂主义，限权机制防止专制主义抬头，各阶层的合作则维护整个社会的相对稳定和底层的自由。这种发展基本上将矛盾、斗争与妥协展开限定在一种法律性的框架之内，种种社会问题可以通过某种法律机制解决，而不必诉诸暴力。社会各阶层都可以通过某种方法主张自己的权利（当然，并不完全平等），形成多元的利益集团。这一点对于英国普通法、衡平法和信托财产权制度以及宪政的形成和发展极为关键。

二、封建保有制下的地产制：理解信托财产权制度形成的一把钥匙

上述英国封建主义特点的政治和经济基础是英国不同于欧洲大陆的封建保有制和地产制。英国的保有制及其之下的地产制度是衍生英国各利益集团斗争和妥协的源头，也决定了各利益集团的博弈选择空间和博弈演化路径，也就是选择的路径依赖[②]。由此形成了英国独特的财产权利制度、普通法制度和衡平法制度，信托财产权制度是解决各利益集团冲突和妥协中实际问题的智慧结晶。

威廉一世把欧洲大陆的封建制带到了英格兰，建立起土地分封制。以土地

---

① See Bryce Lyon, A Constitutional and Legal History of Medieval England, New York, 1980. pp. 649.

② 路径依赖是指人类社会中的技术演进或制度变迁类似于物理学中的“惯性”，一旦在一定约束条件下，因为偶然或者细小事件，或者强制的制度安排，进入某一路径（无论是“好”的还是“坏”的），就可能对这种路径产生依赖。某一路径的既定方向会在以后发展中得到自我强化。人们过去做出的选择决定了他们现在及未来可能的选择，也有可能进入锁定状态。道格拉斯·诺斯用“路径依赖”理论成功地阐释了经济制度的演进规律，1993 年获得诺贝尔经济学奖。

路径依赖现象生活中处处存在，如人生职业生涯中“少成若天性，习惯如自然”、“笋不弯难以弯竹子”、“男怕入错行，女怕嫁错郎”。现代铁路两条铁轨之间的标准距离是四英尺又八点五英寸，来自电车所用的轮距标准，电车的标准是沿用马车的轮距标准。马车又为什么要用这个轮距标准呢？因为古罗马人军队战车的宽度就是四英尺又八点五英寸。罗马人为什么这么做？原因很简单，这是牵引一辆战车的两匹马屁股的宽度。

分封为基础的权利、义务关系，不仅土地经营权、收益权等经济权利，而且政治权、司法权以至社会特权也随着土地的分封而被分割。“权随地走”，权利附着在土地上。它意味着分权，国王与贵族分权，君主与教会分权，政治、司法权力层层分割，载体是一个一个的庄园，庄园自成一体，是为庄园制。

英国的土地层层受封，形成了以封建土地为基础的等级制人身依附关系。封君封臣相互享有权利义务。封臣的义务包括服骑士役，献纳协助金、要出席封君的各种法庭会议，以解决与封君之间的纠纷，对不尽义务的封臣进行审判。在那个行政和司法无法区分的时代，这意味着向封君提供法律和政务上的协助。封臣的义务，对封君而言就变成了财产权利。

封臣的权利主要体现为：获得封土上的经济收益，在其封土内实行以司法形式体现出来的政治统治。承认这两种权利并保护封臣的受封地不受侵犯是封君的义务。

这套土地分封制度，以土地分封为媒介，把维护封建政权的义务在各级土地所有者之间层层分割，政治统治权与土地使用权密切结合在一起。它体现的是一种不平等的、权利和义务都具有双向性的契约关系。这种契约关系在经济上体现为以军事服役为交换条件的土地分封制度，在政治上体现为一种包含着政务的等级司法制度，在社会最外在地表现为多层次的等级身份制的社会结构。这种社会所含有的契约关系尽管是人格化的和不平等的，却形成了后来的《大宪章》、议会政治和习惯法体系的起源基础。按照塞尔斯教授的观点，封建主义中包含有两个根本性观念：一是个人的社会观念，一是法律的财产观念①。

但是，英格兰的封建保有制度与欧洲大陆有所不同。一是国王土地集中，封臣土地分散。国王土地数量远远大于任何一个大贵族，直接占有全英国1/7的耕地和几乎全部的森林，使自己的经济和军事实力远远超过任何一个封臣。征服和平定旧贵族叛乱持续了几年，所以土地的封赐是零散地、陆陆续续地进行的而且分散在各地，尤其是边境地带，任何一个单个贵族都无力抵抗国王，贵族之间联盟的成本也是非常之高。二是与法国“我的封臣的封臣不是我的封臣”不同，在英国“我的封臣的封臣也是我的封臣”，大大小小的各级封臣都

① See M. H. Ogilivie, Historical Introduction to Legal Studies, pp. 29, Toronto, 1982. 个人的社会观念（personal concept of society）是指封建社会主要是依赖领主与附庸之间的个人人身关系予以联结的，而法律的财产观念（legal concept of property）是指法律或司法权被视为权利人享有的一项财产，土地授封本身就包含有司法上的内容，领主须召集一个法庭以解决他与附庸之间或附庸与附庸之间的纠纷，而附庸也有出席领主法庭、参与案件审理的义务。

“串在一条绳子上”。这两点极大地强化了英格兰的王权，形成了一个强大的君主和一个合作的贵族阶级。三是税收不同。法国、西班牙等国的贵族享有免予纳税的特权，英国的贵族同其他人一样交税。托克维尔说：“在英国，贵族承担着最沉重的公共负担，以便获准统治；在法国，贵族直到灭亡仍保持特权，作为失掉统治权的补偿。”[①] 这一点非常重要。贵族不交税就没有约束国王征税的动力，而且他们还享受着国王给予的赏俸。这样贵族就与国王利益一致，站在一起。交税的英国贵族，就要时时刻刻地反对君主的横征暴敛，看紧自己的钱袋，维护自己的权益。这就奠定了以后贵族与国王围绕税收问题长期斗争的经济利益基础。贵族纳税是代议制民主政治首先在英国产生的胚芽。四是国王没有常备军。国王威廉进行土地分封，以服兵役为条件，骑士对土地有占有权、使用权没有所有权，直属封臣向国王提供一定数量的骑士，服军役四十天。下级封臣对上级领主不需要提供军役。这使得封建领主没有私人武装。后世英国的宪政、普通法和衡平法与信托财产权都与这几点密切相关。

因为英格兰的全部土地都是国王的，各级保有人都是模拟这种封建权利义务关系利用土地，任意创设财产权利，有争议才诉讼，依此，封建保有制下的封建地产制产生的财产权制度，绝对不同于古罗马的财产权制度，由于土地权利诉讼产生的普通法和衡平法也绝对不同于大陆法系。信托财产权制度与英国财产法、普通法和衡平法的历史不可分割地联系在一起。这形成了大陆法和英美法有各自完全不同的法律理念和法律文化传统，两大法系冲突的根源也在此[②]。在英国历史土壤上成长的许多概念和制度，均无法在大陆法系的“家族”里找到合适的位置。不仅信托如此，几乎所有的法律概念和制度都不例外。我们所能看到的仅仅是概念和制度的相似性，却很难找到在两大法系中完全相同的概念和制度。从根本上说，脱离信托财产权形成的历史过程去探讨信托财产权的内涵和特质，是没有意义的，信托就是信托，它不可能也不应该用大陆法系传统中的任何概念来加以解释。认识到此点，对于信托财产权性质问题的回答，就迎刃而解了。

由于上述路径依赖形成的法律与社会协调的方式也有不同于大陆法系的地

---

① 参见［法］托克维尔著，冯棠译：《旧制度与大革命》，商务印书馆 1997 年版，第 136 页。

② 信托法与大陆法的冲突体现在：信托财产的双重所有权原则与一物一权原则的冲突，信托财产的独立性原则与主客体分立原则的冲突，受托人信赖义务与同质救济原则的冲突。

方。梅因认为英国法律与社会协调是通过"拟制"(fictiones)[①]、"衡平"(equity)和"立法"(legislation)三种手段依次进行的，有时三者中的两者同时进行，是早期人类社会法律发展的重要方式[②]，也是英国的普通法、衡平法和信托法产生和发展的重要方式[③]。"拟制"就是虚拟和假定一种法律关系，是为了使旧有法律形式适用于变化的社会，类似于"旧瓶装新酒"。在英国，如第二章、第三章和第四章所论述，拟制在封建保有制、争夺司法管辖权、普通法和衡平法以及信托法中都被广泛运用[④]。"衡平"来自希腊的"自然"观念[⑤]，是自然法与万民法的连接点，有平均或者按比例分配的意思，是罗马法中"衡平"的胚种[⑥]，后来演化为公平、正义、平等之意，有神圣性，即使没有通过君主或者议会同意，也应该为法院承认，经亚里士多德和神学家进一步发挥阐述，在英国通过教会法和大法官发展为独有的、建立在道德规则之上的衡平法。衡平法是信托法之母。"立法"是一个具有强制力的机关制定的法律，这些制定的法律之所以具有拘束力，是由于立法机关本身的权力。普通法、信托法一系列制度都通过诉讼判例成为习惯法（如遵循先例、陪审制、巡回审判制度），有一部分成为共有信念立法发展为成文法，如受托人制度。

---

① 在罗马法中，拟制是一个辩诉名词，为争夺审判权，表示原告一方的虚伪证言不准被告反驳。后来在英国法中，拟制运用得比罗马法更广泛。

② 参见［英］梅因著，沈景一译《古代法》，商务印书馆 1954 年版，第 15—25 页。

③ 李红海认为规避、解释也是英国推动法律发展的一种重要方式，并且与拟制不同。参见李红海著：《普通法的历史解读——从梅特兰开始》，清华大学出版社 2003 年版，第 281—292 页、第 318—321 页。

④ 普通法和衡平法的形成都是国王加强王权和司法管辖权以及土地权利诉讼的结果，信托的双重权利是地产财产权利的分割，是在土地保有制下发展的财产权利制度。衡平法也适用保有制，衡平法上的权益可以进行再分割和转让。保有制的实质是权利义务关系，其形成到瓦解是一个从身份到契约的过程。信托是保有制关系的体现，所以推定信托和归复信托等信托广泛运用就是衡平法上的义务和责任。信托是保有制关系的实质就体现在这里。

古希腊的自然不仅是指宇宙的物质世界，还包括人的思想、惯例和希望等道德精神世界，是那些被认为可以分解为某种一般的和简单的规律的现象。

⑤ 参见［英］梅因著，沈景一译：《古代法》中的第三章"自然法与衡平"，商务印书馆 1984 年版，第 26—41 页。

⑥ 也有学者不认为有这种思想渊源和关联，但他们都没有说出理由。叶士鹏指出："那种源于亚里士多德或斯多葛哲学的古典罗马的'衡平'概念，并不是基督教化的、后古典的、中世纪或近代的法律中衡平概念，更不是当今个人主义和世俗化的法律中衡平概念"。参见叶士鹏著，吕平义、苏健译：《欧洲法学史导论》，中国政法大学出版社 1998 年版，第 67 页。波斯纳对亚里士多德正义论传统提出了严厉批评，认为有三个缺陷：矫正正义认定不当行为的受害人启动法官操纵的矫正机器，是古代社会复仇的替代物；矫正正义不考虑受害人和侵权行为人的特点和社会地位，是一种形式正义不是实质正义；矫正正义是一种自然法，延伸法治概念。他对法治概念持否定态度。参见波斯纳著，苏力译：《法理学》，中国政法大学出版社 2002 年版，第 392—434 页。

契约的签约人是自由和平等的匿名产权交易主体，他们没有身份、地位，彼此之间也无社会关系可言，因此如何设计一个完备的契约就显得十分重要，但现实中契约又是不完备的，正如克莱因所说，契约的不完备性有两个主要原因：一是人的有限理性。这导致不确定性，意味着存在大量可能的偶然因素，且要预先了解和明确针对这些所有可能的反应，其费用是相当高的，也做不到。二是履约的度量费用也是相当高的。人的理性是有限的，人无法预期外在环境的不确定性变化，不可能把未来可能发生的一切事件都写进契约条款中，更不可能制定好处理未来事件的所有具体条款。不确定事件发生后的讨价还价和对契约条文的解释以及贯彻实施条款所要付出的一定费用，这些交易成本可能高得惊人，以至于人们愿意遗漏许多意外事件，留到事后处理，那权力给谁就显得尤为重要。英国法的传统是留给法官，法官具有自由裁量权。

三、法经济学分析：人的自利本性——应然权利——法律权利——可实现的权利与立法——司法——执法和效率

有学者深有感触地说，“长期以来，我们对英美法的了解都处于一个尴尬的境地：一方面，我们已经有了很多的研究，了解了它的判例渊源，了解了它的分析法学方法论以及种种具体的债之利益、物权救济办法、合同第三人权利理论、惩罚性赔偿原则等，不少学者甚至已经就此宽泛地得出结论——英美法散而灵活，不受体系和部门约束，应成为大陆法学习的对象；但另一方面，我们渴望的——全面、完整、深入地理解英美法从而在整体制度和观念层面上获得启发——长期以来却没能得到有效的实现”①。这主要是源于我们研究方法落后，重概念和条文，对分散复杂的普通法规则的片言只语，对卷帙浩繁的判例海洋的管窥蠡测，对其法律史（部门法史）的研究着重事件的陈述和罗列，这似乎并不能让我们完整地理解其部门法，特别是对于相对于合同、侵权等领域历史性更强的英美财产法和信托法，我们对其的整体概念迄今仍然是一片空白，或者不完整，甚至误解。我们颁布了《信托法》，在《证券投资基金法》、《公司法》、《物权法》中浮动抵押等商事领域引入了受托人义务的概念，却无法得到有效实施。

---

① 参见冉昊：“比较法视野下的英美财产法基本构造”，《吉林大学社会科学学报》2005 年第 11 期，第 145 页。

为此，笔者首先想着重于研究方法的革新，用经济学的基本理论与法律史、法理学和政治经济史相结合，解读信托财产权形成的历史，对信托财产权的法律进行经济学分析，理解其制度价值。为达此目的，本文把法律史、政治经济史和判例纳入到如下分析框架去理解：人的自私自利——在约束条件下作效应最大化行为选择——产生解决利益冲突和妥协的制度安排；人的私利——权利创设——立（造）法——司法——执法；人的应然权利——法律上的权利——可实现和执行的权利①；在财产权利承认、保护和实现的过程中，多元利益集团在既定的、不断变化历史条件约束下，围绕税进行动态谈判和妥协②；形成的制度既是各方谈判力博弈均衡的结果，也是下一轮博弈的规则，凝聚了共同的信念。

本文不用大陆法系的法律概念和法律思维去穿凿附会信托财产权制度与理念，用效率作为正义标准评价信托财产权制度③。这里“效率”概念的内涵不是帕累托最优或者次优，也不是波斯纳的卡尔多—希克斯效率，又不同于罗尔斯的正义观④，而是把负外部性内部化的效率——与古希腊和亚里士多德的正义概念对接。

---

① 财产权利是顺应人的自然本性而生，要把人的应然权利变为法律上承认的权利，必须经过社会承认的正当程序，然后通过司法和执法才能成为可实现的权利。

② 如本章第二节所分析的，财产权利是人与人之间相互的权利，体现的是人与人之间的一种社会关系。要使一个人的财产权利得到保护，必须向保护者纳税，这也是一种交易。

③ 参见［美］理查德·A. 波斯纳著，蒋兆康、林毅夫译：《法律的经济分析》（上），中国大百科全书出版社 1997 年版，第 31—32 页。

④ 罗尔斯基于无知之幕和原初状态下的选择理论，提出正义两原则：第一，每个人都有这样一种平等权利，即和他人的同样自由并存的最广泛的基本自由。第二，社会和经济的不平等是这样安排的：(1) 合理地指望它们对每个人是有利的；(2) 地位和官职是对所有人的开放。第一个原则是首要的。参见［美］罗尔斯著，何怀宏译：《正义论》，中国社会科学院出版社 1988 年版，第 56—57 页。他的正义观是机会均等，反映了人类一方面的价值追求，忽视了另一方面的价值追求，脱离了人性本质的另一面，没有关注从人性自私自利出发，很容易产生的道德风险、软预算约束问题，也就是负外部性。

第二章

英国封建保有制下的地产权制度：信托财产权的基础

信托财产权法律制度源于英国财产权法律制度，英国财产权利的可分割性和权利的多样性都源于英国地产权法律制度，英国地产权法律制度是英国封建主义土地保有制加以确认的结果。因此，我们要正确认识和理解信托财产权法律制度的产生与特质，首先必须了解和认识英国土地保有制度，其次分析保有制下的地产权如何构建了英国财产权制度，最后指出英国的保有制是如何成为一切社会关系的规范。

第一节 保有制的产生和内容

一、保有制的产生

在前工业社会，土地是人类赖以生存最重要的资源，是财富和社会地位的主要象征，决定人们的社会地位和身份。1066 年，诺曼底公爵威廉征服英格兰前，英格兰社会由原来的马尔克公社制度逐渐向封建人身依附关系转化，但封建化没有完成，还没有建立土地分配与人身依附关系的必然联系。威廉征服后，宣称一切土地归国王所有，对随军征服的将士进行土地分封，将土地保有制引入英格兰。因此 11 世纪是英国社会发展的分水岭，凯尔特、撒克逊、丹麦与诺曼因素融为一体，构成了英国独特的封建社会①。

1085 年，威廉在全国进行土地调查，1086 年将调查结果编成《末日审判书》(Domesday Book)，同年在索尔兹伯里召开自由土地保有人向其宣誓的效忠大会，在法律上确立了英国全部土地由国王所有的基本原则②。这些重大举措使得王权获得了军役、赋役等各种服务来源和司法权的依据，确立了对王国所有臣民的土地财产乃至人身的政治统治地位，为封建王权的确立奠定了经济和政治基础，随后土地保有制度不断发展，逐步形成了封建制度③，由此构成普通法、英美财产权制度、宪政和信托法律制度形成的基础，对英国和人类历史产生了深远的影响。所谓土地保有制度（Tenure）是领主（Lord）分封土地给保有人（holder)，保有人以某种义务（劳役或者其他服务）为条件向领主持有土地。土地保有制与土地分封制紧密相联，威廉一世把征服得来的土地除一部分留给自己用之外，其余分封给军事随从和贵族、教士等持有，后者成为国王的直属封臣，向国王提供各种服务（service）并承担各种相应附属性义务，双方以土地分封和持有为基础形成第一级土地保有制关系。据《末日审判书》记载，当时有1500 个直属封臣。

接受封地的封臣形成了封建社会的基本单位：庄园（manor)，有人称为采邑。庄园不仅是一个领土单位，更是一个具有行政管理职能的社会组织，还有领主司法权④。梅特兰在《英国法律史》中指出典型的庄园具有如下内容⑤：

---

① 参见亨利·斯坦利·贝内特著，龙秀清、孙立田、赵文君译：《英国庄园生活：1150—1400 年农民生活状况研究》，上海人民出版社 2005 年版，第 3 页。何勤华、张海斌主编：《西方宪政史》，北京大学出版社 2006 年版，第 143—156 页。马克垚：《英国封建社会研究》，北京大学出版社 2005 年版，第 3—30 页。

② 这一原则至今仍然是英国土地法的基本原则。

③ 英国封建制度在 13 世纪爱德华一世时期正式确立和定型。Maitland 认为封建社会是这样一种社会状态，其主要的社会关系是领主与封臣之间的保护和效忠、服务关系，领主要为臣下提供保护，臣下要为领主提供各种服务。这种人身依附关系与土地保有交织在一起，臣下所需提供的义务是他保有土地上的负担，领主的特权源自土地，对领地内的事项享有一定的司法管辖权。领主与封臣的关系是土地保有的财产关系与人身依附关系密不可分，这是封建社会的明显特征。参见 Maitland F. W. The Constitutional History of England.. Cambridge: Cambridge University Press, 1978, pp. 143—144.

④ 关于庄园的许多具体情况，参见马克垚：《英国封建社会研究》，北京大学出版社 2005 年版，第 143—171 页，以及［英］贝内特著，龙秀清译：《英国庄园生活：1150—1400 年农民生活状况研究》，上海人民出版社 2000 年版。

⑤ Pollock F, Maitland F. W. The History of English Law before the time of Edward Ⅰ. Vol. Ⅰ, Cambridge: Cambridge University Press, 1978, pp. 114.

1. 地理上庄园与村子一致，一个村就是一个庄园，该村的领主就是该庄园的领主，全体村民同属一个领主。

2. 庄园的耕地分为三部分：领主自营地、自由领有地和农奴领有地。这三种土地由分散各块地的条田组成，相互交错，一家土地很少连成片。自营地由农奴无偿劳役耕作。另外属于庄园的还有草地、牧场、池塘等公用性质的土地。

3. 如果一领主有若干庄园，则分别计算收支。各庄园皆设管家和庄头分别管理。

4. 领主设有庄园法庭，由他本人或者管家主持审理庄园内有关农奴的案件，对自由人另设法庭审理。

领地俨然是国中之国，正如道格拉斯所指出“征服者威廉在英格兰建立起来的总封臣领地，在某种意义上正是他统治的封建国家的缩影”①。

直属封臣一方面可以因为受封需要向国王承担义务，另一方面也需要各种服务，于是他将受封的土地一部分留给自己用外，其余部分土地以某种服务为条件分封给比他小的封臣（次级封臣），形成第二级封建土地保有制。这种分封称为庄园分租（subinfeudation）。庄园分租可以不断进行，层层封授，直到实际耕种土地的保有人（tenant in demesne）。据 Maitland 考证，一般同一块土地上有三四级分封和保有制，最多有八级分封和八个保有制关系②。

二、保有制的内容

在每一个保有制关系中，封授人（feoffor）称为领主（lord），受封者（feoffee）称为保有人（tenant），双方以土地为纽带结成等级分明的身份依附关系。随着土地的再分封，一个保有制关系中的当事人有可能是另一个保有制关系中的当事人。例如，A 将土地封赐给 B，B 再将土地封赐给 C，于是出现了两个土地保有制关系，即 A—B 和 B—C 之间的保有制关系，除国王外，ABC 都是土地持有人，其中 B 既是 A—B 关系中的保有人，又是 B—C 关系中的领主。同样甲向乙持有土地的同时，还能接受丙的封赐，此时，甲既是甲—乙保有制

① D. C. 道格拉斯：《征服者威廉》，第 281 页。转引自孟广林著：《英国封建王权论稿》，人民出版社 2004 年版，第 130—131 页。

② Pollock F, Maitland F W. The History of English Law before the time of Edward Ⅰ. Vol. Ⅰ, Cambridge: Cambridge University Press, 1978, pp. 596—597.

关系中的保有人，又是丙—甲保有制关系中的保有人。在每一个土地保有制关系中，领主封赐土地时为保有人设定的义务不同，保有人的地位和在土地上所享有的权益也不一样，无论领主还是保有人，都应当依据各自在土地保有制结构中所处的地位主张自己的权益。

在上例中，国王有权要求 A，A 有权要求 B，B 有权要求 C 提供服务。在此，除直接持有人外，所有上级领主权的直接对象是服务而不是领地。领主土地转封后，该领主对上级负担的义务并不能免除，只是他可以作为领主享受下级对他的服役。这些服务的具体内容依约定而各不相同，A 可以向国王提供军事服务，B 可以向 A 提供金钱，C 可以向 B 提供劳役。每一个领主有权获得的服务，取决于持有人接受分封时作出的承诺[①]。从这一角度看，这种服务具有对人的属性。但是 A 未能提供军事服务，国王可以对 C 占有的土地进行扣押，而 C 只能通过一个中间令状向 A 请求补偿；如果 B 未能向 A 支付租金，A 可以扣押 C 占有的土地。B 可以答应替代 A 提供军事服务，但这种私人间的约定不能使土地免除负担。从此视角出发，服务具有对物的属性。由于保有关系不仅是一种财产关系，还是一种人身依附关系，所以，未能提供服务不是领主收回土地的唯一原因，如果对领主不忠，犯大罪（felony）[②]，也会导致土地被没收。国王对各级封臣有直接的支配权，在欧洲大陆通行的“我的封臣的封臣的不是我的封臣”原则，在英国变为“我的封臣的封臣是我的封臣”原则，突破了封建的居间权力障碍。

随着不断分封，英格兰全部土地都在保有制法律关系之下，在土地上正式建立了国王—领主—封臣的纵向和横向的金字塔型封建等级制度。在这一结构中，最上层的是国王，最下层的是维兰。每个人通过土地确定自己的身份，也通过土地与他人相连，一个人的社会地位取决于其在保有制关系结构中所处的地位。土地层层保有的结果，英王是唯一的土地所有者，其余都是土地保有

① 比如失地王约翰在位时，Warren 伯爵威廉将斯坦福的土地封赐给自己的服侍人员，要求对方提供的服务是每年为自己提供一头公牛供消遣之用。撒福克的一个 Rolland 土地保有人则是在圣诞那天在国王面前跳一下，吹一下口哨并放个响屁。当然后来许多服务要求折算为金钱。参见 A. W. B. Simpson, A History of Land Law, Oxford: The Garendon Press, 1986, p. 6。

② Felony，即大罪，普通法到爱德华一世统治末期，只有这一种罪名，包括杀人、纵火、强奸、抢劫、偷盗、偷窃等。到 14 世纪中叶，规定如背叛对君王的忠诚，则构成更大的犯罪，即叛国罪（treason），偷盗是指和平时期强行进入教堂、人宅和城乡之墙和门以偷财务者。而偷窃则有轻重之分，如所窃财务在 12 便士以下，则为小偷，不属 felong，如所偷财物至 12 便士以上则为大罪。以上各项，如经判定有罪，则或处死刑，或断其肢体或放诸法外，其财物没收归国王所有，土地则归王 1 年零 1 天，然后归其领主。参见马克垚：《英国封建社会研究》，北京大学出版社 2005 年版，第 124 页。

人。国王虽然名义上拥有全国的土地，但实际上只占有和使用很小一部分土地，各级土地保有人虽然名义上不是土地所有人，却是土地的实际占有和使用者，是土地权利关系的真正主体。因此，英国土地法自诺曼征服以来关注的不是土地所有人的权利，而是土地保有人的权利义务。这就奠定了英国走向地产权法而不是罗马那样的所有权法的历史基石。

第二节 土地保有制的类型和权利义务

一、土地保有制度的类型

保有的类型取决于土地保有人向其领主提供的服务类型，不同类型的服务意味着不同类型的保有。在英国保有制形成的初期，没有统一的土地保有类型。到爱德华一世时期，土地保有类型逐渐固定下来。以保有人提供的服务是否具有确定性为标准，可以把土地保有制分为自由保有制、不自由保有制和租赁保有制三种，各自代表了三种不同性质的社会关系和土地权益分配方式。由于自由保有制度及其附属封建权利对用益制的广泛采用、《用益法》的制定、英美财产权制度和信托财产权制度的形成有直接重大影响，所以本文只讨论自由地产权制度及其权利义务关系。

根据保有人所提供服务的具体内容，自由保有制分为四种。

（一）骑士役保有制（Knight Service），又称军役保有制（Miltary Tenures）

这是英国最主要和典型的保有制形式。军役保有分为大服侍保有（Grand Sergeanty）和骑士保有。大服侍保有只授予第一保有人，并且一般是国王的亲信、地位较高的贵族以及高官。他们必须亲自向国王提供规定的服务，不能委托他人提供。这些服务包括为国王掌旗、持矛、领军、在国王加冕仪式上为其持剑、缝衣、切肉、司膳，或者作为王室的管家管理王室的收入，以及其他类似劳役。承担这种服务是一种身份和地位的象征，是一种荣耀。

骑士保有是最重要的一种保有形式，保有人的义务就是提供军事服务。保有人按照封土的大小，自备武器装备向领主提供数量不等的骑士。这些骑士在国王军队中服役 40 天。最初的第一保有人（直属封臣）大多以这种方式保有国王的土地，直属封臣也可以再分封的方式将此义务转移给下级封臣。亨利二世即位后，明确规定保有人不论是否为国王的直属封臣，只能向国王履行军役义务，任何居间领主不得享有军役服务①。亨利二世在位期间，因封建地产买卖、继承、转让等因素遭到分割、骑士役征调困难，废除了许多封臣的军役，改征盾牌钱（shield money），但直属封臣缴纳盾牌钱后还要缴纳额外的罚金（fine）。1215 年《大宪章》第 12 条规定，国王必须通过御前会议同意后才能征收盾牌钱，自此限制了国王从前随意征收盾牌钱的权利。13 世纪中期，国王征战很少，不再直接依赖骑士役保有制从军打仗，盾牌钱遂变化为国王享有的直接税。14 世纪时，议会控制了盾牌钱的征收，随着货币贬值，数额固定盾牌钱只占财政收入很少的一部分，骑士保有人既不提供作战的骑士，也不支付作战骑士的费用，对国王没有多少实际意义。1385 年，理查二世正式免除了封臣支付盾牌钱义务。1660 年《保有制法》废除了骑士保有制，将此土地保有制转换为索克保有制。

在上述两种保有制中，保有人在接受或者继承土地时，要向其领主宣誓效忠，表明土地保有制的封建人身依附关系。

（二）教役保有制

这是领主把土地封授给教会或主教，以由教会或者神职人员提供宗教服务为条件向领主持有土地的保有制形式。在封赐土地时，领主既可以对保有人提供的宗教服务内容不做具体规定，比如仅仅笼统要求教会或者神职人员为领主及其先人的灵魂祈祷，这种教役保有制称为自由教役保有制（frankalmoin）；领主也可以对保有人提供宗教服务的具体内容提要求，比如要求保有人每年为领主做 10 次弥撒，如果保有人不按领主要求履行服务，领主有权扣押保有人的土地或者请求王室法院提供司法救济，由此产生的教役保有制称为限定教役保有制（tenure by divine service）。如果教会将土地出让或其领主的领主权被更

① 这与欧洲大陆上的骑士役保有制明显不同。在欧洲大陆，骑士保有人只向直接领主履行军役，领主借此拥兵自重，因而随着封建制度的发展，出现许多与王权对立的地方割据势力。在英格兰，这一规则的实施，避免了封建化过程中军权的分散和割据势力的形成。当国王享用军役时，与军役提供者之间的关系尤其是非直属封臣之间的关系，有近代民族国家意义上政府与民众的关系，而非单纯封建意义上的领主与保有人之间的关系。

上一级领主没收，土地上的保有就变为农役保有。

教会出于慈善目的保有土地，不附带义务，这是因为将土地封授给教会或者神职人员只是一种表面形式，其实质是奉献给上帝，对上帝当然不敢规定某种义务。但是有的教会保有土地也往往带有世俗义务，这是因为这种土地由中间世俗领主分封，本身带有军役义务，转封时军役一同转移。另外，当时有的教会人士是骑士，国王直接以军役义务为条件分封土地给教会或者神职人员的事也很多。

教役保有制下，保有人除提供宗教服务外，向领主提供的世俗服务较少，同时教会组织具有永续性，不会像自然人一样死亡，也不会发生继承、婚姻、监护等问题，因此将土地封授给教会保有使上一级领主丧失了大量领主特权。与其他类型保有制相比，领主获得的经济利益最少，所以一般不愿意将土地封赐给教会团体，但土地转为教产还是不断，因为有人出于拯救灵魂的需要，政治上与教会妥协的需要，教俗合谋逃避封建义务的需要，以及富有的教会购买贫困化的封建主的土地①，所以法律也尽可能禁止保有人将土地转让给教会团体。土地一旦转为教会保有，不得再行转让，称之为死手（mortmain）。1279年《土地死手律》规定，未经国王批准，任何人不得将土地出让给教会等法人团体，否则，在转让行为发生之日起一年内，出让人的直接领主可随时行使没收权并进占该土地。如果在此期间该领主怠于行使没收权，上一级领主在上述期满6个月内行使没收权，依此类推，直至最高领主国王行使没收权。1285年还颁布《威斯特敏条例Ⅱ》专门规定两种新的令状以执行该法。1290年《土地买卖法》明确规定土地自由转让内容不适用于向教会转让土地。1292年，国王在大贵族压力下，同意只有当教会地产不足以维持其正常开支时，国王才许可向教会转让土地，并且在向议会提出申请后才可以进入颁发转让许可证的程序。1299年爱德华一世在一项法令中规定，在颁发向教会团体转让土地许可证时，必须首先调查该转让行为是否损害了出让人领主的利益，从而在很大程度上限制了教役保有制的发展。在上述一系列立法限制下，14世纪后，教役保有制迅速衰落。15世纪时，随着英国宗教改革迅速发展，国王没收大量的教会土地封赐给世俗领主，绝大多数教役保有制土地变为世俗保有制，留下来的教役保有制土地纳入王室法院管辖，由普通法规则加以规范。

---

① 参见马克垚著：《英国封建社会研究》，北京大学出版社2005年版，第130页。

（三）侍役保有制（Serjeanty），又称杂役保有制

这种土地保有制是指土地保有人以提供杂役服务为条件向领主保有土地的形式。12 世纪和 13 世纪，很多土地是侍役保有，需要受封者本人亲自履行义务。这种义务分为军事性的和非军事性的。

非军事性役务。领主为满足自己和家庭以及政务的需要，需要大量杂役人员，于是封授一块土地给其作为报酬。现实生活中领主所需服务五花八门，侍役保有人的身份多种多样，有国王的典礼官、护剑官、管家、仆役长、体育表演者、家内杂务、信使、运送财物者、看林人、养蜂人、石匠、木匠等，他们不仅履行为国王和贵族的役务，有的还有较高社会地位。

军事性役务。随同国王和大封建主作战的人，除骑士外，还有很多步兵、轻骑兵、弓箭手、运送军火粮秣的人等，国王和大封建主也封给他们土地。这些土地就是军事杂役保有地。

13 世纪以前，英格兰没有货币薪酬制，所以要封授土地给他们。13 世纪末，货币薪酬制兴起，领主以支付货币薪酬的方式替代封土获取役务，使其保有制衰落。14 世纪时，法律规定侍役保有人只能以直属保有制的方式持有土地，向其他领主提供服务的侍役保有制一律转为索克保有制。在被保留下来的侍役保有制中，保有人本人必须亲自提供服务的保有制成为侍君役保有制（grand serjeant），保有人不需要亲自服役而仅仅提供作战用器物的保有制成为普通侍役保有制（petty serjeant）。到十五世纪晚期，普通侍役保有制转为索克保有制，侍君役保有制留存下来。该保有制下的役务不再是一种经济负担，反而成为社会生活中荣誉和地位的象征①。

（四）索克保有制（Socage），又称农役保有

索克保有制是上述三种保有制形式之外的统称，是英国土地法上最普遍的土地法律关系类型。这种土地起初本是农民的地产，在英国的丹麦区，有一种身份自由的农民——索克曼，其持有的土地成为索克保有的来源。

索克保有人是一个成分复杂的阶层，他们在取得土地的同时不用承担军事

---

① 在当今的英国仍然存在侍君役土地保有制，1937 年，在乔治六世加冕典礼上，领主亲自履行了提供手套的服务。1952 年，伊丽莎白二世加冕典礼上，庄园领主不在国内，无法亲自履行役务，作为替代，该庄园的人手工刺绣完成手套后，由 Needlework 皇家学院提供。参见 A. W. Simpson，A History of the land Law，Oxford：The Clarendon Press，1986，pp. 9—10.

服务、军役免除税，也不要缴纳因监护权和婚姻权带来的封建赋税，向领主所负担的役务多种多样，有的具有实质性内容，比如向领主支付地租（实物或者货币）、提供一定的农耕服务等，有的仅仅是向其宣誓效忠，有的提供象征性礼物，如一朵玫瑰，一磅胡椒[①]。到15世纪中叶，索克保有人役务普遍折算成数额固定的货币地租，在缴纳租金后，保有人不再负担其他的役务。这种租金称为“免役租”（quit rent）。

最初在索克保有土地上没有设立封建附属权利，1540年《遗嘱法》作为1536年《用益法》的补充，允许索克保有人对土地做出遗赠，同时在土地上设定了一些封建附属权利，如国王保留在土地上的先占权、转让的罚金、救济金等权利。

中世纪后期，随着货币贬值，索克保有人缴纳的免役租微不足道，单从役务方面看，已经没有明确的身份性特征。近代以来，随着经济社会发展和封建人身依附关系衰落，索克保有制成为一种普遍的土地保有制。1925年《财产法》改革后，英国所有的土地保有制都转为索克保有制，延至今日，成为英国土地法上唯一的保有制形式。

二、领主享有的权利和保有人的义务

保有制的核心在于确定领主与保有人权利义务[②]，这些权利和义务实质就

---

① Pollock F, Maitland F W. The History of English Law Before the Time of Edward Ⅰ. Vol. Ⅰ, Cambridge: Cambridge University Press, 1978, pp. 291—292.

② 那时的人们并没有明确的“权利”和“义务”概念，我们只是为了理解的方便如此称谓国王与领主、领主与封臣之间的关系。在语言史上，英语中“权利”之类的词语只是在中世纪将近结束时方才出现。严格地讲，我们不能用现代的思维方法把这些称作所有权或他物权或别的什么权利。这些所谓的“权利”充其量只是具体诉讼中的具体利益，非经诉讼不会出现，因此不可能对它们预先设定出确定的内容，更遑论设定其效力的高低，而只可能是在具体比较中得出的“更优（better）”结论，哪个“更优”就保护哪个。相应地，那时的法律也仅有公平正义的观念，而没有权利的观念，也就是说，法律并不是赋予每个个体以“权利”——行动的自由和限制，以预设的“权利”的存在来统领法律体系，调整生活秩序，而仅是基于正义等直觉对实际生活关系形成的一种大致安排。所以在11—12世纪的历史条件下开始形成的英国普通法并没有对法的规范性、可预期性等的充分认识，英格兰法官们并不认为他们需要为未来行为发展出什么一般原则，或确定各种关系中的权利义务使人们获得法治的稳定性和可算度性，而仅仅直观地视自己的任务为解决纠纷，对不符合人们内心正义直觉的个案结果提供救济。这也就是以封建关系进行“拟制”的现实根源。

是对土地权益的分割和人身依附，但不是平等的契约关系①。领主对封土享有的权利分为表示人身依附和经济利益两种权利，臣服礼和宣誓效忠是人身依附关系，协助金、继承金、监护权和婚姻权等权利是经济权利。

这些权利是国王重要的经济来源。根据保有制规则，领主分封土地后，享有该土地上的封臣提供的军役，这种军役不久转为金钱义务或者名义上的义务，还享有协助金、继承金、监护权和婚姻权、没收权等权利，这些权利既是封建附属权利，也是经济收入。相对于保有人来说，就是封建义务，也即是税赋。

（一）臣服礼（Homage）

臣服礼是表明领主与保有人之间建立军役保有制关系的一种古老而庄严的仪式，表明对保有关系的认可。具体做法是保有人卸甲脱帽双膝跪地在领主前，将双手放在端坐的领主手中（这是臣服礼的核心），然后用诺曼法语说："从今往后，我将怀着无比尊敬的心情终我一生完全臣服于您，蒙您恩惠保有土地，故除了对我们的最高领主国王忠诚外，对您忠诚不渝。"然后领主吻一下封臣表示接受保有人的臣服礼。

臣服礼在法律上的意义是：行臣服礼后，保有人负有对领主忠诚服务的义务，他应该协助、保护领主并使领主免受任何人的侵害。领主一旦接受保有人的臣服礼，就应当保护保有人的人身财产安全，不能再对保有人的土地权益提出异议，否则失去领主资格。如果第三人对保有人的土地权益提出请求并向法庭提起诉讼，领主应该出庭充当保有人的担保人（vouchee），向法庭保证保有人的土地权益没有瑕疵，假如保有人在诉讼中被证明产权有瑕疵失去土地，领主要补偿保有人一块等值土地。在法律上，臣服礼下领主的担保为保有人的土地权益提供了安全保障，领主将土地可以继承的方式封赐给他，他通过向领主行臣服礼，不仅可以保证自己的继承人将来取得合法土地，还可以防止领主的继承人在领主死后否认该土地权利，此外，保有人将土地转让给他人，受让人的地产权也借助出让人的臣服礼获得安全保障。

最初臣服礼仅存于军役保有制下，后来这一仪式用于其他形式的保有制中，有了普遍性。在法律上保有人可以强制实施行臣服礼的权利。随着臣服礼

① 西方学者如 Maitland 等大多认为封君封臣是一种契约关系，布洛赫认为是对古代氏族血缘关系的一种取代发展而来。参见马克垚著：《英国封建社会研究》，北京大学出版社 2005 年版，第 118—120 页。

淡化人身依附内容，变成了一项土地权利担保规则，实际上演变为保有人的一项财产权利。15 世纪时，人们转让土地以签订明示担保协议方式替代，1660 年被废除。

（二）宣誓效忠（Fealty）

指保有人向领主宣誓，忠诚于领主并履行对领主的义务，忠诚宣誓既可对领主本人，也可面对领主管家或者代理人。具体做法是：保有人面向领主站立并将右手放在《圣经》上说："我的领主，我将忠诚于您，为我向您持有的土地忠诚于您，并按照封授时规定的条件依法履行应该承担的习惯和役务，上帝和他的信徒们保佑①"，然后亲吻《圣经》。法律上，宣誓效忠的内容主要是：不伤害领主身体（incolume）、不暗地里做危害领主利益的事（tutum）、不损害领主的名誉（honestom）、不损害领主的财产（utile）、便利领主行使其权益，不能使一些可以做到的事成为不可能（facile and possible）等。这是受托人忠实义务的起源之一。

每一个自由保有制下，保有人都要向领主宣誓效忠。如果原来的保有制发生变化，新保有制关系中的保有人也要向领主宣誓效忠。通过效忠宣誓，使保有人承担了诚实履行保有制下要求的义务，一旦违背了效忠义务，就是犯了重罪，领主有权没收基于保有关系享有的土地权益。

（三）贡金（Aids），又称协助金

贡金是指保有人在某种特定场合向领主无偿支付的资金，体现领主与保有人之间的密切身份关系，是一种比较明显的经济利益分配形式。根据古老的保有制规则，贡金最初是保有人在领主危难时刻主动给予的一种无偿资金资助，体现了保有人与领主之间同生共死的紧密关系，后来变成了领主的一项财产权利，领主尤其是英王，常常寻找借口要求保有人提供贡金。1215 年《大宪章》才正式规定缴纳贡金的三种情况：封君长子晋封骑士时，封君长女出嫁时，封君本人被俘需赎身时。但在大服侍保有场合，领主不享有上述特权中后两项。

贡金的数目，在 13 世纪时，与骑士保有制上盾牌钱相当，1272 年固定为 20 先令，1353 年时，这一规定数目对皇室产生了约束力，1660 年被废除。

---

① See J. Hudson, Land, Law and Lordship In Anglo－Norman England, Oxford: Glarendon Press, 1994, pp. 253—254. 根据保有制规则，作为保有人，官员求官职时向领主宣誓效忠。这就是后世官员宣誓就职仪式的起源。

（四）监护权（Wardship）与婚姻权（Marriage）

根据保有制观念，领主是为了取得保有人的军事服务才将土地封赐给保有人的，保有人持有的土地被认为是他向领主提供的服务所获得的报酬，保有人不能为领主提供服务时应该把土地交还给领主。因此，监护权是指保有人死亡且其继承人未成年的情况下，领主有权作为监护人接收土地，并为其自身利益管理和利用土地，以此作为继承人成年（男满 21 岁，女满 16 岁）以前，领主无从收取军役服务的补偿。监护期间，领主负责养育被监护人，保护其人身，教育他为合格骑士。等到继承人成年后，领主可以向继承人收取土地上半年的收成作为交还土地的代价，1215 年后《大宪章》规定该项特权为国王独享。

在骑士役保有制和侍役保有制下，监护人是领主，在索克保有制下，则是被监护人的近亲属。从格兰维尔时期起，监护人普遍由保有人的领主担任。假如保有人生前接受不同领主的土地封赐，且国王是他众多领主的一个，在他死亡时如果继承人未成年，就由国王对继承人的人身和全部土地行使监护权。如果众多领主中没有国王，由最早封赐土地的领主行使监护权，土地依据不同的保有制关系分别由不同的领主进行监护。在监护期间，领主作为监护人尽管有权取得被监护土地的全部收益，但被监护人享有独立的人格，可以以自己的名义独立进行一系列法律行为，包括参与法庭诉讼。

为了防止被监护人与领主的敌人婚配，领主借助监护权取得了对被监护人指定婚配对象的权利，即婚姻权。婚姻权是指被监护人长大成人后，其婚姻应该取得封君同意，由封君决定其配偶。《大宪章》明确规定，领主指定的婚配对象不得低于被监护人。这种权利的实行，只限于军役保有。因为领主分封土地的目的就是要他服军役，当封臣不能履行义务时，当然要暂时管理土地收入供应另一人服役骑士，所以 封君有权决定臣下的婚姻，不管继承人是男是女都涉及领主与封臣的关系。如果他是男，则要代其妻服军役，领主当然不希望这个人是他的仇敌。如果是女，其夫死后，可能把地产的 1/3 带走另嫁。所以领主不肯轻易放弃婚姻决定权。

实际上分封出去的封土可以继承时，转化为封臣的私有财产，所以领主与封臣都从经济利益着眼考虑监护与婚姻，将原本体现身份依附关系性质的监护和婚姻权变成了为领主带来经济收益的一种手段。领主行使婚姻权的基本规则为：领主应当在被监护人达到婚配年龄时才为其指配对象，领主为被监护人指定的婚配对象必须是合适的。1236 年的《莫顿法》（Statue of Merton ）对领主监护权有些新的规定，领主为被监护人指定婚配对象后，被监护人一定要服从，如果拒绝，必须付出相应的代价：被监护人为男性时，拒绝领主的指定，应向领主支付罚金，如果未经领主同意私自婚配，要支付双倍罚金；被监护人如为女性，拒绝指定婚配对象，她的土地就要由领主扣押至21岁，届时如果领主自认为没有获得足够的补偿，还可继续扣押到领主自认为收回了她的婚嫁费用时为止。因为在许多情况下，一个封建主既是封君又是封臣，既享有监护权，也有被监护的可能，所以才有这两方面的规定①。

监护权和婚姻权不仅体现了保有制的人身依附关系，而且有土地权益分配性质，至格兰维尔时期，还被认为是一种领主可以从中获利的财产权②。这是保有制中各种附属权益中收益最丰厚的一种。《莫顿法》明确认可这种权益可以出售："监护人对被监护人的人身、婚嫁和土地的权利被视为财产，是一种可以被转让、买卖的权利。富有的继承人的监护权和婚嫁权可以卖一大笔钱。实际上这些权利具有如此明显的货币属性，以至于可以遗嘱处分，在监护人死后该权利就像动产一样归遗嘱执行人取得"③。领主的监护权和婚姻权兼有动产属性（可遗嘱继承）和不动产属性（适用不动产程序）。当领主的这些权益受到侵害时，权利人适用不动产诉讼程序获得法律保护。15世纪时，监护权和婚姻权为都铎王朝最重要的财政来源之一，为保证这一权益，在保有人死后，国王立即派专门的调查团调查保有人去世时所保有的土地和继承人的年龄，以确认国王是否享有监护权、婚姻权等权益，史称"死后调查"（inquisitio post mortem），还专门设立了一个法院——监护事务法院，负责国王以领主身份应当享有的监护权、婚姻权等权益，直到1660年《保有法》才明确废除领主借监护权和婚姻权参与分配土地权益。

领主（封君）实行监护时，一般来说可以取得很大经济利益，往往利用这种手段尽量榨取，更利用对继承人婚姻的决定权设法侵夺臣下的产业，引起臣下的不满和反对，所以，1215年《大宪章》对此有一系列的规定：监护人应该保证封臣产业的完整，不得毁损；继承人成年后应立即交还地产，不得再收取继承金；监护期间应对土地上的房屋和其他设施加以修缮，置办农具，以后

---

① 参见马克垚著：《英国封建社会研究》，北京大学出版社2005年版，第123页。

② 在索克保有制下，监护权和婚姻权不得出售转让，但为了被监护人的利益除外。See J. Williams, Principles of the Law of Real Property, 24thed., London, Sweet & Maxwell Ltd., 1926, pp. 39.

③ Pollock F, Maitland F W. The History of English Law before the time of Edward Ⅰ. Vol. Ⅰ, Cambridge: Cambridge University Press, 1978, pp. 322—323.

连同地产一并归还继承人，继承人应在不贬抑其身份的情况下结婚。

（五）继承金（Relief）和国王先占权（Primer seisin）

12世纪初期，英格兰的土地保有制是终身性的。12世纪后期，保有人的继承人有能力履行原保有制义务时，可以在保有人死后继续保有土地，从而法律上逐步确立了保有人土地可继承的规则，但不是所有保有制下的土地都可继承，只有领主在封赐土地时明确表示自己封授的是一种可继承的土地时，保有人死后，其后嗣才可以继承人的身份持有该土地。根据保有制规则，继承人取代原保有人意味着原保有制关系的终结和新保有制关系的建立，继承人要想成为新保有制关系下的新保有人，既要征得领主的同意，也要缴纳一笔费用，称为继承金。威廉一世时期，继承金可以是马匹、武器等实物，也可以是货币。威廉二世时期，继承金的数额由领主任意规定，成为一种勒索继承人的手段。

领主的这一做法引起了普遍不满，于是开始进行法律规范。1100年的《加冕宪章》规定收取继承金是合理合法的，但没有规定具体数目。1176年，《北安普顿宪章》规定了“收回继承地令状”（assize of mort d'ancestor）以保证继承人的继承权，明确了继承金的标准：每一骑士采邑5镑，男爵采邑100英镑。1215年《大宪章》规定，伯爵采邑的继承金为100镑，男爵为100马克，1个骑士采邑最多不超过100先令。14世纪时，索克保有人土地的继承金固定为一年的地租，对侍役保有制，长期没有一个标准，由保有制当事人双方协商决定。

保有人死后，在确定谁是继承人之前，为防止土地被他人侵占，由领主暂时占有被继承土地并依法享有先占权，继承人必须在成年之日起1年零1天内主张继承权，否则土地被没收。领主的这种先占权尽管是暂时性的，但在实践中，领主借机损害继承人利益，比如大量宰杀牲畜、毁坏土地上永久性建筑设施等，有的领主甚至在继承人缴纳继承金后拒不交还土地。因而，1267年《马尔巴罗宪章》第16条明确规定，如果领主利用先占权进占保有人土地并造成损毁，保有人可依法请求领主赔偿。这样领主的先占权不再是一种任意勒索的工具，反而成了一种保障继承人取得被继承土地的手段。

但是国王不受该法拘束，在实践中仍以国王先占权的形式参与保有人权益分配。这在骑士保有制中表现很明显，在直属保有制中表现有所不同。在国王直接封授产生的直属保有制中，保有人去世时其继承人如果已经成年，国王有权占有土地一年并获得期间的土地收益（后来折算为继承金），如果继承人还未成年，由国王对其人身和土地行使监护权并取得监护期间的土地全部收益，被监护人成年后需要通过专门诉讼程序请国王将监护土地移交（livery）给自己，为此他应当将土地半年的收益交给国王。在由居间保有制转化而来的直属保有制中，保有人去世时，如果继承人已届成年，在其缴纳继承金之前，国王取得被继承土地的收益，如果继承人未成年，由国王取得对继承人的监护和监护期间的土地收益，直至监护人成年，运用专门的诉讼程序请求从国王手中收回（ouster lemain），为此，继承人同样需要将土地半年收益交给国王。中世纪后期，更多的土地保有制为直属保有制，先占权为国王带来丰厚的财政收益，成为保有人沉重的负担，保有人想方设法规避。1660年，在为国王提供充足的替代收入来源的前提下，议会改革了传统保有制下的土地收益分配办法，废除了骑士保有制下的继承金和国王先占权。

（六）归复权（Escheat）和没收权（Forfeiture）

归复权是领主将封给封臣的土地又收归已有的一种封建附属权利。所有的土地都被认为是为领主持有，领主或其继承人设定将土地封赐给封臣或者继承人。此权利在两种情况下行使：保有人死后没有继承人和保有人犯有重罪（felony）。后世的归复信托源于此。

保有人无继承人时的土地归复，是一种与土地法定继承规则密切联系的一种领主权益。16 世纪以前，法定继承制是自由保有制下土地权益唯一的继承规则，法律严禁当事人遗嘱处分自己的土地权益。被继承人去世时必须有符合法律规定的继承人，否则，保有制当事人的权益因为缺乏权益主体无法传承。为了稳定土地关系，保有人没有继承人时，领主就享有归复权。16 世纪后，法律允许当事人以遗嘱的形式处分自己的土地权益，使得普通领主不能从中获得任何实际收益。1925 年，《地产管理法》（Administration of Estates Act）正式废除了这种领主归复权。此后，土地保有人死后没有继承人时，其土地权益属于国王、兰开斯特公爵、康沃尔公爵取得，这传统的土地权益变成了他们的权利。

中世纪的法律认为，犯重罪的人表明行为人的血统已经败坏，失去了继续持有土地的资格或者传承土地的能力，所以他的土地应该归还给领主①。国王作为最高领主，在重罪行为人的土地归复给其直接领主之前，有权占有该土地一年零一天，无需为此期间自己造成损失的行为负责。后来国王的这种特权以领主向国王缴纳税金的方式替代。

① A. W. B. Simposn, A History of the Land Law, Oxford: The Claredon Press, 1986, pp. 19—20.

14 世纪以后，随着更多的保有制变为直属保有制，归复权也与其他封建附属权利一样，成为国王一种重要的收益来源。从很早开始，为了保护土地归复权益，国王在每个郡派一名专门的官员，调查保有人死后财产状况，查明国王是否享有归复权、监护权等权益。在调查过程中，王室官员趁机把许多非直属封臣认定为直属封臣，加重了当事人负担，引起广泛不满。1275 年，《威斯特敏特宪章》第 24 条规定，国王必须经过正式的调查程序，由陪审团查明土地上确实存在归复权才能将土地收回。1301 年，在贵族的压力下，国王陆续颁布了一系列的法律规范调查程序，促进制度化。17 世纪时，随着王室监护事务法庭被废除，归复调查制度被废弃。

（七）国王特有的保有制权益

国王作为最高领主，享有一些居间领主没有的权益，主要是对各级保有人的土地没收权、保有人土地转让手续费。

国王没收权益是指保有人犯有叛逆罪时，国王没收其土地，非直属封臣犯叛逆罪时，居间领主对保有人的土地不再享有任何权益。1351 年前，为扩大没收权的适用范围，王室法院努力扩张解释叛逆罪的内涵，甚至将重罪也视为叛逆罪，遭到男爵的激烈反对。1351 年的《叛逆法》（Statue of Treason）明确限定了叛逆罪的范围，限制了国王这一权利。到 18 世纪，没收权在国王的财政收入中不占据重要地位，1870 年，《土地权益没收法》正式废除了没收权。

保有人土地转让手续费，就是指保有人转让土地时应当向领主缴纳一笔费用。中世纪初期，土地保有制有很强的身份依附关系，任何一方当事人转让自己的保有制权益必须征得对方同意，否则转让行为并不产生针对保有制对方当事人的效力，只不过法律对于领主和保有人要求不同：保有人如果转让自己的土地权益，应当事先征得领主同意，要向领主交纳一笔费用；领主如果将自己的领主权益转让给第三人，需要保有人采用“认可新领主（attornment）”的仪式才有转让效力。12 世纪中叶以后，随着保有制人身依附衰落，领主转让自己权益时不再需要保有人的认可，但缴纳手续费的做法保留下来。到布拉克顿时期，身份依附关系对土地转让的限制基本消失，保有人转让土地无需征得领主同意，也不必缴纳手续费，但国王的直属封臣例外。根据爱德华三世时期的一项立法，直属封臣转让手续费的数额为土地年收益的 1/3。

在封建保有制下，领主通过将土地分封给保有人持有，双方当事人以土地保有制框架将土地收益分配，具体的分配结果则通过保有人役务和附属性义务形式体现出来。保有制建立之初，这种分配是与双方之间的身份依附关系紧密联系在一起的，兼有分配土地收益和领主控制保有人身份的双重属性。随着土地保有制内含的身份依附关系逐渐衰落，土地保有制变成了比较纯粹的土地收益分配关系。这种衰落集中体现在保有制役务的货币化折算和保有人取得转让土地权利两方面。保有人在享有土地收益的同时向领主承担役务和附属性义务，领主在享有保有人提供的服务和贡赋时，要承担保护保有人人身财产安全的义务。

英国封建地产权转移受到两方面的限制，一是上级领主的权利对他的限制；二是继承人继承土地的要求对他的限制。许多封建主既是领主又是封臣，既是地产保有者又是继承人，其中最大的领主是国王，所以其间的利益关系错综复杂。

上述领主与保有人之间的权利义务关系，虽然不是近代意义上的契约关系，但是其雏形，可以交易和转让，形成了财产权利，也构成了国王与领主和封臣以及教会之间的利益冲突基础。

由于国王靠自己过活，自己掏钱治理国家，公法与私法不分，这些人身和封建附属义务实际是国王治理国家的税收。这也就成了国王的一个重要经济来源，领主和封臣之间也不断就这些封建附属权利进行争夺。因此这种税收不仅是公法意义和私法意义上层面的交接点，也是反映官民利益紧张程度的重要风向标。后世的国王与领主贵族和教会的利益冲突和博弈也源于此，英国的宪政和土地上用益权利讼事的兴起也由此展开。

第三节 英国封建保有制的特征

封建保有制在中世纪的欧洲普遍存在①，但英国的保有制不同于欧洲大陆②，

---

① ［法］参见马克·布洛赫：《封建社会》（上），商务印书馆 2004 年版，第 697—714 页；［美］哈罗德·J. 伯尔曼著，贺卫方、高鸿钧等译：《法律与革命——西方法律传统的形成》（第一卷），法律出版社 2008 年版，第 298—310 页。

② 对于英国封建主义与欧洲大陆的封建主义为何走上不同的道路，我认为是内含于英国分封制中的税收问题与加强封建王权之间的矛盾运动。我在第三章会有详细论述。这与何勤华和张海斌的认识不同，他们认为是土地状况与政治制度的分裂，国王与贵族的妥协，加上战争的影响，形成了微妙的平衡。参见何勤华、张海斌主编：《西方宪法史》，北京大学出版社 2006 年版，第 184—188 页。

一是英国的保有制下土地分封比较彻底，把所有土地全部分封，政治、军事和社会关系全部处在保有制下。大陆则不彻底，在封建体制之外存在不少自由土地，或者重复分封，造成各级封臣之间层级不明，地方大贵族拥权自重割据。二是在分封基础上加强了封建王权，但王权又受到多元利益集团的制约，又没有常备军，形成了普通法。大陆王权相对衰弱，后来完全得到加强，很少受到制约。这些基本的不同之处决定了英国走上不同于大陆的发展道路。英国封建保有制不仅是一种政治法律制度和社会关系，还是一种土地财产制度，决定了英国地产权制度的特征，由此又决定了英国法律和财产权的特征，孕育了宪政制度和信托制度。

一、国王（领主）与封臣的依附关系通过契约方式建立

在层层分封过程中，国王成为最高封建主，接受分封的各级封臣，直至维兰，都以军役保有为代价保有土地，整个土地分封过程都以一种个人的效忠和土地上的附属义务契约关系为纽带①，即使最底层的农民也必须宣誓效忠和保有土地。全国所有的土地都纳入了不同的保有制关系中，任何人都必须有自己的领主。

领主和封臣的关系的确是不平等的②，然而是互惠的，但并不意味着领主对于封臣享有任意的专断权力，领主不仅享有种种封建权利，同时也必须承担一定的义务。尽管领主在封臣行臣服礼时无须立誓，但接受了某人的宣誓效忠之后，也就意味着他负有了某种义务。这种契约关系需要双方的合意才能达成，在臣服礼的仪式中，领主在确认封臣的效忠之前，根据习惯往往会问："你是否愿意？"封臣回答："我确实愿意！"然后还要以吻来表示忠诚，双方之间的关系才算正式成立。尽管实际上封土是可以继承的，但是封建关系在理论上始终被视为一种个人之间的契约关系，因此不能天然地继承，于是才有继承人需要重新向领主行臣服礼的制度。也就是说，封建契约必须建立在双方同意的基础上。

---

① 中世纪的契约观念远没有现代法律制度中的契约观念，那么细致和丰富，也没有对价理论。说封建保有关系是一种契约关系主要是从封建权利义务关系对应和自愿角度说的，我们不能用现代成熟的概念套用古人。另外，在层层封授过程中，尽管存在等级上的不平等，但对于同一等级的权利义务是对应平等和互惠的。

② 这种不平等不构成法律适格上的缺陷。

封建领主与封臣的权利义务的相互性绝非名义性质的，因领主违反封建权利或未能承担封建义务，封臣有司法救济权。一旦某一封臣认为领主并未公正地对待他，根据封建理论，他可以斩断封建领主封臣关系，并可以离开领地，而其领主则再无权对其主张封建领主权利。大陆上法国的观念更为激进，在这种情形下，封臣可以撤销其对领主的臣服，但仍可以保留领地①。在1199年，王室法庭审理的一个涉及萨里郡的领主与封臣就领主剥夺封臣的土地占有权的案件中，王室法院就判定领主返还封臣的保有土地及其动产②。

在诺曼征服尤其是亨利二世改革后，英格兰王室法院司法管辖权的扩张，已经使得国王的中央司法机构为领主侵犯封臣的封建权利而未能维系公正的情形提供了充足的司法救济。但对于贵族与国王这一层封臣领主关系而言，国王违反了封建契约（封建习惯），侵犯了贵族的封建权利，常规的司法救济渠道显然不可能，诉诸战争（私战）是唯一可行的救济（古老的私力救济）。这导致约翰王颁发《大宪章》的贵族反叛以及《大宪章》本身第61条都明确承认：即便作为最高领主的国王在违反封建契约、侵犯封臣权利时，封臣是有权撤回其效忠与臣服而起兵反抗的。亨利三世在位时期，反对国王亨利的贵族战争也是基于同样的封建契约理论。《大宪章》的出现与不断重申和重新颁发以及议会的出现，使得这种私战的非常规救济能导入到常设的宪制机构里的权力斗争中，以及在普通法形成后，导入普通法的司法救济中。受这种封建契约理论以及颁发《大宪章》的影响，国王也得受制于法律（在那时显然还只是由封建习惯构成）成为一项基本原则。从这个意义上说，封建契约观念、封建领主封臣之间的明确权利义务关系的封建观念与封建习惯，也同样构成了法治宪政原则发展的起点。

这种契约观念和习惯对于英国财产权和近现代宪政的形成非常重要，它表明了一种权利义务对等交换的态度，其权利义务一旦确定，领主不能因其地位和权力轻易要求封臣履行约定或习惯规定以外的义务，所以这种契约方式是一种对于专断权力的限制方式。并且这种契约是一种不完全契约，尽管在中世纪也存在种种的不公，但至少在其中也孕育了救济的方法，不断进行调整。例如，亨利二世开始，王室法院在规范土地关系中，通过一系列诉讼令状（权利令状诉讼、新近侵占令状、收回继承地令状和进占令状）形成司法管辖权，以

---

① Paul Vinogradoff, Feudalism, in Cambridge Medieval History (1924), Vol. 3, pp. 458—484.

② J. H. Baker & S. F. C. Milsom, Sources of English Legal History——Private Law to 1750, Butterworths 1986, p. 1.

保护和规范保有制下当事人的土地权益。

二、保有制下保有权的分割

为了维护诺曼征服以来的保有制秩序，保护保有人免遭领主侵害，国王通过一系列法律维护土地利益的保有制分配模式，逐渐由一种公私混合的社会关系模式演变为一种私法上的土地财产分配方式。在这一过程中，法律保护的目的由一种维护社会秩序演变为保护保有制下的土地财产权分配方式，依据保有制对土地进行占据的事实确立保有制法律关系和相应的法律权利①。普通法之所以保护保有，是为了在这一保有制框架下有序解决当事人的利益冲突。

层层分封的结果是对保有权进行了分割，这有两个层次，一是封建保有制分为领主的保有和保有人的保有，领主保有的客体是无体物——领主权益，保有人的保有客体是有体物——土地，都是基于土地产生的；二是通过保有制的分封，对保有土地上的权利进行多维度的分割。土地上的利益不仅在领主和保有人之间作了分割，而且可以从垂直立体维度上对土地表面、土地上的空间和土地下的矿产等进行分割并且由不同的主体享有，还可以从时间延续的维度上进行分割并由不同的主体享有，比如领主封赐土地时规定，该土地有由 A 终身持有，A 死后由 B 终身享有，B 死后由 C 享有。这样在同一块土地上在时间上有先后相继的三个权益，这三个权益在法律上都是平等的。此外，还可以在内容上分割，比如将土地的收益权从保有中分离出来，正是这种分割产生了衡平法上的用益和信托权。保有权的分割决定了本章第四节所论述的地产权分割。

三、保有制是国王军队、税收、司法和行政组织的基础

首先，保有制为国王提供军队和财政收入。封臣因为保有土地只向国王提供军事义务，骑士只能参与国王的战争，唯一应该服役的军队就是国王的军队。这一点使得英国的封建主义与欧洲大陆尤其是法国的封建主义不同，使得除国王之外的领主，不得有私家军队，避免了军阀混战，也是英格兰国王加强中央集权的暴力和法律基础。各级封臣因保有土地向上级领主和国王支付协助金、土地继承金和免服兵役税，上级领主和国王获得了监护权、婚姻监护权和

① 这与大陆法上占有是一种事实而非法定权利的做法不同。

土地复归权。虽然国王、领主与封臣的权利义务是双向的，至少不是一方对另一方的绝对统治和对另一方的绝对服从，遵从盎格鲁撒克逊传统习惯，义务的变更和另行征税，需要征得集体同意确认①。这也是后世“不经同意不得征税”原则的习惯源头。

所有的法庭、司法和行政组织也由土地保有制确定。每一个领主都主张享有为其封臣主持法庭或主持由其封臣参加法庭的权利。作为最高领主，国王拥有由直属封臣参加的法庭，并且由后者出任法官，同时还是国王的智囊团。在他们的建议和同意下，国王才可以征税和制定法律。由于国王的封臣最多，出席王庭的往往只是应召的大贵族，是为贵族会议。因为国王的封土多，法律纠纷多，一年开庭两三次远远不够，加上多年一年到头巡幸，不可能随时召开贵族会议，因此，国王从大贵族中选出一部分人陪伴巡游，组成常设法庭，是为御前会议。贵族会议和御前会议具有双重职能②，既是解决领主与封臣之间的纠纷、审判大贵族的法庭，也是国家的中央机关。更改习惯法，任免地方官吏，颁布教会法规等等，也是这种会议的职责。

同样，每一个直属封臣由其下级封臣组成封建法庭，后者也会各自有自己的法庭，是为领主法庭（Seigniorial Court），审理领主与封臣、封臣与封臣之间有关封建权益纠纷、契约、抵押等方面的民事案件，大约每三周开庭一次，主要有直属封臣主持的大领主法庭（Honourial Court）和小贵族主持的小领主法庭（Court Baron）。出席每一级领主的法庭是每一级封臣的义务。领主法庭与封建制度兴衰紧密相连，亨利二世司法改革后，领主法庭衰落，全国实行普通法（见本书第三章）。

四、保有权具有相对性

首先，保有不是一种绝对权利，保有人对保有的享有是以向领主承担保有制义务为前提条件，保有制关系使领主与保有人相互制约，这是相对性的根源。其次，保有的内涵具有相对性。所有的保有都是处在一定的保有制关系下，保有制关系性质不同，当事人在保有制关系中的地位不同，保有的具体内

① 威廉一世在位时，在重新确认各项旧习惯之前，要求各郡派 12 名代表到宫廷共同确定。亨利一世在加冕宣誓时保证，如变动法律，一定与封臣协商。亨利二世统一了各地习惯法，实行普通法。此后虽然颁布法律的权力经常属于国王，但要征得封臣同意的原则并没有改变。

② 这两类会议的前身是诺曼征服前的贤人会议。

容也不同。再次，每一个保有具有不同的产权（title）依据：是继承还是转让或者封赐而来。产权是取得保有的理由和依据。为了解决产权之间的冲突，明确保有效力，普通法设计了一系列规则，其中最基本的一条是：最古老的产权效力最优，所以一些人的保有可以优于其他人的保有。这种效力的相对性还反应在保有人自力救济制度方面。

威廉一世以后，英国封建土地保有制不断发展，用于许多新的领域，比如官员被认为是以保有制的形式向国王持有官职，并因此承担保有制义务。罗科斯·庞德认为普通法的形成得益于日耳曼法、封建法（列在第二位）等七个因素，所谓封建法就是保有制中的领主和封臣的权利义务关系（这也是日耳曼法的一个传统），这种关系是普通法的中心，普通法处理许多问题都是以封建保有制中领主和封臣的权利义务关系类推，或曰拟制，运用领域不仅包括公法如国王与臣民、宪政，还包括私法如租赁、抵押、雇佣关系①。13世纪后，随着土地用益制的兴起，土地委托人和受托人之间的信托法律关系也被视为一种保有制，衡平法也是。这也是适用这种义务关系的案例不由普通法管辖而由衡平法管辖的缘由，衡平法院的法官由教会法官担任，因与基督教教义吻合，使得衡平法院法官把此道德原则注入到衡平法之中（详见本书第四章）。罗马法使用“意愿”概念，一切从行为人的意愿推论而出，国王的意志成为法，强调单方面的权利，没有义务。这是普通法与大陆法分歧的根源。

第四节
保有制下的地产权制度

Maitland 认为封建主义经历了一个从人身依附关系到强调土地保有的过程，其原因是社会状况从战乱趋于稳定，巩固统治和治理社会取代战争成为国王的主要事务，原来由特定身份的人提供骑士的做法变成由保有土地的人提供，土地分封不再主要是用来提供骑士，更多的是为了满足领主的各种日常需求，终身分封成为可继承的分封。由此，土地保有制关系下的土地权益成为地产权的

---

① 参见［美］罗科斯·庞德著，唐前宏、廖湘文、高雪原译：《普通法的精神》，法律出版社 2000 年版，第 10—21 页。

决定因素。

12 世纪中叶开始，伴随王室法院各种不同不动产诉讼程序的形成和不断完善，普通法土地保有权的形态和结构体系逐步清晰。13 世纪中期开始，随着普通法逐渐专业化、技术化在土地法上出现一个专门术语——地产权（estate），用于保有制享有的各种权益的上述法律特征，在土地法上逐渐产生了一系列有固定形态和内涵的土地保有权。14 世纪初，完整的土地保有权体系——普通法地产权体系正式建立起来。16 世纪初形成了逻辑关系清晰、形态特征明确的土地保有权体系。

一、地产权的分类和法律规范

普通法上，按照地产权人是否能够实际占有土地并获取土地收益为标准，可以将自由保有制下的土地权利分为“现实占有的地产”（estate in possession）和“未来性地产”（estate in extectancy）两类。现实占有的地产指地产保有人能够即时占有土地并从中获取收益的地产形式，具体包括终身地产、自由继承地产、限定继承地产三种。未来性地产指权利人享有的尽管是一种现实中可以继承、转让的地产，但是必须在未来某一个时期才能实际占有土地并从中获益，具体包括回复地产、剩余地产。

（一）终身地产（life estate）

终身地产是普通法上最早产生的、也是英国地产体系中处于基础性地位的一种地产形式，指保有人依据终身保有制享有的权利。比如，领主以索克保有制的形式将土地封赐给 A 终身持有土地，此时，A 在土地上所享有的权利就是一种终身性地产①。该地产之所以被称为终身地产，是因为该土地权利的有效存续期以某一个人的终身为限。这个人既可以是权利人本人，也可以是被指定的第三人。当被指定的人（权益人本人或第三人）死亡时，该地产因保有制关系的终止而消失。就其产生途径而言，终身地产既可以依法产生（比如下文提到的寡妇产、鳏夫产等），也可以由当事人自行设定产生。当事人如果自行设

① 在该土地的封赐中，A 的领主也在土地上享有一种终身性的保有权，也是一种终身地产，如果 A 先于领主死亡，那么在 A 死后，该土地归还给领主，领主在土地上的权益就由一种领主保有权变成土地保有权。因此，在终身性的土地保有制关系下，存在两个终身的地产，即领主的终身地产和保有人的终身地产，在没有特别说明的情况下，下文提到的终身地产均指保有人的终身地产。

定终身地产，必须严格采用相应的设定术语。比如，领主要想为一个人（比如A）设定一个终身地产，在普通法上，他应当采用将土地“to A”（或 to A for life）的设定术语格式①，基于这一设定行为，A 即以保有人的身份在该土地上取得了终身地产权益。

终身地产的法律规范：

1. 是一种独立自由保有制下的地产。根据保有制规则，领主将土地封赐给保有人终身持有后，保有人死后该土地必须归还给领主，但保有人具有独立的地产权利，比如保有人是在法律上代表土地，是应诉主体，是受普通法保护的权益所有人。

2. 是一种存续时间有限的地产。土地作为一种永久性的资源，而设定终身地产仅能在相对较短的时间内处分土地权益，因此，领主可以在同一块土地上设立几个连续相继的终身地产，在相对较长的时间内处置土地。比如领主 L 将土地“to B for life，after his death to C for life，after his death to D for life”，这一个封赐行为就为 B、C、D 分别设定了在时间上前后承接的终身地产，其中 B 所享有的终身地产是一种现实占有的地产（estate in possession），C 和 D 的终身地产均为未来性地产（estate in expectancy），L 封赐之后，B 可以立即占有土地并获取收益，B 去世以后，C 立即进占土地并取得土地收益，C 去世后，D 立即进占土地并获取收益。在 B 去世之前，尽管 C、D 不能实际进占土地并获取收益，但是从封赐时起他们的地产就是一种有效的、可以转让的地产形式，在普通法上，权利人获取收益时间的远近并不影响地产的有效性。

在设定终身地产时，封赐人享有很大的自主权，比如 L 将自己向领主 A 持有的土地封赐给 B 时，既可以规定 B 向 L 终身持有，也可以规定 B 向 A 持有，前者为前文提到的“再分封”方式，后者为“替代”方式，具体采用何种方式，中世纪的法律没有明确的规定，具体的封赐条件由当事人约定。

在不同的时间前后衔接延续中，必然存在一些法律问题，比如，终身保有人生前处分土地的行为，可能直接改变土地自身的价值，影响到其他人权益的实现；另外，当终身地产意外终止时（尤其是在以他人生存期为限的地产中），如何确定土地上现存利益（比如耕地上未来得及收获的庄稼等收益）的归属也

---

① 普通法上的每一种地产都有专门的设定术语。法律严格按照术语的格式认定所设定地产的具体形态，而不考虑设定人的真实意图。在法律上，完全可能出现因为设定术语不符合法定格式要求而无法有效设定地产的情况，这在18 世纪、19 世纪时导致了大量的诉讼。上述规则直到 1925 年的《财产法》才有所松动。

是一个法律必须要解决的问题。为防止终身地产权人采用竭泽而渔的方式经营土地，平衡终身地产权人和其他土地潜在权益人之间的利益，在普通法上发展出一系列法律制度，有效解决了终身地产制度下土地的经营管理和收益归属问题，其中最重要的两项制度是终身地产权人的损坏（waste）责任和土地庄稼归属（emblements）的规则。

终身保有制下，终身地产权人在土地上仅仅取得有限的权益，他有可能改变土地性质的行为，不论是使土地增值还是减损土地的价值，均因影响到其他地产权人的利益而构成法律上的损坏。在普通法上，终身地产权人的损坏分为三种：第一，改良性损坏（ameliorating waste）。终身地产权人为了提高土地的价值而改变了土地的用途，比如将年久失修的仓库改造成住房或将一个农场改造成商品交易场所、将草场变成可耕地等，这些行为尽管会使土地增值，但是仍然会影响到其他权利人的利益[①]，因此构成法律上的损坏。针对终身地产权人的这种改良性损坏行为，后位地产权人可以请求损害赔偿或申请法庭颁发禁令，禁止终身地产权人的改良行为。1833 年，法庭在 Doed Grubb v Earl Burlington 一案中判定，当终身地产权人的改良行为并未造成实际损害后果时，后位地产权人不得请求损害赔偿。1878 年的 Doherty v. Allman 一案中，法庭认定，在改良性损坏的情况下，终身地产权人无需为自己的行为承担法律责任，后位地产权人不得申请禁令或请求损害赔偿，最终打消了终身地产权人改良土地的顾虑。第二，不作为式的损坏（pemissive waste）。如果终身地产权人在法律上负有积极作为的义务，但是因其消极不作为，导致保有物价值的减损，比如，终身保有人怠于修缮房舍或清理沟渠造成房屋等建筑物毁损，这些行为均构成不作为式损坏。与改良性损坏相比，在不作为式的损坏中，只有在设定地产时明确规定终身地产权人负有积极作为义务的情况下，保有人才为自己的不作为损坏承担责任。第三，作为式的损坏（voluntary waste）。指终身地产权人出于各种不正当目的，以积极作为的方式破坏性地处分土地或保有物，比如拆毁房屋或其附属建筑物（比如玻璃窗、篱障、门等，即便这些附属物是终身保有人本人添置的也不例外），开采新矿井，砍伐木材，这些行为因减损了保有

---

① 中世纪普通法认为，保有人改变土地用途的行为，尽管有可能提高土地的价值，但是会引起产权的混乱，因为本来在一块草地上设定的地产，一旦草地被改造成可耕地，在以后的土地转让中，交易双方很难证明交易的是草地上的地产，在法律上带来举证的困难，为此法律将改良行为也视为一种损坏。当终身地产权人进行改良时，后位地产权人可以申请法庭发布禁令，禁止其改变保有物性质的行为，并可要求改良人赔偿因改良造成的损失。

物的价值，必然会损害后位地产权人的利益，因此构成法律上的作为式损坏。除非在设定终身地产时的文书中有明确规定，否则，终身地产权人应当为自己作为式的损坏行为承担法律责任。

普通法在权利存续期间，终身地产权人可以获取土地的各种收益，但是，在他耕种土地之后未收获庄稼之前，如果被指定的人（cestui que vie）或终身地产权人本人突然死亡，该终身地产随之终止，地产保有人（以他人终身为期的地产中被指定的人死亡）或他的继承人（保有人本人死亡）就会因地产属于他人而失去收割庄稼的机会。为了鼓励土地耕种，在普通法上发展出了关于庄稼收益的规则（emblement），解决了地产时间延续中的孳息归属问题。根据这一规则，在终身地产终止以后，地产权人的继承人有权继续进入土地收割地产权人已经耕种但未来得及收获的庄稼，但这种权利仅限于收获谷物、大麻、亚麻、马铃薯等单季性作物，不得获取果树、三叶草、木材等跨季作物。此外，只有在地产因地产权本人以外的原因终止时，收益人才享有收割的权利。如果因为地产权人本人的原因，比如犯重罪致使土地被没收或在附条件的终身地产中地产因条件的成就而终止（比如封赐给孀居妇女享有的终身地产中，该妇女再嫁），收益人则不得收割庄稼，此时土地上的收益归后位地产权人取得。终身地产权人原土地上除上述庄稼以外的附着物（fixture）则在终身地产终止后归属后位地产权人享有。

3. 是特殊的终身地产。

(1) 以他人终身为期的地产（estates pur autre vie），即一个人在取得了土地上的地产之后，该地产的存续期限不是地产权人本人，而是第三人。比如A以B终身为限持有土地上的地产，在B死亡后，A即便仍在世，他在土地上的地产也必然终止，A在土地上享有的地产就是一种以他人（B）终身为期的地产。就其本质而言，这是一种特殊形式的终身地产，也是普通法上存续时间最短的自由地产。

(2) 寡妇产（dower）。普通法产生之初，寡妇产视为妇女基于婚姻关系所取得的一项法定权利，普通法上存在过五种寡妇产：新郎在教堂举行婚礼时为妻子设定的寡妇产；新郎征得父亲同意后在婚礼上为新婚妻子设定的寡妇产；依据普通法，丈夫死后寡妻有权享有丈夫生前可继承土地的1/3的收益权；依照各地习惯不同，寡妇可继承丈夫生前土地的不同数额和期限；以监护人身份取得的寡妇产。前两种是当事人自行设定，后三种是法定寡妇产。在普通法上，寡妇产的存在很大程度上限制了丈夫处置土地的自由，影响了继承人和领主的利益。

(3) 鳏夫产 (curtesy)。依照保有制原则，在婚姻关系存续期间，丈夫代替妻子向其领主行臣服礼，并代替妻子履行保有制义务。因为丈夫向妻子的领主行臣服礼，所以，丈夫与妻子的领主之间建立了某种形式的保有制关系。领主一旦接受保有人的臣服礼就不能再收回土地，具有对抗领主监护权的法律效力。

(二) 自由继承地产 (fee simple)

自由继承地产指权利人依据自由保有制关系享有的可传承给自己的继承人的地产，该地产的继承人既可以是地产权的直系继承人，也可以为其旁系继承人。从保有制关系延续性的角度说，只要权利人有继承人存在，这种地产所赖以存在的保有制关系能够自动无限期延续。这是1925年以后普通法上唯一被保留下来的自由地产形式。自由继承地产是一种保有制关系下的土地权益，在法律上也是按照保有制模式对其规范的，是从时间延续角度对土地权益的一种法律描述，从地产的继承和转让可以明显反映出来。

自由继承地产的法律规范包括继承和转让：

1. 自由继承地产的继承。与普通法上的其他地产相比，自由继承地产最重要的特点之一就是其无限期可继承性，只要保有人有继承人存在，该地产及其所赖以存在的保有制关系就可以无限期延续。在这一点上，英国法律与同时代的欧洲大陆各国的法律有很大的不同，在封建时代的法国，如果领主为封臣设定了一种可继承的权益，封臣的继承人不能无限期地继承，继承人等级非常有限，但是在英国，从诺曼征服起，如果领主为保有人设定了一种可自由继承的土地权益，地产权人的继承人（不论男女，不论直系旁系）可以无限期地继承，法律对于继承人等级没有明确的限制，并按照保有制的模式建立了复杂的继承规则。继承有遗嘱继承和法定继承两种。

遗嘱继承。诺曼征服后，遗嘱处分土地的做法与保有制发生了不可调和的冲突，12世纪，普通法废除了保有人遗嘱处分土地的可能。随着用益制的发展，人们用设定用益的方式规避普通法的规则。1535年，《用益法》禁止遗嘱处分土地的做法，但是在社会各界的压力下，亨利八世被迫于1540年制定《遗嘱处分法》(Wills Act)，根据该法的规定，索克保有制下的自由继承地产权人可以遗嘱处分其全部的土地，军役保有制下的自由继承地产权人也可以将土地的2/3遗嘱处分。1645年，随着军役保有制被转化为索克保有制，所有自由保有制下的自由继承地产权人都取得了遗嘱处分的权利。1897 年的《土地转让法》（Land Transfer Act）第一章规定，一个人生前享有的不动产如果在他去世时没有终止，在他死后，不论他生前是否立有遗嘱，其全部的财产（包括不动产、动产、准不动产）一律由其遗产代理人取得，遗产代理人有权出售遗产，并将所得款项用以偿还死者生前所欠债务、支付遗嘱执行费用等，但继承人是最终的受益人，有权请求遗产代理人将遗产移交给自己。1925 年的《地产管理法》（Administration of Estates Act）保留了这一规定。

法定继承。16 世纪以前，法定继承规则是普通法上确定自由继承地产传承的唯一规则。16 世纪以后，普通法虽然承认了土地遗嘱处分的合法性，但在地产权人生前没有立遗嘱时，有关的法定继承规则依然有效。

普通法有关自由继承地产的继承规则十分复杂，这些规则是根据保有制的原则确立的。时至今日，当初孕育这些原则的保有制形式尽管因时过境迁已不复存在，但所确立的一些继承规则至今依然有效，成为当代英国继承法的重要历史渊源。根据保有制的规则，一个人生前是不可能有继承人的，必须等到他死亡时才能确定谁是他的继承人（Nemoest haeres viventis）。在法律上，继承人被分为两种，即“明确的继承人”（heir apparent）和“可能的继承人”（heir resumptive）①，对于继承人而言，在被继承人死后，继承既是一种权利，也是一种义务，因此，无论哪种继承人，不论其本人是否愿意，都必须在自由继承地产权人死后继承。

就继承顺位来说，有以下规则：去世时享有保有的人的直系卑亲属继承，直系尊亲属没有继承权；男性优先于女性继承；继承人死后，其直系卑亲属可代位继承；如果被继承人没有直系卑亲属，则由旁系血亲继承，但该旁系血亲继承人应与当初取得土地的人有血缘关系；旁系血亲继承人必须是被继承人的全血亲，半血缘旁系血亲无权继承；在旁系血亲继承人中，男性优先于女性继承人，除非被继承的土地得自于女性血亲。

2. 自由继承地产的转让。可转让性是自由继承地产最重要的法律特征之一。早在亨利二世时，自由继承地产权人就可以不经继承人的同意，将自己土地的一部分出让，比如给女儿做嫁妆或出让给教会团体等，但是这种处分行为

① 明确的继承人是指被继承人死后，不论发生什么情况，只要该继承人依然在世，他都会依法继承死者的财产。比如死者的长子依据法定继承制原则继承取得财产。可能的继承人是指只有在被继承人死后才能确定是否具有继承资格的人，比如死者的长女。假如被继承人在她之后生了一个儿子，依据继承制规则，弟弟而非其姐姐成为继承人。

仅限于他以非继承方式得来的土地，并且不应致使其长子无财产可以继承。从13世纪初开始，随着保有制关系的变革，保有人无需继承人同意即可自由处分土地，与此相适应，普通法将设定术语中的“heirs”解释为一种限定术语，而不是一种授产术语，排除了设定自由继承地产术语中继承人的地位，使得地产权人不用考虑继承人的利益自由支配土地，这种做法在很大程度上弥补了长子继承制的不足，使得家长可以为长子之外的孩子提供一些必要的生活来源。

此外，根据封建保有制下的担保规则，一旦领主接受了保有人的臣服礼，不得再向保有人提出相反的权益请求，到格兰维尔时期，这种义务扩大、涉及到领主的继承人，因此，当自由继承地产权人因处分土地与第三人建立保有制关系并接受对方的臣服礼时，他在土地上设定的负担对自己的继承人有拘束力。从13世纪中叶开始，随着保有制身份依附关系的衰落，保有人逐渐摆脱领主的限制，取得了转让土地的权利。布拉克顿认为，自由继承地产权人转让土地的行为尽管影响了领主的权益，但不构成法律上的损害（damnum sine injuria），他可以不经领主同意将全部的土地以替代的方式（subsitution）转让给他人，或者以再分封的方式（subinfeudation）将土地的一部分转让给他人。1290年的《土地买卖法》正式确立了自由继承地产的可转让性。此后，自由继承地产权人可以将自己土地一部分或全部以替代的方式出让，受让人向出让人的领主持有土地并履行保有制义务。但是该法不适用于国王直属封臣，直属封臣转让土地时依然要征得国王的许可。

根据保有制的规则，当保有人绝嗣时，土地应当归复给领主或领主的继承人。自由继承地产权人将土地转让给第三人后，如果出让人绝嗣，受让人的土地是否应当归还给出让人的领主，这一问题直接影响着土地受让人能否基于转让行为取得充分的地产。在布拉克顿时期，法律还认为，当自由继承地产权人绝嗣后，他的土地不论是否出让，都应当归还给领主。为此，领主在设定自由继承地产时，必须明确授予保有人转让权，保有人在转让自由继承地产时，必须以“to B and his heirs and asigns”的形式授予受让人土地转让权，否则在出让人绝嗣后受让人必须将土地交还给出让人的领主。1290年的《土地买卖法》最终确认了自由继承地产权人的自由转让权，自由继承地产权人绝嗣后，受让人无需将土地交还给领主。此后，在自由继承地产的设定中，不再以明确的规定的形式授予地产权人自由出让权，以简单的“to A and his heirs”的形式取代了“to A, his heirs and asigns”的形式，自由继承地产权人取得了自由转让的权利。

到14世纪初，自由继承地产的法律特征最终得以明确，即是一种在普通法上可以继承、自由转让的地产形式。地产权人可以根据自己的意愿和需要将自己地产的一部分或全部出让，也可以将土地出租、抵押，所有的这些处分行为都会产生新的保有制关系，相应的产生新的保有制下的地产形式，推动着土地权利结构的发展。在不同的社会发展时期，自由继承地产权人处分土地时所追求的价值目标不一样，可行使处分权产生的地产形态不一而足，所以普通法地产权结构在不同历史时期表现不同的趋势。

（三）限定继承地产

限定继承地产是普通法上除自由继承地产之外的另一种可继承地产，与自由继承地产的传承方式不同，在限定继承地产中，法律严格限制了继承人的范围（比如必须是保有人本人所生的子嗣），只有符合被限定条件的继承人才有资格继承取得该地产。因此，当地产权人去世后，如果没有符合预定条件的继承人存在，该地产随即终止，地产下的土地应当交还给设定地产的领主或其继承人。与自由继承地产相比，限定继承地产的继承人范围小，因而其存续时间必然要短于自由继承地产。在两者的关系上，自由继承地产要大于限定继承地产，自由继承地产权人可以在自己的地产上设定限定继承地产，并以回复权人的身份在土地上继续享有权益，为此，在普通法上，人们认为限定继承地产是从自由继承地产中切分出来的一部分地产权益，为了表示该地产与自由继承地产的关系，人们将其称之为 fee in tail 或 estate entail。

普通法上限定继承地产有两种方式：一种是一般性限定继承地产，即授产人只是笼统地限定地产的继承人是保有人所生的子嗣，对于继承人的性别或所处的婚姻关系没有特殊要求，具体的设定术语为“给 A 及其所生的继承人”（to and the heirs of his body begotten）。在确定此类地产继承人时，最先接受封赐的地产权人 A 为“继承源”，在他死后，所有符合条件的后裔按照前文所述的自由继承地产的顺位继承。领主还可以专门限定继承人的性别，比如限定继承人为保有人的男性继承人（entail male general），此后，该地产只能由保有人的儿子或其所生的男性子嗣继承，女儿及其子嗣没有继承权。第二种是限定继承（entail special），即领主在设定地产时规定，该地产的继承人只能是某一个人或某一对夫妻所生的继承人，比如领主将土地“给 H 及其与 W 所生的继承人”（to H and the heirs begotten by him on the body of W）或“给 H 和 W 以及他们两个人所生的继承人”（to H and W and the heirs of their two bodies begotten），这两种设定行为均各自设定了一种特别限定继承地产，其中前者设定的是一种由 H 单独保有的限定继承地产，后者则设定了一种由 H、W 共同保有的限定继承地产。在这两种限定继承地产中，并非 H 与所有的妻子（比如 H 以前曾经有过一个妻子且生有子嗣）所生的子嗣都有继承权，只有 H 与 W 所生的子嗣及其后裔才可以继承该地产，保有人去世后，如果不存在符合条件的继承人，土地交还给 H 的领主或其继承人。当然，在这种特别限定继承地产中，领主也可以专门限定继承人的性别，所以在土地法上也存在“给 A 及其与妻子 W 所生的男性继承人”（to A and his heirs male which he shall beget on the body of his wife W）、“给 A 与 X 及他们的男性继承人（to A and X and the heirs male of their two bodies begotten）的设定术语形式。

（四）回复地产（reversion）

在土地保有制度下，当持有土地的保有人死亡且无继承人时，如何解决土地的法律归属，直接涉及土地保有制秩序的稳定，也是土地法上必须要解决的一个问题。根据土地法的基本规则，当保有人的地产终止时，土地应当归还给领主或其继承人。对于领主而言，他将土地封赐给保有人之后，仍然在该土地上享有一种权益，这种在未来某个时刻收回土地的权益被称为回复地产（reversion）。比如，领主 L 将土地封赐给保有人 A 终身持有，当 A 死后，L 本人（或其继承人）以保有制封赐者的身份收回该土地，L 所享有的这种土地权益就是回复地产。就其性质而言，L 尽管必须等到 A 死后才能收回土地并实际获取土地收益，但他的这种权益是与 A 的地产同时产生的，在法律上可以继承、转让，只不过他必须在保有人地产终止后才能实际占有土地而已。为了表示土地保有人 A 的地产与 L 地产之间的关系，在土地法上将 A 的地产称为“前位地产”（particular estate）（或译为“先行地产”），前位地产存续期间，依然保留在 L 手中的地产则是回复地产。

回复地产是领主依据保有制规则产生的法定地产权益，因此实践中并不需要领主专门设定。作为保有制下的一种地产，回复地产的具体法律形态取决于领主封赐前位地产之前的土地权益形态：当自由继承地产权人封赐了前位地产（比如终身地产或限定继承地产）后，他的回复地产依然是一种自由继承地产，如果限定继承地产权人封赐了前位地产（终身地产），他的回复地产依然是一种限定继承的地产形式，也就是说，回复地产的具体形态并不因前位地产而发生任何的变化。

在前位地产存续期间，回复地产权人并不实际占有土地，也不能从土地上获得任何现实的收益，只有在前位地产终止时，他才能够进占土地。如果他提前进占了土地，就侵占了前位地产权人的保有权，后者可以适用普通法的不动产诉讼程序请求权利。从这个意义上说，回复地产又被称为一种未来性地产，即在将来的某个时间实际占有土地并从中获取收益的地产。

在领主享有回复地产的情况下，其前位地产无论是终身地产还是限定继承地产，都是一种存续时间有限的地产，必然会在将来的某个时间终止，因此，对于回复地产权人而言，在这一时刻到来时，他肯定能够进占土地并获取相应收益，所以该地产还是一种具有经济价值的地产，能够被继承、转让。但是，在前位地产权存续期间，由于回复地产权人并不实际占有土地，所以他不能像现实占有的地产权人（自由继承地产保有人、限定继承地产权人或终身地产保有人）那样转让自己的土地权益，只能采用授让（grant）的形式转让回复地产。在法律上，这种形式的转让必须具备两个有效要件：（1）回复地产权人制作好授让文书（charter）并将其交付给受让人①；（2）回复地产权人必须征得前位地产权人的同意。举例来说，领主 L 将土地的限定继承地产封赐给 A 之后，如果 L 将自己在土地上享有的回复地产转让给第三人 B，那么他不仅要制作授让文书并交付给 B，还必须事先征得 A 的同意后才能转让。这两个有效要件都是基于保有制产生的规则。就第一个要件而言，回复地产权人 L 的授让文书实际上是他以领主的身份将该土地权益封赐给保有人（受让人）的手续，该文书的具体格式用语跟领主封赐土地时的用语完全相同。就转让行为的第二个有效要件而言，法律之所以要求回复地产权人 L 征得 A 的同意后才能转让自己的地产，原因在于 L 是 A 的领主，领主 L 将自己的权益转让给 B 之后，A 作为土地的实际保有人应当向受让人 B 持有土地，为此他必须征得土地保有人 A 的同意才能转让，否则保有人有权拒绝向新的领主 B 继续履行保有制义务。后来，保有制建立之初确立的这一规则被保留下来，成为转让回复地产的有效要件之一。

---

① 一种证明无体物财产转让的书面文件。这一词来自拉丁语 charta，最初用在领主封赐土地保有人场合，以证明保有制关系的存在。后来，这一词语用于各种财产形式的转让，对无体物而言，这种转让文书成为权利人证明其权利存在的重要依据。早在中世纪时，这一词用于表示国王对一些团体法人（比如教会、公司等）的特别授权。现在英国法上，后一层含义被保留下来，常用于国王政府批准设立公司、学校等法人团体的场合。

（五）剩余地产（remainder）

领主设定了一个前位地产之后，依然可以将自己剩余权益的全部或一部分再次“出让”（remain）给第三人，由后者在前位地产终止后进占土地并获取收益。比如领主 L 将土地的终身地产封赐给 A 之后，再将土地封赐给 B 终身享用。根据这一封赐行为，当 A 死后，B 即以终身保有人的身份进占土地，在 B 死后，L 再以回复地产权人的身份收回土地。这样，基于同一个设定土地保有制的行为，在同一块土地上同时出现了三种土地权益，即 A、B、L 各自以不同身份享有的土地权益，其中 A 享有的是现实占有的终身地产，B 和 L 享有的都是未来性的土地权益，只不过 L 必须在 B 的权益终止后才能进占土地并获取收益。对于 B 而言，他和 A 都从领主 L 那里取得土地，且与 A 之间并没有土地保有制关系，他所享有的地产既不同于 A 以现实占有人身份享有的前位地产，也与 L 以领主身份享有的回复地产不同，是领主封赐了一个有限的前位地产之后保留给他的土地权益，法律将此时 B 所享有的地产称为剩余地产（remainder），享有该地产的人被称为剩余地产权人（remainderman）。剩余地产与回复地产不同，必须依照领主的专门设定行为才能产生，剩余地产的形态以领主设定方式而定，可以是限定继承地产，也可以是自由继承地产。1925 年后，剩余地产只能以衡平法上的财产权益存在。

剩余地产作为一种未来性地产，地产权人只能在前位地产终结后才能实际进占土地并获取收益。在他进占土地之前，假如发生了一些特定事件导致他不能如期进占土地，那么，他所享有的剩余地产就因不能如期变为现实占有的地产而无效。在普通法上，根据能否转变成现实性占有的地产为标准，将剩余地产分为两类：即确定性剩余地产（vested remainder）和或有剩余地产（contingent remainder）。

所谓确定性剩余地产，是指地产权人在前位地产终止时必然进占土地的剩余地产。比如领主 L 将土地封赐“给 A 终身持有，然后以限定继承的方式由 B 持有（to A for life，remainder to B and the heirs of his body）。在这一封赐中，对于 B 而言，无论发生什么事情，在 A 死后他必然都会进占土地（假如 B 先于 A 死亡，那么在 A 死后，B 的继承人也会进占该土地），B 从 L 的封赐中取得的就是一种确定性的剩余地产。对于 B（或其继承人）而言，尽管在前位地产存续期间他并不能实际占有土地，但他在未来的时刻肯定会占有土地并获取收益，因此，他的权益从产生之日就是一种具有经济价值的地产形式，实践中他可以转让、出售、抵押自己的地产权益。

在剩余地产中，如果地产权人在前位地产终止时能否进占土地要取决于一些不确定性因素，比如，领主将土地“给A终身享用，剩余地产以自由继承地产的方式给B年满21岁的长子”（to A for life，remainder in fee simple to the first son of B to attain 21）。B的长子基于该设定术语取得了一种剩余地产，但是，在实践中，当A死亡时，B的长子是否能够进占土地要取决于下列条件：第一，B必须已经结婚；第二，B必须生有儿子且已年满21岁。只有在两个条件同时具备时，B的长子才能在A死后如期进占土地。但是，这些条件也有可能不成立——比如A死亡时B没有结婚或者即便结婚但没有生子或者即便结婚生子但所生的儿子在A死亡时还不满21岁。此时，在前位地产终止时，就出现了没有人能够以剩余地产权人的身份进占土地的情况。因此，在领主的这种设定行为中，他为B的长子设定的剩余地产既有变为现实占有地产的可能性，也很可能永远不会变成一种现实占有的地产，也就是说，剩余地产权人能否在未来某个时刻进占土地具有不确定性，普通法将这种剩余地产称为或有剩余地产。

当领主设定了一种剩余地产后，致使剩余地产权人无法如期进占土地的因素既可能在设定该地产之时就已经存在，也有可能在设定地产以后才出现。为了判断一种剩余地产是否是附条件的剩余地产，普通法发展出了复杂的技术规则。在19世纪以前，普通法通常采用“设定术语标准”，即根据设定该剩余地产时所使用的术语，通过分析地产权人将来进占土地的可能性来最终认定该剩余地产的性质。根据领主的设定术语，如果在前位地产终止时剩余地产权人能否进占土地要取决于一些不确定性的因素，那么这种剩余地产就是一种或有剩余地产。在上文所举的例子中，根据领主的设定术语既可以判断出B的长子能否在A死后进占土地要取决于一些不确定性的因素（比如B已经结婚、B已经生子、B的儿子已经年满21岁等），所以，领主设定的剩余地产就是一种或有剩余地产。即便在设定地产之后，上述条件都已经成立，比如A去世时，B的长子已经22岁，这丝毫不影响该术语设定地产的或有剩余地产性质。

根据保有制规则，一个保有制关系终止后，另一种保有制关系必须立即开始，在两个保有制关系之间不能出现空缺。所以在15世纪之前，普通法不承认或有剩余地产的合法性。从15世纪中叶开始，普通法开始承认某些特殊形式的或有剩余地产，到16世纪，更多形式的或有剩余地产得到承认。在普通法上，一有效或有剩余地产必须同时满足以下三个条件：第一，前位地产必须是确定的自由地产。第二，或有剩余地产变为确定性的地产不应导致减缩前位地产的后果。在普通法上，领主一旦封赐了地产之后，就不能减损或破坏他所封赐的东西，他为剩余地产变现所附加的条件是一种设定术语，仅仅表明封赐人封赐的地产何时变为确定的地产，不是授权剩余地产人在条件成熟时进占土地，减缩前位地产，而且，根据保有制的基本规则，领主也不能为一个陌生人保留进占土地的权利。第三，封赐人一旦设定了自由继承地产，就耗尽了自己在土地上的全部权益，不能再行封赐任何地产。比如 A 将土地的自由继承地产封赐给了自己的长子，那么，他就不能再规定，如果长子不在庄园某地居住就由次子以剩余地产权人的身份进占土地。

这些地产权利都是从事实关系抽象为制度，通过法律规范确立，而且在受到侵害时能够获得救济。

二、未来权益（future interest）与禁久决规则（rule against perpetuities）

地产权是一个时间与土地结合的概念，可以按时间的顺序进行纵向切割，切割的结果是产生了一个占有性质的土地权益和一个或多个未来权益。地产权和未来权益是英美财产法的基石，美国继承了英国绝大部分地产权和未来权益制度①。

未来性权益是指存在于不动产或者其他物上的、在将来而不是当前实施占有或者享有的权益，但又是一种当前存在的权利，因此可以买卖、继承。其“未来”性在于权益人对于不动产的占有（或者说实际利用）发生在将来，不是权益取得之时。保有制下的地产权制度、1535 年的《用益法》和随后的《遗嘱法》对未来权益产生了深远影响，直到 17 世纪末和 18 世纪初，整个未来权益的具体内容和规则基本确立②。未来权益是一个复杂的迷宫，图 2－1 是一个整体把握。由于剩余地产权在上目介绍了，本目就不重复，主要介绍和分析回复性权益、收回权和期待权三种未来权益。

① 参见斯普兰克林著，钟书峰译：《美国财产法精解》，北京大学出版社 2009 年版，第 86 页。

② 参见高富平、吴一鸣著：《英美不动产法：兼与大陆法比较》，清华大学出版社 2007 年版，第 232—236 页。

- 未来权益
  - 回复性权益
    - 回复权
    - 可能性回复权
  - 收回权
  - 剩余地产权
    - 确定的剩余地产权
      - 绝对确定的剩余地产权
      - 确定但开放的剩余地产权
      - 确定但可能失效的剩余地产权
    - 或有剩余地产权
  - 期待权益
    - 切换权益
    - 间隔权益

图 2－1　未来权益

（一）回复性权益（reversionary interst）

这包括回复权（reversion）和可能性回复权（possibility reverter）。我们可以把这两种未来权益看做是地产权人将 fee simple 切分出一部分后（比如授予他人一个终生地产权或限嗣继承地产权等），留在自己手中的那部分土地权益。如果地产权人将切分以后剩下的土地权益留给了别人，这部分留给别人的权益就不是回复性权益，而是剩余地产权了。

回复权可以存在于待定的剩余地产权之后。比如 O 授予 A 一个终生地产权，并将剩余的 fee simple 授予 A 死亡时活着的 A 的继承人。在这里，这个剩余的 fee simple 就是一个待定的权益，因为在地产权授予的时候，并不能确定 A 死亡时有没有活着的继承人，这只能等到 A 死亡的时候才能确定。如果 A 死亡的时候没有活着的继承人，这意味着 O 所出让的仅仅是一个终生地产权，他的手中还留着一个回复权。

回复权也可以存在于可灭却的、确定的剩余地产权之后。比如 O 授予 A 终生地产权，并将剩余的 fee simple 授予 B，同时规定如果 B 先于 A 死亡，B 的地产权终止，土地由 O 及其继承人收回。在这里，B 的剩余地产权是确定的，因为 A 总会死亡。但这个地产权又是可以灭却的，因为当 B 先于 A 死亡的时候，地产权就终止了。若 B 果真先于 A 死亡，那么当 A 的终生地产权终止后，O 及其继承人就可以收回土地。这个权利也是回复权。

回复权还可以存在于指定权之后。比如 O 授予 A 一个终生地产权，同时授予 B 一个指定权，由其指定剩余地产权的归属。但如果 B 没有在 A 死亡前进行指定，当 A 死亡后，土地就由 O 或其继承人收回。这个权利也是回复权。

或然回复权只是一种可能性，而且由于这个可能性非常之小，所以它从来没有被视为地产权（estate），一般视为土地权益（interest）。或然回复权设定的目的是为了对受让人的行为进行一定程度的控制，进而实现出让人出让产权对土地的用途进行控制的目的。回复权的产生是出让一个较小土地权益的自然结果，它和出让人出让土地权益的目的无关。

（二）收回权

收回权即当产权出让所附带的条件被违反时，由出让人（当出让人死亡时就由他的继承人）主动收回产权的权力（power），不是出让产权后留在出让人手中的土地权益。

（三）期待权益（executory interests）

期待权益和剩余地产权一样，也是一个由第三人取得，而不是由出让人保留的未来权益。它包括切换权益和间隔权益两种。

O 授予 A 以 fee simple，同时规定如果 A 死亡的时候没有子女，就由 B 取得 fee simple。B 所获得的就是一个切换权益，它通过切断在先的土地权益而转化成一个占有性的地产权。

O 授予 A 以终生地产权，同时规定在 A 死亡两年后，由 B 取得土地的 fee simple。B 所得的就是间隔权益，在 A 的终生地产权的终止和 B 的 fee simple 转化为占有性权益之间存在一段时间上的间隔。

《用益法》颁布前，期待权益以衡平法权益形式存在于用益中，普通法不承认。《用益法》颁布后，用益之中的土地权益被强制转化为普通法地产权。

在英国封建保有制的地产权制度下，作为地产权人的土地主始终有一个愿望，就是希望在死后继续控制土地的流转，以期将土地永久地保留在家族内部。他们通过限嗣继承地产权、定序授予、在授予契据（或遗嘱）中插入禁止切断限嗣继承的限制等多种方式来实现这一目的。未来权益的出现和不断发展既是这个愿望的产物，又大大促进了这个愿望的实现。到了 17 世纪的时候，当时的法律人把因为上述原因而产生的、长期不能自由流转的土地称为永业（perpetuity）。

在 16－18 世纪之间，封建主义逐渐衰落，新兴的商贸富裕阶层把土地视为经济投资，主张土地自由转让以实现利润最大化，反对通过设置未来权益作为家族永久财产。主要生产资料的土地如果长期不能自由流转，将对工商业的发展带来严重的不利影响。这样形成一个将地产权长期保留在家族内部的个人愿望和促进地产权流转的社会愿望之间的冲突。

解决这种冲突主要通过两个途径实现。一方面，赋予定序授予中的终生地产权人以处分 fee simple 的完全权力，以此将被分割的处分权重新集中到一个人的手中；另一方面，就是通过禁久决规则来宣告某些未来权益无效。

禁久决规则是未来权益制度中一个非常重要的规则，核心功能在于确定某些未来权益的效力，如或然剩余地产权、期待权益、指定权，选买权等①。该规则的主要内容是：一个土地权益，除非其必定能在所有参照人死亡后 21 年内确定下来，否则就是一个无效的土地权益。这里有两点需特别注意：一是参照人，二是占有的确定和土地权益的确定。

根据普通法规则，参照人必须是一个设定待定权益的文据生效时活着的人，如果待定权益能够确定，就必定是在这个人死后 21 年内确定下来。但在实际审理案件中，法官并不是根据一个现成的参照人确定未来权益的效力，而是先要确定是否存在一个和未来权益有关的人，使未来权益只能在这个人第 21 年后确定下来。如果有，未来权益就有效，这个人就是参照人。如果没有，未来权益就无效。这样一个确定未来权益的参照人，一般是未来权益的受让人、出让人、文据中提到的人，甚至是受让人的亲属和邻居。

这里的确定，是土地权益的确定（vest in interest），还有占有的确定（vest in possession）。只要一个确定的人必定能够在未来行使该土地权益、占有土地就是确定。至于这个土地权益存续多久，并不重要。

在 1925 年之前，未来权益都是普通法权益。1925 年财产法颁布后，所有的未来权益都是衡平法性质的权益，存在于定序授予和土地信托之中，但在美国，未来权益一直是普通法性质的。

三、保有制下地产权的特征

综合上述的分析我们可以看出，从亨利二世司法改革开始逐渐形成的终身地产、自由继承地产、限定继承地产和回复地产、剩余地产，都是普通法上存在于土地保有制之下的土地权利，是普通法以保有制法律关系为基本框架将当

---

① 参见高富平、吴一鸣著：《英美不动产法：兼与大陆法比较》，清华大学出版社 2007 年版，第 256—258 页；斯普兰克林著，钟书峰译：《美国财产法精解》，北京大学出版社 2009 年版，第 191—192 页。

事人享有的权利义务加以确认的结果，这些权利不仅存在于土地保有制关系之下，而且普通法也按照保有制的模式建构相应的法律规范，形成了不同于罗马法的财产权体系和特征。无论英美法系还是罗马法系的差异有多大，最终都归结到对物（财产）的归属和利用两个问题①，由于具体的历史背景不同，两者的差异在于具体的归属和利用方式不同。因此，为了透彻理解信托财产权制度的形成和特质，本目着重运用比较法学分析方法。

（一）按时间和空间维度分割财产权利，多个财产权利并存

作为英国封建分封和保有制产物的地产权，是一组财产权利，不具有绝对性，不仅可以“一地多权”，而且可以按照契约在时间和空间上自由创设与分割。

1. 所谓“一地多权”是指在同一土地上，有几种不同的地产权同时存在，互不排斥，这是封建保有制时期对土地层层分封和保有的结果。如骑士乙享有某块土地的保有权，这块土地来自于公爵甲的封授，而公爵甲封授给乙的这块土地又来自国王的封授。在此情况下，该土地上就同时存在着骑士乙、公爵甲和国王这三者的权利。在地产权制度下，这种“一地多权”的做法被完全继承了下来。如贵族甲是一自由继承地产权人，他可以在自己的一块土地上为乙设置一个终身地产权，再为丙设立一个剩余地产权，在这种情况下，该土地上就同时存在两种地产权，即乙的终身地产权和丙的剩余地产权。丙的地产权属于未来权益，必须等乙死后才能够实际占有土地并获取土地收益，但他的剩余地产权在时间上并不晚于乙的终身地产权，而是同时存在的。丙虽不实际占有地产，但可以随时转让剩余地产权，而不必等到实际占有土地以后。未来性地产权的产生，也说明了土地上的权益被分割后可以同时并存。所以，同一块土地上的不同地产权可以兼容共存，其中任何一种地产权都不具有绝对性与排他性特征。

---

① 马俊驹和梅夏英对物、财产和财产权的概念作了细致的比较分析，认为法律传统的差异，英美法系较少使用“物”的概念，普遍采用“财产”的概念，澄清了物即财产、财产权是对已有财产利益的法律保护、财产权可分离出新的权利的三大误区，具体见“财产权制度的历史评析和现实思考”，《中国社会科学》1999 年第 1 期，第 90—95 页。物确实不等于财产，但他们的研究不完善，忽视了封建地产权与财产权的历史联系。其实英美法系的“物”与大陆法系的“物”是完全不同的概念，英美法系的物即是抽象的财产权利，并且可以不断分割，具体参见［英］F. H. 劳森，B. 拉登著，施天涛等译：《财产法》（第二版），中国大百科全书出版社 1998 年版，第 5 页，第 14—16 页；［英］F. H. 劳森，伯纳德·冉得著，曹培译：《英国财产法导论》，法律出版社 2009 年版，第 21—24 页，第 92 页。

2. 地产权按时间分割。

（1）地产权是按保有制关系的时间长短划分的，不同形态的地产权完全是从时间维度上对土地权利的表述。终身地产是地产权人终其一生享有的土地保有权。在自由继承地产下，只要地产权人有法定继承人存在，该地产就可以无限期地延续。在限定继承地产下，只要被限定的继承人存在，该地产也可以无限期延续。回复地产、剩余地产都是未来性地产，地产权人虽然必须在前位地产终止后才能占有土地，但他的这种土地权益是一种在现实中可以继承、转让的财产权，而不是一种在未来某个时刻主张获得土地的请求权。换句话说，现实存在的保有制关系当事人一方死后，如果他的土地权益不能延续，他所享有的土地权益就是一种终身地产；如果其土地权益能够传承给继承人，且继承人是预先被限定的，他的土地权益就是一种限定继承地产；如果其土地权益能够传承给继承人且对继承人没有任何限定，他的土地权益就是一种自由继承地产；在上述任何一种地产终止后，如果权利人的保有制关系主体身份由最初的领主或其继承人取代，后者的地产就是一种回复地产；如果由领主或其继承人以外的第三人取代，后者的地产就是一种剩余地产。

（2）同一地产权按时间段划分为不同的地产权，如甲享有一块地产的自由继承地产权，该地产权在持续时间上就表现为一个可以向后无限延伸的时间链条。甲可以把这个时间链条截取一段，为乙设置一个终身地产权，把剩余的时间链条再转交给丙，为丙设立一个剩余地产权。各个地产权在享有土地的时间上前后相继。

（3）地产权的具体权利内容，因保有制类型的差异有所不同，即使是同一种类型保有制下的地产，权利人所享有的具体权利内容以因当事人之间的合同和契约进行创设而不同。“土地保有人在土地上享有许多权利，这些权利凝结成一个‘物’，即保有人的地产。为了明确他所享有的具体权利内容，必须明确他所拥有的是什么样的地产，以及在法律上该地产所包含的权利义务内容”[①]。普通法上的地产权利没有抽象的、普适性的内涵，具体权利内容完全是从时间维度上表述。

3. 地产权按空间划分。地产权保有人不仅享有附着于土地上的财产权利，而且现有上至一定空间，下至地下的财产权利[②]。

---

① E. H. Burn, Maudsley and Burn's Land Law: Cases and Materals, 6th ed., London: Butterworths, 1992, pp. 4.

② 参见陈永强著：《英美法上的交易自治与交易安全》，法律出版社 2009 年版，第 51 页。

因为具体的历史演进背景差异①，罗马大陆法系没有地产权概念，只有所有权概念。所有权是一个高度抽象化的概念，是一个具有排他性、永恒性和绝对性的财产权利②，具有下列内涵：一是强调对物的占有和人与物之间的关系，一物一权，同一物上不允许两个以上相同内容的所有权存在。即使数人共有一物，也不是各自享有单独的所有权，按份额或者平等地共同享有一个所有权。二是所有权是一个物权，分解为占有、使用、收益和处分四个权能，在理论上，所有权权能在时间和空间方面是不可分割的，没有权利束的概念。地产权概念刚好与此相反，强调的是人与人之间对物的利用关系，一物多权，是一束权利，具有相对性和很大弹性，即使权利具有排他性也受到很多限制，财产权利按时间和空间进行量的分割并存，地产权利的大小随时间的长短变化③。

（二）以占有为基础

理解英国地产权上"占有"概念的内涵，对于准确理解信托的普通法所有权极为重要（见第三章）。占有（seisin）基于分封关系产生，既是一种事实，又是一种权利④。地产权就是占有各种并存的权益。你"占有"土地时，你就享有对于土地的地产权益，相对于特定人之外的所有其他人都是最优先的。每一种地产权都能够在占有中找到根基，这些地产权的优先程度取决于它们所依赖的占有的优先性，几个占有之间存在优先性上的差别，但只有最为古老的那一个才是最优先的，依据它所产生的地产权也最接近于罗马法中的所有权⑤。

根据英国保有制的普遍规则，每一块土地都处在特定的保有制下，由特定的保有人占有。领主将土地封赐给保有人占有，保有人占有经营土地，向领主履行各种义务。保有人没有占有土地，就无法履行义务。在普通法上，占有是各种地产权利存在的基础，对土地权益进行分类的依据，以地产权人是否占有土地为标准，地产分为现实占有的地产和未来占有的地产。

---

① 这种差异的背后是经济和政治的约束条件不同，罗马法的所有权观念是一种基于小商品商业社会交易的需要产生的，交易安全最为强调的就是权利的确定，所有权为满意模式。英国的自然经济加上日耳曼马尔克公社和封建保有制，因为土地都是国王的，不在于拥有土地，在乎对土地的利用和收益。

② 参见周枏著：《罗马法原论》，商务印书馆 1994 年版，第 299—304 页。

③ 实际上普通法上地产权不断分割，深刻反映了英国社会主观价值诉求与经济社会发展水平协调互动的历史，就是对土地的利用最大限度发挥经济价值和交换价值，满足土地经济发展的客观需要。这也是英美财产法更适合现代社会发展需要的根源。

④ 参见薛波主编：《元照英汉法律词典》，法律出版社 2003 年版，第 1238—1239 页。

⑤ See Pollock F, Maitland F W. The History of English Law before the time of Edward Ⅰ. Vol. Ⅰ, Cambridge: Cambridge University Press, 1978, pp. 43—46.

占有作为基础还反映在地产转让制度中。以转让人的资格为例，在普通法上，地产的转让被认为在出让人和受让人之间建立了一种保有制关系，出让人作为新保有制关系中的领主，必须享有保有权，否则新的保有制关系就因缺乏客体而无法成立。在有体物的转让中，出让人是否占有土地是判断他是否具有出让人资格的唯一标准。根据普通法规则，出让人必须实际占有土地才有资格进行转让，“出让的资格来自于占有的事实，除此之外别无其他任何的依据”[①]。假如自由继承地产保有人被他人侵夺了保有权而暂时不能占有土地，在他以自力救济的方式进占土地或者以诉讼的方式重新取得土地保有权以前，他是没有资格转让土地任何权益的。另一方面，侵夺了他人土地保有权的人则因占有土地而具有转让土地的资格，他可以将侵夺来的土地转让给第三人，后者尽管很可能遭到被侵夺人的起诉，但是在诉讼败诉之前，他依然依据转让取得一种有效的地产。在转让无体物时，普通法依然坚持出让人必须实际占有出让物，不过，鉴于无体物自身的性质特点，出让人的占有以他实际行使过抽象权利的方式表示。

占有在权利救济诉讼中有重要地位，普通法重视保护占有。一个人有权获得救济手段时，才被认为对土地享有占有权。在普通法早期，占有先后通过权利令状（writ of right）、新侵占之诉（assise of Novel Disseisin）、恢复被占继承土地之诉（assise of Mort d'ancestor）和各种进占令状（writs of entry）来保护。在 1875 年司法改革之前，占有之诉是不动产诉讼中首先关注的问题，占有是决定地产权归属必须考虑的因素[②]。占有诉讼对信托的普通法所有权形成极为重要，这方面的深入论述见本书第三章第二节。

但是英国地产权的占有与罗马法所有权的占有很不相同。在保有制下不存在土地所有权，也不存在与所有权对立的占有，土地不为任何人“所有”，只是阶梯型的“占有权”结构中，为由下而上之国王或其他最高领主的上级“持有”。罗马法上的占有具有依附从属于所有权的占有，不把占有作为一种独立的权利加以保护，具有暂时的性质，占有被看做一个所有权统一中的概念：一个人要么享有所有权，要么不享有所有权，如果该人享有所有权，他就有占有、使用和处分的全权；一个人只能事实占有和控制有形财产即土地和财物，

---

① A. W. B. Simpson, A History of The Land Law, Oxford. The clarendon Press, 1986, pp. 120.

② 参见李红海著：《普通法的历史解读——从梅特兰开始》，清华大学出版社 2003 年版，第 193—194 页。

不能“占有”非实体的权利，如劳役和金钱债务的权利（choses in action）①。

罗马法和普通法上的占有在含义、性质、类型、取得与消灭、效力和保护方面有很大不同②。

1. 含义不同。罗马法上的占有是以一定的意思对物加以事实控制的行为，具有排他性，故而在一物之上（无论动产或不动产）均不得同时成立两个以上的占有，是所有权的根本权能。在普通法上，占有具有特殊的含义，与本权是密不可分的结合体，本权借助占有来体现，占有的排他性因标的物是动产或不动产而不同：对于动产，占有具有排他性，而对于不动产，占有却明显不具有排他性，故而在不动产上可以同时并存数个占有，但在动产上不得并存两个以上的占有。罗马法上偏重强调占有的事实属性，而普通法上则偏重强调占有的权利属性。

2. 性质不同。罗马法上的占有在性质上为事实，且与本权明显分离，即有本权者未必有占有，反之亦然。在普通法上，通常情况下本权与占有同在，既是一种事实，也是一种权利。

3. 类型不同。在罗马法上，从不因标的物是动产或不动产而有不同，区分为善意占有与恶意占有而对占有人给予不同保护。在普通法上，占有似乎无所不包，既有单纯的事实，也有单纯的权利，还有介乎这二者之间的事实与权利的结合体，既有现在占有，又有将来占有，但是，其中不因为标的物是动产还是不动产而有不同要求，而且也不区分善意占有和恶意占有。对于抽象物就是对权利的占有。相较而言，罗马法上的分类更具有体系性，与物权法中的其他制度，如先占、取得时效等，联系更为紧密。

4. 取得与消灭的条件不同。罗马法上的占有由体素与心素两个要素构成，缺一不可，且对于动产、不动产一样看待。普通法上的占有构成因为动产或不动产而不同，通常动产只需具有体素即可，有无心素不影响占有的构成，而不

---

① 参见哈罗德 J. 伯尔曼著，高鸿钧等译：《法律与革命》（第一卷），法律出版社 2008 年版，第 43—46 页。

② 参考了以下著作：刘智慧著：《占有制度原理》，中国人民大学出版社 2007 年版，第 19—21 页；小奥利弗·温德尔·霍姆斯著，冉昊、姚中秋译：《普通法》，中国政法大学出版社 2006 年版，第 181—217 页；［美］哈罗德·J. 伯尔曼著，高鸿钧等译：《法律与革命》（第一卷），法律出版社 2008 年版，第 299—300 页；［英］S. F. C. 密尔松著：《普通法的历史基础》，中国大百科全书出版社 1999 年版，第 124—125 页；李红海著：《普通法的历史解读——从梅特兰开始》，清华大学出版社 2003 年版，第 187—196 页；［英］巴里·尼古拉斯著，黄风译：《罗马法概论》，法律出版社 2010 年版，第 100—109 页；［德］弗里德里希·卡尔·冯·萨维尼著，朱虎、刘智慧译：《论占有》，法律出版社 2007 年版。

动产仅有心素即可，有无体素不影响占有的构成。如被继承人死亡时，在罗马法上继承人还可能因不具备心素或体素中的任一要素而无法取得对遗产的占有，但在普通法上，继承人却可能立即取得占有。

在取得占有之后，罗马法上对占有的保持更注重心素，一般认为，即使丧失了体素但未放弃心素的，占有仍不丧失。但是，在普通法上，取得占有之后，如果是动产，则因体素的丧失而消灭；如果是不动产，只要对之进行用益，则无论体素是否丧失，占有均不消灭。比如，因物逃逸或遗失或灭失等情形而丧失体素，尽管可能仍保有心素，但此时在英国法上认为占有已经消灭，而在罗马法上却可依然保持占有。

5. 效力不同。

(1) 在效力内容上，罗马法在同一物上只允许成立一个占有，即占有具有明显的排他性。在英国法上，一个不动产上可有数个财产权利同时并存，每一权利都各有其占有，所以在同一个不动产上自然不妨有数个占有同时并存。因为占有的支配须以对物的使用、收益表现出来，而此使用、收益并不限于直接实现的，间接实现的也包括在内，如地主、贵族将土地租给他人经营，收取地租也是实现对该土地的使用、收益，即地主、贵族对该土地虽然没有实际支配，但占有仍然存在；承租人直接实现使用、收益，自然对该土地成立占有。这样，在该土地上即存在两个占有，这两个占有不具有排他性。而且，英国法上的占有具有权利推定、权利移转、权利防御与权利实现等功能，罗马法上却不能依据占有而推定占有人享有本权，也不能因占有的移转而移转本权，更不能因占有的实现就认为本权的实现。

(2) 在效力发生的时间上，罗马法不存在将来才发生效力的占有，英国法上却存在这样的占有，如休止占有和期待占有即如此。

(3) 在效力层次上，罗马法因一物之上只允许成立一个占有，所以占有的效力没有层次之别。英国法允许在同一不动产之上可以同时成立多个占有，故而这多个占有之间在效力上就有层次之别，通常所有人的占有具有更高的效力，更充分的权利来源于对土地的更早占有，可以对抗一切后来者的权利。

6. 保护方法不同。罗马法中的占有制度以占有诉权为中心。在罗马法上，本权与占有无关，故占有的保护全为对占有事实状态的保护，不为其实质的权利所左右。为此，在罗马法上有着不同于本权保护且与本权的保护互不妨碍的专门的占有保护制度，如占有令状，即占有诉讼可以完全与本权诉讼分离而存在，对占有的保护可以不涉及本权，占有之诉不得基于本权而为审判。

在普通法上，没有与本权并行而立的占有诉讼救济手段，即不存在单独的占有保护，占有诉讼不能脱离本权而独立存在，因此对占有的保护是通过本权诉讼来实现的，诉讼时可以依本权作出审判。保护了占有就是对地产权提供了保护。在1875年司法改革前，占有之诉在不动产权益诉讼中占主流地位，是决定地产权真正归属所必须考虑的要素。与权利诉讼相比，占有诉讼只关注谁占有土地，不关注占有表象后的权利归属。

这种占有的差别主要在于经济基础不同造成。罗马社会被称为“原始的资本主义社会”，商品交换发达。虽然罗马市民与非市民在政治权利上不平等，但在私法领域，即在商品交换领域则是平等的，征服者并没有在文化上优于被征服者。诺曼征服后，英国日耳曼社会的原始社会的习惯法烙印很深，所有土地都是国王的，各级封臣通过分封获得土地，团体主义至上，商品交易不发达，以自给自足的农业经济为主，人们对物的使用、支配皆与封建人身依附关系紧密相连。实际上，这折射出一个规律：商品经济——交易发达——身份平等——个人主义——法律精细——所有权、他物权制度发达——占有与本权两立、占有制度独立发达；农业经济——交易不发达——身份不平等——团体主义——法律粗糙——所有权、他物权制度不发达——占有与本权不分离，占有制度不独立、不发达。不经意间，后来英国法的占有制度反而有利于物的利用，更加适用社会经济发展的需要。

（三）抽象性和平等性

地产权利不是土地这种实实在在的东西，而是主体对于这块土地享有的权利，看不见摸不着，其价值不直接附属于土地，属于人的思想意识创造物。实质上体现的是人与人之间对物的利用关系。地产权的抽象性反映了英国人对于土地利用之终极价值，而不是像罗马法那样追求对土地的控制和绝对占有以及有形的物。地产上的多个权利并存，但是平等的，没有高低之分，不存在一种权利制约另一种权利。罗马法所有权中的各个权能，以绝对占有为根本，没有绝对占有就没有其他权能。

总之，地产权（estate）作为一种独立财产从土地上分离出来的制度设计，深深影响了英美的财产法体系，今天英美的财产权制度就是按照这一模式发展而来。地产并非作为物的土地本身，而是对土地上存在的权利的一种抽象，并将抽象出来的东西当做一种独立财产（抽象物），可以对之进行独立的转让、处分等。通过这种方式，将地产（作为一种权利或抽象的财产）与土地（作为实物）分开，作为转让、处分的独立标的物，从而产权的流转就可以脱离对实物的占有、使用、收益，不仅适应封建制下的土地保有制的现实，而且解决了物的排他性和流转性之间的矛盾，即对物的排他权利不再阻碍物的变相流转。这样极大地丰富了土地的权利体系，极大地增进了土地的可流转性。这种分割并非对实物的量的分割，而是对"整体权利"的质的分割（即地产权人所具有的只是"整体权利中的部分权利，而非对实物中的一部分的权利）[1]。

上述三个特点决定了英美法系与大陆法系在财产权利的归属和利用、法律思维方面的根本区别。劳森列举了土地的9个特征，表示土地的用途和财产权利：永久性、安全性、有限供给、收益价值、资本价值、必要性、投资、家庭捐赠和公权力[2]。土地上存在的地产形态同样在无体物上和动产上存在，比如，英国人对于特许权、什一税、官职、荣誉权、圣职推荐权、领主权等各种无体物，也像封建地产权一样以封建保有制关系去拟制[3]，分割为各种现实的和未来的权利，构建法律规范。由于经济和金融全球化，法律国际化非常明显，英美法和大陆法有融合的趋势，如美国法受大陆法影响，欧洲继受美国法，东欧各国同时继受美国法和欧洲法，国际公约整合英美法和大陆法[4]。这主要体现在商法、金融法和公约领域，实际上由于法律传统和社会结构的差异，立法融合较容易，法律思维方法、司法和执法融合还是很困难的。

---

① 参见［英］F. H. 劳森、B. 拉登著，施天涛等译：《财产法》（第二版），中国大百科全书出版社1998年版，第15页、第86—92页。

② 参见［英］F. H. 劳森、B. 拉登著，施天涛等译：《财产法》（第二版），中国大百科全书出版社1998年版，第22—24页。

③ 比如，对于动产和抽象物也强调占有，但用 possession 一词。参见［英］梅特兰著，王云霞等译：《普通法的诉讼形式》，商务印书馆2009年版，第59页。

④ 参见谢哲胜著：《财产法专题》（三），中国人民大学出版社2004年版，第6—20页。

第三章

普通法的形成与信托的普通法所有权

要理解信托的普通法所有权就要理解普通法的形成和内容，从而更好理解衡平法和信托的衡平所有权。英国法所具有的一个显著特征就是历史性，英国法本身就是一个长期演进的产物。正如德国比较法学家克茨和茨威格特所说的，与其他两大法系相比，英国法更强调探究它的历史源流，比其他法系更有意识地强调同过去的联系，更多地依赖传统的法律思想①。普通法就是习惯法，普通法的形成是一个多种因素相互融合的历史过程，盎格鲁—诺曼时期是普通法的开创时期，安茹王朝时期是普通法的进一步形成和发展时期②，17 世纪初期达到成熟。

普通法在其发展历史中一直包含两方面：对自由民的承诺和财产权利的保障、对王权的限制与妥协。司法管辖权、令状制度、巡回审判制度、陪审团制度等多种因素在封建保有制权利义务关系的内在逻辑下展开。因为普通法实体内容就是地产权和人身权，这来源于附着在封建保有制下土地中的人身义务和封建附属义务，所以普通法的内容在工业革命前主要是围绕土地的法律规范，普通法的程序也主要是围绕土地的令状展开。在有限理性约束下，普通法遵循习惯法的路径，但是加强中央集权的普通法并没有成为君主意志的王法。这鲜明反映了普通法的历史特点和时代特点③。这些特点使得普通法的形成与英国

① 参见 K. 茨威格特和 H. 克茨著，潘汉典等译：《比较法总论》，法律出版社 2003 年版，第 272 页。

② 参见［英］约翰·哈德森著，刘四新译：《英国普通法的形成——从诺曼征服到大宪章时期英格兰的法律与社会》，商务印书馆 2006 年版，第 31—34 页。

③ 普通法形成过程有着一种较为一致的说法，普通法的形成与英格兰国王政府在司法领域的中央集权化的尝试分不开。这种说法不能解释国王为什么要加强司法管辖权。同宗同源的西方法律传统内为何会产生两种外形迥异的法律样式——民法法系与普通法法系？主要是英国的保有制不同于欧洲的封建保有制，同时英国发生了不同于欧洲的一系列特定事件，从而改变了历史方向。

宪政的形成密不可分，给信托的普通法所有权打上了鲜明的封建地产权利和宪政印记。

第一节 普通法的形成：国王中央集权下的税、战争与各利益集团的博弈

普通法的形成过程实际上是国王司法管辖权不断扩张、国王司法管辖权理论不断完备的过程，同时也是国王法院不断规避、排挤、限制、剥夺其他法院的司法管辖权的过程。国王法院与教会法院及领主法院之间的司法管辖权之争，从政治和经济上看，实际是争夺附着在土地上的人身义务、封建附属义务和地产权利，也就是税源和财产权利。为什么要争夺司法管辖权？主要是自诺曼以降国王为了发展和加强统一的中央集权。由此导致了国王与贵族、教会、律师职业阶层各利益集团之间支持王权和反对王权的封建向心与离心倾向的拉锯战[①]，进一步决定了普通法的独特发展道路以及普通法自身所具有的独特性质，也决定了信托的普通法所有权内容、性质和发展方向[②]。

一、普通法形成之前的司法管辖权

司法权利在早期西方封建社会中，更多的不是被作为一种政治上的权力，而是被看做一项财产权利（作为财政收入的一项来源，等于是一项税收），可以占有、转让和出售，因为各级法庭都要收取诉讼费，即所谓司法获大利。这种权利最早不是国王代表国家封赐的结果，是封建社会中自然形成的一项社会职能。普通法形成以前，英格兰主要存在四种司法管辖权，它们分别是国王司

---

① 参见孟广林著：《英国封建王权论稿——从诺曼征服到大宪章》，人民出版社 2002 年版，第 1—48 页，第 69—80 页，第 88—177 页，第 178—258 页；陈绪钢著：《法律职业与法治——以英格兰为例》，清华大学出版社 2007 年版，第 113—166 页；［英］保罗·布兰德著，李红海译：《英格兰律师职业的起源》，北京大学出版社 2009 年版。最先与王权结盟和发对的利益集团是贵族和教会，令人意想不到的是，以律师和法官为首的律师职业阶层是为加强王权而产生，后来演化为限制和反对王权的力量。

② 最典型的是从普通法所有权把信托发展为一种规避封建义务的避税和保护财产权利免受王权侵害的手段，产生衡平法和衡平所有权，成为保护与传承财产的一种方式。

法管辖权、领主司法管辖权、地方公共司法管辖权、教会司法管辖权。这四种司法管辖权各有不同管辖范围，依据不同封建保有制设立，编织成一张错综复杂的封建主义司法之网。为理解英格兰国王是如何统一司法管辖权，以促成普通法形成的，我们首先有必要了解12世纪之前的司法管辖权。

（一）国王司法管辖权

国王司法权来源于三个方面：

1. 国王作为一个封建领主，依据封建的原则，有权召集一个法庭，处理他与自己的直属封臣之间以及直属封臣与直属封臣之间基于土地的封授而发生的各种纠纷。通过这种方式组成的法庭，法官由全体出席法庭的直属封臣充任，国王只是法庭的召集人与主持者。

2. 国王对于所有被明确指定与王权有关诉讼即所谓的“国王的诉讼”（pleas of the Crown）享有专属的管辖权①。对于这些诉讼案件的司法管辖权，体现了国王作为一国之君对于自己的臣民所享有的各种权利。在这些案件的审理中，由国王或国王授权的团体或个人充当法官，负责案件的审理及判决的制作。在这类诉讼中，当事人将不再仅限于国王或国王自己的直属封臣，而是针对所有臣民。这类管辖权的依据在于“国王是正义的源泉”，有权审理“违反国王的和平”。

3. 管辖错判案件。

（二）领主司法权

领主法院完全建立在“占有土地即拥有管辖权”的封建原则上。封建领主的司法管辖权主要有三项：

1. 依据封建的原则，一个大的封建领主可以召集自己的封臣组成一个封建法庭（Baronial Court），以处理自己与封臣之间或封臣与封臣之间诸如土地的保有或骑士服役的分配等与土地授封有关的各种纠纷。在这一法庭中，领主负责主持法庭的审理工作，但判决则由出席法庭的所有封臣集体作出。

---

① 这种具体权利有37种之多，基本可归为四类：（1）侵犯国王及其亲属的人身权利；（2）侵犯国王的权威及尊严；（3）针对国民人身及财产的严重侵犯行为；（4）失败于从事公正的司法活动。国王经常将某类“国王的诉讼”的管辖权以特许状的形式授权给一些大的教俗贵族，从而使之成为领主或教会司法管辖权的重要组成部分。参见［英］约翰·哈德森著，刘四新译：《英国普通法的形成——从诺曼征服到大宪章时期英格兰的法律与社会》，商务印书馆2006年版，第40—41页。

2. 有些领主因国王的特许而享有一些司法的特权，这些特权往往具有刑事方面的内容。

3. 拥有某个采邑的领主可以召集采邑内的自由土地持有人与农奴分别组成封建法庭与习惯法庭，以处理他们与领主之间以及他们相互之间涉及土地保有的各种纠纷，并负责执行采邑中的各种习惯规则。

（三）地方公共司法权

地方公共司法权主要由郡法院、百户区法院负责行使，主要受理日常诉讼案件。它们实际上是各郡、各百户区全体自由民共同组成的自由民大会。诺曼征服以前，地方公共司法权保持相对完整性，郡法院及百户法院与国王法院之间也没有建立直接的统辖关系，如11世纪早期发布的《克努特法令》第17条就曾规定，除非郡法院或百户法院拒绝给予司法，否则任何案件不得被带至国王的法院①。

（四）教会司法权

英格兰独立的教会司法组织出现于诺曼征服之后。12世纪早期，英格兰教会司法权已经基本成型，其内容大致包括以下两个方面：

1. 某些教会组织作为封建领主，享有领主的封建司法权以及国王授予的司法特权。可以审理它与封臣之间以及封臣与封臣之间围绕封地所发生的各种纠纷与诉讼。

2. 教会享有下列专属的司法权：

（1）所有涉及僧侣以及教会财产的案件，主要包括与圣职的任命、圣徒的封授、各种圣事的举行、僧侣身份的确定以及诸如什一税的征收、圣职推荐权、自由教役领有地等有关宗教事务的各种纠纷。

（2）宗教或道德上的犯罪的管辖权，主要包括僧侣的各种犯罪行为，诸如亵渎神灵、信奉异端邪说、巫术、袭击僧侣、藐视僧侣、毁损教会财产等各种宗教犯罪行为，婚姻家庭生活中诸如遗弃、虐待、通奸等犯罪行为，以及高利贷、恶意诽谤、违背誓言等道德犯罪。

（3）涉及婚姻、子女合法性、遗嘱案件的管辖权。包括确认婚姻的有效与否、无遗嘱死亡案件以及遗嘱检验等。

---

① Harold Potter, A Short Outline of English Legal History, London, 1933, pp. 50.

在亨利二世改革以前，教会的司法管辖权没有与国王法院及其他世俗法院处于矛盾冲突之中，反而体现一种相互合作关系。

上述各个司法机关适用法律均不一致，其中处于主导地位的是各地分散的习惯法。各司法管辖权互不干涉，并行不悖。谁掌握了司法管辖权，谁获得了财产收入和税收，同时也就获得了对人的控制。多元化的司法管辖权框架与体系，为普通法的产生与形成提供了现实的制度生成空间。领主法庭和社区法庭以及教会法庭由于法官的非专业以及举证的形式主义，使得当事人的合法权益难以保障，导致了国王的令状运用而生。

二、以令状统一司法管辖权：普通法形成的政治和法律基础

普通法的形成主要是在亨利二世时期。为收拾斯蒂芬乱政后的烂摊子，解决王位争夺和中央集权问题，同时解决因为封建地产买卖、继承、转让、战乱等因素造成的权利纠纷和王室财政困难，他以令状方式统一各法庭的司法管辖权[①]。这种常见的行政管理工具是如何成为一种重要的司法制度和加强中央集权的手段呢？

（一）巧妙依据习惯法上收司法管辖权

以“国王的和平”习惯观念，上收刑事和拟制管辖权。国王的和平（King's peace）是一个古老久远的传统习惯，其含义是国王对于一定地域内，如王宫所在地，及针对特定人施以的犯罪行为有专门的惩处权[②]。在这些区域内犯罪就被视为是破坏了国王的和平，将被予以严惩。后来，国王和平的地域不断扩大，直至整个王国，这样王国境内发生的犯罪均被视为是对国王和平的破坏。国王对刑事犯罪的司法管辖权也由此而来。相应的，每一领主、教堂也有自己的和平，并因此获得在自己辖区内的刑事司法管辖权。在盎格鲁—撒克逊早期，对于杀人者要实行同态复仇，后来苦主可在同态复仇和赔偿金（bot）

---

① 令状本来是国王、教皇或其他统治者便利处理日常事务的一种信件式文书工具，最早出现在9—10世纪，主要用于管理行政事务。亨利二世时期令状被广泛用于处理土地等纠纷的司法审判，并形成不同的固定格式，每一种不同的令状只适用于不同的某一类案件，由此产生英国独有的司法令状制度。后来令状的格式固定化直接导致了衡平法的产生。

② 国王的和平有超越领主和平的司法管辖功能。这种功能在于行使一种特殊的和保留的权力，以保证因对方势力过于强大而遭至不公的当事人得到救济。国王的这一管辖功能后来在英格兰制度化为衡平法庭。

之间作出选择。每一位社会成员依其身份和社会地位都有自己确定的身价（wer），赔偿金即依身价进行支付。王权兴起之后，国王禁止同态复仇，苦主只能接受赔偿金，杀人者同时还要向国王支付赎罪金（wergild; wire），以示惩罚；若不能支付，则会被逐于法外（outlaw），即不受当时的法律保护。但有一些罪行是不可回赎的（botless），如叛逆罪，要受到严厉惩罚。国王的和平超越领主和教会的和平。

亨利一世在1100年即位时，以此习惯随即签发一个令状授予整个王国以他的和平："我在我的整个王国建立一项持久的和平，我命令从此以后，我的和平能够得到维持"。亨利二世运用了一种拟制的办法极大扩张了国王法院的司法权，这一拟制方法是，国王法官允许任何控告人在将犯罪提交给国王法院的一种起诉（appellum）的方式中使用"处于国王的和平之下"的词句，而且不允许被告对此提出异议，即使他所实施了侵犯行为并没有破坏国王的和平。这种拟制的结果，使任何带有暴力的犯罪行为和其他民事行为能够转变为一项侵犯了国王的和平的行为，从而排斥其他司法管辖权的适用，直接将国王法院的司法管辖权扩张到一切带有暴力的犯罪和其他国王需要干涉的民事纠纷之中[①]。以"国王的和平"理论为基础，他于1166年及1176年分别颁布《克拉伦顿诏令》以及《北安普顿诏令》，全面确立国王法院的刑事司法管辖权。

根据习惯法，国王为良心和正义的守护神。如果封建领主法庭未能实现公正，某一中间领主的封臣向国王陈情其被剥夺了公正，根据封建理论，国王作为最高领主有权要求其下属封臣（即封建领主）务必对其再下属的封臣维持公正。根据这一封建理论，亨利二世时期引入了权利令状（writ of right）。根据原告（土地保有人）的申请，国王签发这一令状给原告的直接上级领主，指示封建领主法庭务必实现公正，并威胁如果做不到，国王将会来实现公正（即交由郡长或王室法院的法官来处理）。如果证实封建领主法庭未能做到实现公正，依据这一令状，无需再申请别的令状，原告的案件即可移转到王室法院来[②]。权利令状在实际功能上其实是一个移转管辖权程序的诉讼起始令状。在亨利一世和斯蒂芬在位时期，封建领主如果不能对其下属封臣实现公正，可能丧失其司法

---

① 这一拟制方式对于普通法的发展非常重要，一个明显的例子是，被梅特兰称为"多产的诉讼之母"的侵害之诉（trespass）就是以这种方式发展而来的，早期普通法上最重要的诉讼形式——新近被夺占有诉讼也与之有密切的关系。

② William Sharp McKechnie, Magna Carta: A Commentary on Great Charter of King John, Second Edition, James Maclehose and Sons 1914, pp. 347.

管辖权，但这并不必然转移管辖权给国王。如果该领主存在直接领主（并非国王），那么，该直接领主获得对该案的司法管辖权。亨利二世的改革依据了旧有的封建惯例和理论，但只是作出了一个细小的改变，即去掉了中间环节。

判断封建领主法庭是否实现了公正，显然封建领主说了不算数，是由王室法官来决定的。有了这样的令状，兼之以王室法庭逐渐由职业法官主持审理，加上封建法庭难以相比国王司法机构的救济效力，诉讼案件从封建领主法庭吸引、转移到中央司法的王室法庭是不可避免了。

亨利二世改革所创立的另一个比较重要的令状是指令令状（writ of praecipe）。与权利令状不同的是，它并不签发给封建领主，而是直接签发给国王的地方官员郡长，由郡长命令某一土地保有人直接将某一争议土地交付给令状申请人。如果该土地保有人不遵从这一交付指令，他就被传唤到王室法院解释他不服从这一指令的理由，该令状指令郡长向王室法院回呈报告令状的执行状况。这实际上构成在王室法院的诉讼起始令状，构成了一个传唤被告出席王室法院的传唤令状，在某种意义上直接侵蚀和剥夺了封建领主的司法管辖权，使得诉讼案件从封建领主法庭转移到王室法院。

指令令状的做法并非完全出于亨利二世及其王室官员的凭空杜撰，也是有例可循的。根据封建传统理论和惯例，涉及中间封臣土地争议的案件，其上级领主仍拥有司法管辖权。早在亨利一世时期，国王对于直属封臣的所有权诉讼即拥有司法管辖权（这符合封建理论），郡法庭则对不同领主的封臣之间的诉讼拥有管辖权。郡法庭则被看做是王室法院的下属机构，原告在这种情形下往往会越过郡法庭，径直将诉讼提交王室法院。1215 年《大宪章》第 34 条中，贵族对于这种情形下国王签发的指令令状并未抱怨，贵族们所反对的是约翰王通过出售指令令状，不加区别地把涉及中间封臣争议的案件转移到王室法院，从而直接剥夺其直接封建领主的司法管辖权的情形。

（二）确立“无令状无救济，无救济无权利”原则

大陆法的观念通常认为，人的权利或者来源于立法的规定，或者来源于某些先验的观念，它不因是否存在司法救济而受影响，这体现了一种立法至上（包括上帝立法和议会立法）的立场。普通法上的权利可以根据意思自治自由创设，但是一遇争议，只是从提供司法救济入手才被承认。因此普通法体现了极强的司法中心主义色彩（这一点在第五章详细论及）。因为令状是在王室法庭开始诉讼的前提，因此没有令状便不可能得到王室的救济；没有救济，即使

法典中列举了再多的权利或者双方合意创设，也只是虚权利。所以亨利二世通过“无令状无救济，无救济无权利”原则①，不动声色间接剥夺了其他法庭的司法管辖权②，也改变了英格兰法的历史发展方向③。这具体表现在以下方面：

1.“无须应诉”（nemo tenetur respondere）。指被告在未见到王室令状时无须出席在封建法庭开始的针对他的自由保有地的诉讼，这为封建法庭审理原来“当然”属于它的案件设置了前提条件（即需要王室令状开始诉讼）。

2. 被告的选择权。在庄园法庭开始的地产权利诉讼中，被告可在传统的决斗裁断和王室法庭的陪审裁决之间进行选择。鉴于决斗结果的不可预见性，多数当事人会选择在王室法庭进行诉讼，这在实质上限制或剥夺了庄园法庭在这一问题上的管辖权。

3. 移卷令和错判令。这是在符合一定条件的情况下将案件移至王室法庭进行审理或改判的令状。如伯尔曼所言，王室法庭在与其他法庭的明争暗斗中采取的一种措施就是，在某一类案件上设立与其他法庭相并立的司法管辖权，或者是上诉管辖权，这两种令状便是为此目的所设计。

4. 在某些诉讼上设立前置诉讼令。如在涉及可能是教会地产的纠纷中创设地产性质令状（assize of utrum），遇此纠纷时首先由 12 名邻人（俗界人士）组成陪审团在王室法官面前决定该争议地产的性质。若为世俗保有性质，则归王室法庭审理；否则归教会法院。

5. 某些令状通过转换问题的重点来获取管辖权。这一类最典型的例子就是“小巡回陪审诉讼令”（petty assize）。这些诉讼令实际上是放弃了关注本为封建法庭所关注的地产权利（或所有权）问题，转而关注土地的占有问题（这也是它们为什么又被称为“占有诉讼令”［possessory assize］的原因所在）。因为解决土地“所有权”问题的权利诉讼极端形式主义，对原告很苛刻，并采取决斗断讼的方式；而王室的占有之诉则便捷、高效，且采用的是陪审，因此多数人逐渐放弃了在地方封建法庭解决土地所有权问题的念头，转而诉诸王室法庭寻求对占有的保护，只在特殊情况下（如一方认为自己身体足够强壮能击败任何决斗替手）才固执地坚持进行权利诉讼。自此，占有之诉成为了中世纪普通法地产权诉讼的主

---

① 即“No writ, no remedy; No remedy, no right”, see John H. Baker, An Introduction to English History, Fourth Edition, Butterworths 2003, pp. 53.

② 参见 R. C. 范·卡内冈著，李红海译：《英国普通法的诞生》，中国政法大学出版社 2003 年版，第 37—78 页。

③ 令状本身也是国王的一种财产权利，取得诉讼需要很高的价钱购买，因此，买令状称为王室的一项财政收入，对于购买者来说，是等于国王向其征收的一种税。

流模式，封建法庭对于地产权利诉讼的管辖权就这样被实质上剥夺了。尽管形式上它还可以审理这类案件，但实际上已经很少有人前去提起这种诉讼了。

6. 通过大陪审令（grand assize），将涉及权利的诉讼案件从领主法院移至国王法院，规定被告将案件移到郡法庭后，可在决斗与陪审之间进行选择。

7. 通过四个小的诏令，国王法院直接给予全体自由土地持有人以司法救济，并取得教俗之间关于地产性质的确定、圣职推荐纠纷的司法管辖权，从而在一定程度上界定了国王的司法权与教会司法权之间的关系。这四个小的令状分别是新近被夺占有令（Assize of Novel Disseisin）、收回被占继承土地令（Assize of Mort D'ancestor）、最终圣职推荐令（Assize of Darrein Presentment）与地产令（Assize of Utrum），其中，前三个因为涉及到占有问题①，因此也被称作占有诏令。四个小诏令以及通过它们所创设的国王法院的四种诉讼程序在亨利二世改革中占据极端重要的位置，特别是新近被夺占有诏令以及由此而确立的新近被夺占有令状，更是普通法得以产生的标志之一，国王法院通过这一程序首次直接给予全体普通自由民以司法救济，从而在全英格兰境内开始出现普遍适用的共同习惯——普通法。

8. 创设指令令状（writ of praecipe），规避封建主义的司法框架，剥夺领主的司法管辖权，直接给予普通自由民以国王法院的司法救济。

由此可以看出，令状在国王手里是一种便捷的文书工具，他可以直接规定，也可以采取各种间接的方式将自己的意志贯彻下去。这些令状既尊重和认可封建领主法庭的传统司法管辖权，又对其进行适当的限制，使得国王的司法管辖权看起来仅仅似乎是对封建领主司法管辖转移机制不足的一个补充救济渠道，而不是处在一个直接剥夺、侵蚀封建领主司法管辖权的竞争位置。从1215年《大宪章》第34条来看，这显然未引起贵族的很大反感与反对。这些令状和诉讼与信托的普通法所有权的内容和为何强调占有紧密相关（见本章第二节）。

（三）令状的执行：纳入“国王的诉讼”（pleas of Crown）范围

令状具有很高的权威性，首先表现在，如果无视或违抗国王令状，以藐视王权罪论处，这属于“国王诉讼”范畴，民事和刑事处罚很重，具有很大的威慑力。梅特兰把12世纪初“国王的诉讼”列举为：“破坏国王赐予的和平，蔑

① 圣职推荐权也有占有是以地产权对无体物的拟制。谁履行了推荐仪式谁占有，后来演化为对动产权利的占有。参见［英］梅特兰著，王云霞等译：《普通法的诉讼形式》，商务印书馆2009年版，第74页。

视国王诏谕或命令，伤害或杀害国王仆人，叛逆或违背誓言，发表对国王大不敬的污言秽语，重大盗窃，谋杀，制造伪币，放火，有预谋的斗殴，抢劫，夺取国王土地或钱财，私藏珍宝和海上漂流物，颠覆船只，强奸，侵犯王室森林，漏交男爵继承税，在王宫中打架，扰乱军心，未履行城堡或桥梁维修义务，擅自接受革除教籍令，拖延司法审判，判决不公，滥用国王法律等”①。这一清单充分显示了“国王诉讼”的广泛性。“国王诉讼”的审判权最初主要由地方公共法院行使，有关罚金和没收的财物由郡长上缴国王财务署。后来，“国王诉讼”只能由国王法院或者国王授权的地方法院审理。约于1118年问世的《亨利一世的法律》一书明确写道，审理各种刑事犯罪案件“是英格兰国王所专有的、并可施行于任何人的权力”。这说明刑事审判权归国王所有作为一条法律原则这时已经确立。亨利二世时期通过《克拉伦顿诏令》和《北安普顿诏令》得到了加强。

其次，如上述，没有令状无法进行诉讼，关于当事人的利益纠纷不能被国王法庭或国王授权审理的法院受理，有关财产权利尤其是土地权利很难得到保障。当然，国王的令状也有如下所述的竞争优势。

三、普通法形成的理性基础：以竞争优势取胜

从诺曼征服，经亨利一世再到亨利二世，为应付日益繁忙的政务需要，王权从个人威权统治逐渐转变成国王个人威权辅之以常设官僚机构权威的模式。中央集权的王廷为接下来统一的中央司法机构的确立创造了有利的条件，统一的中央司法也成为普通法诞生的一个重要前提。以令状统一中央王权的司法管辖权的同时，亨利二世自然需要建立统一的中央司法机构进行审判和执行，以方便当事人的诉讼和与其他法庭的竞争，于是设立了中央巡回法庭和王室法庭②。

---

① 国王诉讼是古老的国王和平习惯观念的发展。参见 F. W. Maitland, The Constutional History of England, Cambridge University Press, 1926, pp. 107—108.

② 这也是依照习惯而设。在诺曼征服之前，国王就要巡游王地。诺曼王朝之初，威廉一世就有派御前法庭成员到地方听诉的习惯。因那时没有专门法官，亨利一世多次临时派遣宠臣到地方审判。到12世纪70年代金雀花改革时，巡回审判才纳入制度化轨道。由于下派的法官担任财税大臣、主教、郡长等实职，所以巡回法庭还履行各种各样的行政职能。普通法的许多具体规则都渊源于日耳曼法。但普通法并非直接就是日耳曼法，而是经过普通法法官改造过的日耳曼法。巡回审判为王室法官了解地方习惯法提供了机会，法官通过陪审团了解习惯法之后，对它们进行甄别、筛选、加工，并以之为依据作出判决，形成自己的规则，并在以后类似的案件中加以适用。这便是普通法形成的微观层面。

王室法庭与普通法在英格兰的胜利并不完全是凭借国王的强制和权威，在很大程度上是靠竞争优势赢得的。与王室法庭并存的还有郡法庭、庄园法庭、教会法院等，后者都“法定”地享有某些案件地管辖权，若依常规，王室法庭是不可能触及它们的“司法领地”的[①]。王室不断地优化和提高自己法庭的性能，从而提高其竞争力，将原本应属于其他法庭的案件吸引到王室法庭来，并积少成多，最终取而代之成为普遍通行的法律。王室法庭这种通过完备自身条件（间接地贬低其他对手），将究竟诉诸哪家法庭的决定权留给当事人自己的做法，在一定程度上也影响了普通法自身的价值取向。所以我们在普通法中看到，普通法并不主动为当事人设立行为模式，而是允许当事人自行理性选择，仅在纠纷发生后裁决哪方的行为违反了公众所认可的基本信条。这体现在把令状从适用少数封臣到全体自由保有人，改变陪审制和证据制度，变革司法裁决方式和审批错误的纠正四个方面，使判决更公正和更容易得到执行。

（一）使令状具有普适性

英格兰王室司法的特殊性集中体现在它为全体英格兰普通自由民众提供了一个一审法庭，“它为全国创设了一个大的初审法庭”。这使得普通法开始从专属于一个阶层的法律变成了属于全体自由人的法律。这个“初审法庭”包括两个部分，一部分是中央巡回法庭，包括总巡法庭和特别巡回法庭[②]。设立巡回法庭一是为解决约翰王之前跨海而治不断巡游的需要；二是将国王的恩惠送到千家万户门口，否则统一司法权就落空了。另一部分是12世纪末至13世纪初固定在威斯敏斯特的中央王室法庭，包括普通诉讼法庭（Court of Common Pleas）、财税法庭（Court of Exchequer）和王座法庭（Court of King's Bench），当然这三者中对普通法来说意义最为重大的是普通诉讼法庭。这两部分法庭的法官都由国王任命，使得参加者和受益者为从直属封臣到中小贵族、普通自由

---

① 参见［美］哈罗德·J. 伯尔曼著，贺卫方等译：《法律与革命——西方法律传统的形成》，中国大百科全书出版社2008年版，第525页。

② 关于这两部分法庭先后发展完善、内部各自管辖的业务范围和利益冲突，由于本书的主题所限没有介绍，有兴趣的读者可以参见程汉大、李培峰著：《英国司法制度史》，清华大学出版社2007年版，第28—53页；周威著：《英格兰的早期治理——11—13世纪英格兰治理模式的竞争性选择》，北京大学出版社2008年版，第72—89页；李红海著：《普通法的历史解读——从梅特兰开始》，清华大学出版社2003年版，第116—137页；［英］S. F. C. 密尔松著：《普通法的历史基础》，中国大百科全书出版社1999年版，第17—24页；［英］詹姆斯·C. 霍尔特著：《大宪章》（第二版），北京大学出版社2010年版，第124—174页；［英］西奥多·F. T. 普拉克内特著：《普通法简明史》（影印版），中信出版社2003年版，第83—190页。

民甚至维兰[1]。相比之下，无论是稍后的巴黎高等法院，还是更后的德国的帝国枢密法院，都未能实现英格兰中央王室法庭所完成的业绩，这其中的原因也许部分就在于它们并不是初审法院而只是终极的上诉审法院。

（二）改变陪审制与证据审查制度[2]

1166 年，亨利二世在《克拉伦敦法》中规定采用陪审制对犯罪提出控诉，后来的《温莎法》又将这一制度引入地产权利诉讼中。1176 年的《北安普顿法》及其他法令又将之扩展使用到前文提到的“占有之诉”中。更多对这一制度的使用则是通过令状在个案或类案中得以实现的。陪审团才从咨询机构变成了审查事实问题的专门机构，深刻影响了普通法中的证据审查制度。

那么这一转变又是如何实现的呢？王室法庭为什么会因陪审制而更具竞争力？我们知道，只要是司法过程，便离不开对事实的认定和对法律的适用。在许多情况下，这二者中后者比前者更容易，因为认定事实实际上是力图通过今天来重现昨天，一旦事实清楚，适用法律也就不会有太多争议。认定事实和审查证据在 12 世纪的西欧通常是通过三种非理性的方式得以完成的：宣誓、神明裁判和决斗。这三种方式在当时自有其存在和流传的理由，但随着经济的发展和人的理性认识不断加深，这些证据审查方式的效能越来越受到质疑。正是在这种对非理性的证据制度充满怀疑的氛围中，陪审制闪亮登场了。陪审制因其依靠人的理性而非神意、蛮力、胼胝等不确定因素立刻吸引了民众的目光。故容易理解王室法庭的竞争力因陪审团而提高。

陪审制此时取代神裁成为审查证据的主要方式还有赖于另一种机缘，那就是 1215 年的第四次拉特兰宗教公会决定禁止教士参与神裁。这实际上等于废除了神明裁判，因为神裁必须由教士参与。废止神裁给司法过程中的事实认定和证据审查留下了真空。外出巡回的王室法官多少显得有些手足无措，国王对此也一筹莫展。无奈之余，国王指示法官将审查证据的任务临时交给本来是前来提供信息咨询或指控犯罪的陪审团。在实践中，法官就证据问题会征求多个

---

① 陪审制起源于加洛林王室，后传入诺曼底并由诺曼人引入英格兰。陪审制起初是加洛林王室一种调查地方情况的制度和方法：由国王派出去的钦差召集地方上的民众，要求他们宣誓后回答钦差的问题，这些问题大体都是涉及国王在地方上的利益、地方官员尽职情况、社会治安、犯罪等。这一制度当时为王室垄断使用，并可作为特权或恩惠赐予某权贵或教会使用，鲜用于司法领域。后来诺曼人将从法国学来的这一统治管理技术带到了英格兰，并逐步运用于巡回审判中。

② 参见 R. C. 范·卡内冈著，李红海译：《英国普通法的诞生》，中国政法大学出版社 2003 年版，第 79—108 页。

百户区的陪审团的意见，并择其多数而从之。这样的权宜之计在诉讼过程中竟取得了意想不到的良好效果，这让国王和他的法官欣喜若狂，于是这种临时做法便被制度化了：因了解当地情况而被要求向法官提供信息咨询的陪审团让位于凭人的一般理性和经验来判断当事人所提供的证据的效力的陪审团（后来的小陪审团），并与控诉陪审团（后来的大陪审团）相分离。

（三）变革司法裁决方式

由于原始巫术影响和人类理性进化有限，在金雀花改革之前，英格兰对于疑难案件裁决常常采用神判法、决斗法和共誓涤罪。在 1215 年的第四次拉特兰宗教会议上，英诺森三世禁止教士参与任何与神明裁判有关的宗教仪式，这在事实上起到了取消神明裁判的效果，因为神明裁判必须由教士参与才能进行。同时决斗一般多适用于重罪私诉（appeal of felony），而不适用于由官方开始的刑事控诉案件。另一方面，共誓涤罪也越来越不为人们所信任，因为它要求的是由被告自己携带宣誓助讼者（compurgator），然后由被告宣誓他没有犯所被指控的罪行，再由宣誓助讼者宣誓他们相信被告的品行、人格和他刚才所做的宣誓。尽管宗教观念深入人心，但采取这一方式无疑是要求被告的朋友对被告作出裁断，这在很大程度上是一种自欺欺人。

举证决定诉讼的成败。亨利二世推行的陪审团根据日常生活经验所见所闻进行指证，案件将从封建领主法庭转移到王室法院，由郡长召集临近地区的 4 个骑士，再由他们挑选 12 名骑士，由这 12 名骑士向法官宣誓裁定是原告还是被告对涉讼土地更有权利。这比上述方式要理性得多，并且客观上一定程度对法官的自由裁量权进行抑制，避免了司法的肆意和擅断。

（四）通过错误判决令状纠正错误审判[①]

如果法院审判错误，怎么办？普通法规定可以投诉，由王座法院对所有的王室法院案件进行复审。13 世纪时，随着政府机构的增加，国王可以使用调卷令状从他的官员那里要求获得更多有关各种问题的资料。但是普通法抛弃了这一合理原则，通过错误判决令状得到补救。

错误判决令状是为那些认为自己遭到了郡、百户邑或领主个人法院的不公

① 参见［英］S. F. C. 密尔松著，李显冬、高翔、刘智慧、马呈元译：《普通法的历史基础》，中国大百科全书出版社 1999 年版，第 52—53 页。

正判决的诉讼当事人提供的一种救济措施，是在所有政府机关都具有司法职能的时代唯一可能采取的形式。它是对作出不公正判决的法院进行的诉讼，或者更确切地说，是对那个法院所管辖的社区进行的诉讼。这种诉讼必须在一个王室法院，而不是上层地方法院或领主个人的法院审理。作为被告的社区像原告一样是国王的臣民，所以案件要由普通诉讼法院，而不是王座法院来审理。作为被告的社区必须派出代表，向高等民事法院送来记录，说明在其法院里发生的情况。

四、普通法形成的利益基础：利益集团围绕税的博弈

根据领主封臣制度，中世纪英国国王的收入被划分为正常和特别两部分。特别收入是指国王以国君的身份在特别紧急情况下（一般是战争）向臣民征收的税收，如丹麦金、什一税。正常收入是指国王作为全国最高封君所获得的收入，即国王的财政特权带来的收入，这也是税，如第二章所述，主要包括封建人身依附关系义务（可以折算货币部分）和封建附属义务，主要包括郡包租、特别协助金、继承金、监护权和婚姻权、王室森林区收入等。这部分收入依附于封建地产权，是地产权利的一部分。对于国王来说是税收，对于封臣来说是财产权利。这部分税收大部分是层层向下征收的。这些财政特权收入一般由郡守或国王任命的其他官吏负责征收，交纳到国王的财政管理机构——财政署(Exchequer)。还有就是王室领地收入、出售特许专卖权。在中世纪的英国，所有有价值的抽象权利都是财产权利，如司法管辖权、神职授予权。这部分财产权利也是附着在封建地产上的。这部分财产权如果国王要拿去，也就是以另外一种方式向领主、市民征税。

为了征服威尔士、爱尔兰和苏格兰以及保卫在欧洲大陆的领地，平叛贵族的反叛，中世纪时期英国战争频繁[①]。同时中世纪的英格兰国王是公私不分、家国不分，国王治理国家的支出主要来自自己的领地收入、封建义务收入和其他收入。中世纪英国国王靠自己过活与封建保有制紧密相关。随着诺曼征服以来加强中央集权，国王治理国家的官僚队伍日益庞大。税款征收（征收项目、征收数额、征收时间以及征收次数等）由王廷小会议商议，国王最后决定。财政花费

① 就世界史而言，“中世纪”是指公元476年西罗马帝国灭亡到十五世纪结束这段时间，在英格兰历史上，“中世纪”是指1066年诺曼征服到1485年都铎王朝建立的420年历史。参见钱乘旦、许洁明：《英国通史》，上海社会科学院出版社2002年版，第90页。

（支出项目、数额以及开支方式等）由国王随意而定，既没有部门作精确的预算，也没有“公”与“私”的严格界限。除了没钱以外，对国王的开支没有任何控制。这就是王权财政的本质。这几个原因使得国王的财政支出常常大于收入。因为受制于封建军役制和骑士役的货币化，国王除了少量王廷骑士外，没有常备军。国王主要通过封建骑士军役、利用外国雇佣兵、授予欧陆一些封建主货币采邑以换取军役、征发民军、与贵族签定服役契约等手段调集军队[①]。

因此，国王想通过征税的手段获得财政收入，谈判手段较少使用国家军队、警察等暴力手段，主要是与教会、贵族、律师职业者讨价还价，出让国王权力和权利换取让步。教会和贵族也没有私募军队。各利益集团势均力敌，大多时候没有你死我活的生死斗争。所以，英国国王的加强王权与贵族、教会、律师职业阶层对王权的制约和妥协，都是围绕税收进行谈判的。税是征收者的财产权利和资产，被征收者的负资产和义务。贵族、封臣、市民、教会等通过缴税获得国王、领主对财产权利的界定、保护和公共产品（如国王的和平与领主的和平），本质上是一种相互之间的权利义务交易。英国普通法的形成和发展也是围绕税收进行的，带有强烈的封建主义特征和宪政精神。普通法的形成并不是当事人如后世总结的以宏大和精密的宪政理论与普遍原则设计的，是各方利益集团出于自身利益的斤斤计较而不经意的创造，更不具有诗情画意[②]。

（一）王权与教权

在英格兰，自从奥古斯丁传教以来，英格兰的教会就一直处于罗马教廷的控制之下，虽然征服者威廉采用人事变动的方式（任命兰弗兰克为坎特伯雷大主教）影响了英格兰的教会[③]，但还没有达到完全控制的程度，存在严重的管辖权之争。这在教皇革命之后体现得更为明显。1170 年，贝克特代表教会反对亨利二世的《克拉伦敦宪章》被刺死，王权被迫对教会司法管辖权做了很大的

---

① 参见施诚：“中世纪英国的军役制度”，《首都师范大学学报（社会科学版）》2005 年第 5 期。

② 笔者看到的许多国内外论著谈及英国宪政和普通法形成的时候，注意了税和财政收入的问题，但忽视了战争、军队与税收来源和结构变化的关系，忽视了封建保有制和地产制作为问题的逻辑起点。军队等暴力手段构成利益集团谈判力的重要和关键内容。由于本书论及的主题，不可能具体详细谈及三者之间对普通法和宪政形成的影响，笔者想在以后进行具体研究。

③ See Pollock F, Maitland F. W. The History of English Law before the time of Edward I. Vol. Ⅰ, Cambridge University Press, 1978. pp. 75—88.

让步[①]，不得不放弃了很多已经从教会那里获得的权利，刑事犯罪当中的教士特权就是在这一时期确立的[②]。到约翰王时，倒霉的国王碰到的正好是教会史上权力达到顶点的教皇英诺森三世，于是在与教皇的争斗中不得不经常处于下风。此后，教会就一直作为一种与王权相抗衡的力量存在，这种状况一直存在到亨利八世宣布自己为教俗两界的首领为止。

亨利二世从三个方面展开了对教会司法管辖权的争夺，第一个措施是禁止英格兰教会法庭未经国王同意就向罗马教皇上诉。第二个措施是通过控制前提来影响案件的实质管辖权。例如教会主张教会法庭管辖自由教役地产，亨利二世就创设地产性质诉讼令（assize of utrum），规定争议地产性质应该由当地的知情人士组成谘审团在巡回法官面前作出决断。教会反过来规定在发生地产继承诉讼时，王室法庭有管辖权，但某子女是否婚生的问题必须先交教会裁决后才能在王室法庭继续原来的诉讼。第三个措施是设立并列管辖权。教会宣称对宣誓契约有管辖权，依据是宣誓作出承诺的人实际是将其个人灵魂的拯救交给了对方当事人。王室法庭就规定，教会不得因为债务诉讼中的当事人违反自己的宣誓就排除王室法庭对这类案件的管辖权。

因为英格兰普遍信奉基督教，教会统治了人的精神世界，并且教役保有有许多免除封建义务的特权，许多教徒向教会捐赠土地就等于逃避了封建义务。同时因为教士有文化，国王的官僚队伍中在很长一段时期内都是教士担任。所以王权既要利用教会的神学加强王权，又要限制教权，同时教权对王权构成一种制约，但始终没有像欧洲大陆那样强大。

（二）王权与贵族

分封制对于英格兰乃至整个西欧贵族集团的形成起到了重要的作用，或者说分封制在很大程度上培育了一个贵族阶层。更为重要的是，英国分封制所特有的两项制度也强化了贵族集团的发展和稳固。一是领主和封臣之间的权利和义务所确定的封建契约[③]，并且这种封建契约类推到各类非自由保有地，而且贵族没有像欧洲大陆那样的私家军队，国王没有一支强大的常备军；二是为执

---

① See Pollock F, Maitland F. W. The History of English Law before the time of Edward I. Vol. Ⅱ, Cambridge University Press, 1978. pp. 125—131.

② 关于教士特权，参见 J. W. S. 特纳著，王国庆等译：《肯尼刑法原理》，华夏出版社 1989 年版，第10页。

③ See Vinogradoff P. Feudalism. Cambridge Medieval History, 1924. p. 3.

行这些权利和义务而设立的各级各类封建法庭的存在。封建法庭是领主和封臣实现权利和义务的机构，领主若想增加封臣的义务必须通过封建法庭的决议，但该法庭是由全体封臣组成的①，因此领主的恣意势必会在此受阻。沿着金字塔向上，作为全国最大的领主的国王，其意旨同样要受到他的封建法庭，即御前会议的制约，这对于王权的制约和普通法的形成起到了至关重要的作用②。因为国王的财政收入主要来自封建保有制的义务，这使得被征收者可以交不交税、交多少税作为重要的谈判筹码，与国王讨价还价③。贵族对税收的忍受程度就是对王权的遏制和妥协的程度。

因此亨利二世要加强王权就是以令状的方式静悄悄地争夺司法管辖权。一是对庄园法庭的权利诉讼进行限制；二是签发起始令状和指令令状，把司法管辖权从领主法庭和郡法庭、百户法庭移往王室法庭；三是创设占有之诉，核心是新近侵占之诉、收回继承地之诉、进占之诉，对涉及到完全保有地产的诉讼，必须要事先征得国王的同意才可在封建领主法庭开审。

文秘署不断地基于各种案由为各种案件签发起始令状，允许它们在王室法庭审理；又因为王室法庭与其他法庭相比有很大优势，因此人们不管遇到什么纠纷都寻找王室法庭，使得原本依据“习惯”或“法律”对这些案件有管辖权的领主等法院受到很大损失④。亨利二世的改革是通过借助于强大的王权、给予普通自由民以国王法院的司法救济这一形式得以实现的，改革的结果之一就是限制了封建领主们专篡的权力，防止他们寻找各种借口侵犯佃户们的自由

---

① See Vinogradoff P. Feudalismin Cambridge Medieval History, 1924. p. 3.

② 后世上院和下院的起源及其对王权的制约，都是因为纳税而起。直到亨利三世之前，中世纪的英格兰的观念都是国王通过选任继承王位，长子继承制也没有定规。正是由贤人会议演变而来的大谘议会和御前会议分化出议会与枢密院，形成了王权与贵族协商与制约的传统。

③ 1188 年，亨利二世为十字军东征征收萨拉丁什一税，这是首次对动产征税，这在封建大会上得到贵族们的同意。但根据封建税收理论，国王或王室官员仍需跟封臣一一打交道以厘定具体税收额，这在现实中显然不可行。亨利便把邻人陪审团运用到这一确定税收额的事务中，每一个人的应征税额由其所在教区的邻人陪审团来确定。这使得代表权和征税权第一次联系在一起。1198 年，在征收犁头（土地）税时，也运用了同样的邻人陪审团机制。

1163 年贝克特和 1198 年林肯主教休伊（Hugh）抗议反对国王的税收，是因为征税未得到他们（作为个人）同意的理由，而不是征税未得到封建议会同意（即征税权赋予封建大会）的理由。另外，议会多数派议决的观念和机制远未形成，如果封建大会的多数派不顾少数派的反对或是剥夺未出席大会贵族的意见，作出征税决定，这跟国王本人随意决定征税一样不得人心。

④ 为此遭受经济损失（诉讼费收入）的贵族对此颇为不满，于是才有了 1258 年《牛津条例》对新令状签发的限制，并直接导致了普通法发展的受限、类案诉讼（action on the case）的出现，从而导致了衡平法兴起。

土地保有权以及其他财产权利，并以此保障普通人对于自由土地的持有。但这一改革也带来另外一个问题，那就是国王权力的急剧膨胀，使国王自己的封臣的权利保障陷于十分危险的境地，尤其是当他们遭受的侵害直接来自于国王时，几乎得不到任何有效的司法救济，法律发展下一步需要解决的就是如何制约国王的专篡权力。

亨利二世后的约翰王横征暴敛，大大超过了封建习惯所允许的界限，对法战争失败，失去了祖传的诺曼底领地，贵族们终于举起了反叛大旗，1215 年，迫使他签订了《大宪章》希望恢复到亨利一世时代祖先的封建状况，进一步促使普通法形成[①]。《大宪章》无论从哪个角度和层面看，都是一份十足的封建文件。反叛的贵族们并不是出于什么抽象的价值观、意识形态理论或某一宪政原则来跟国王叫板，他们只是为了解决他们所面临的具体实际问题，解除约翰王的苛政对他们的压迫，可说是完全出于自利甚至自私的目的。他们的节制和妥协之处在于他们并没想消灭国王取而代之，规划一个完全崭新的政局或政体，或是制定出完全崭新的法律。他们所诉诸的无非多是他们祖上采邑享有的封建权利和已经存在的封建惯例。他们只是逼迫国王遵守封建惯例与法律，不要超出领主与封臣间已形成为封建惯例和法律的封建权利义务边界[②]。

虽然当时对王权的制约失败了，但 1215 年《大宪章》后来重申达 38 次之多，“王在法下”、“法律至上”的观念与精神才在英格兰的民族生活中扎根。实际上，这种宪制观念在很大程度上经由实为国王臣仆的普通法法官，已经司法化了。由此成为保障英格兰人自由和法律的宪政发展的起点和基石，为后世议会反对专制国王的重要依据和精神资源。

（三）国王与律师职业阶层

普通法形成以前，英格兰处于封建主义法律框架之下，除了国王司法管辖

① 哈德森认为：“在制定《大宪章》的时代中，发展中的普通法在范围与内容规定上开始被加以一定的限制……这种限制一直流传至布莱克顿时代及以后相当长的时间。诺曼与安茹时期的法律成就是极为巨大的。13 世纪及其后的普通法中的关键性因素已经得以建立：一套明确以国王法庭（包括地方的与中央的）为中心的法庭体系；大量涉及土地保有的实体法规则；明确、可靠的诉讼形式适用于土地案件的审理过程中；各种针对人身与动产的侵犯的明确分类；陪审团在刑事案件中的广泛使用。这些都表明无论是在整个王国领域内普遍适用的意义上，还是各种法律规范在数个世纪中连续不断地汇入普通法这一层面上，一套普通的法律体系已经形成”。参见［英］约翰·哈德森著，刘四新译：《英国普通法的形成——从诺曼征服到大宪章时期的英格兰的法律与社会》，商务印书馆 2006 年版，第 253 页。

② 参见［英］詹姆斯·C. 霍尔特著：《大宪章》（第二版），北京大学出版社 2010 年版，第 176—362 页。

权之外，还存在领主司法管辖权、教会司法管辖权以及地方公共司法管辖权，国王法院通常情况下仅对国王自己的直属封臣开放，普通自由民一般情况下只能在领主或地方公共司法机关寻求司法救济。没有形成专业律师职业者。随着国王司法管辖权的扩张，尤其是在亨利二世时期，国王通过保护自由民的土地占有而对普通人（自由民）直接行使司法管辖权，并在此基础上通过王室令状制度创造了一套由国王法院负责实施的、全国普遍适用的共同习惯——普通法。普通法的形成和发展与完善，带动了普通法法律职业者的兴起（12 世纪）、形成（13 世纪）[①] 和发展，以及国王法院判例的研究与应用，从而使普通法开始具有判例法的外型与特征，并且逐步成为制约王权的一支重要力量[②]。

法律职业阶层包括代理律师、代诉律师、法官、法庭文书等人，很多普通法律师成为王室法庭法官。律师的职业收入来自代理费，法官和法庭文书等人的收入来自法庭收取的诉讼费[③]。当时的律师公会垄断了英格兰的律师行业，师傅带徒弟，将生活和业务联系在一起，形成自治性很强的专业团体。律师利用自身的专业知识，一方面利用法律漏洞，为当事人设计逃避封建保有制的义务，典型的是第四章所述的用益制，间接对抗王权；另一方面是利用诉讼直接对抗王权。当法官力图作出一个判决时，通过对司法过程中寻找大小前提的分析[④]，寻找在案件的事实与目标法律规则之间建立一种内在逻辑上的联系，这种联系只能通过解释、论证来建立。从技术上来讲，解释、论证和说理成为司法中最为核心的部分，决定了法官的专业化。法官还承担着提炼普通法的职责（尽管他们可能没有意识到），就是巡回法官在回到威斯敏斯特的中央王室法庭之后，要在一起共同探讨研究彼此的判决并从中抽出法律原则或规则的过程。因此，王室法官的职责不仅是司法，还有创法，这也需要高度的专业化，判案要遵循先例，也对法官专业化是一个刺激和促进。所以在英美，法官和律师中

---

① 参见［英］保罗布兰德著，李红海译：《英格兰律师职业的起源》，北京大学出版社 2009 年版，第 23—123 页。

② 历史的悖论是，没有王权也就没有普通法和衡平法，王权又有把普通法和衡平法变成专制工具的倾向。幸运的是，普通法和衡平法的法官最终都形成了职业独立性，抵御了王权的控制，反而成为王权的制约力量。王室法官偏袒国王的做法延续到 17 世纪内战前，但还是有职业自觉意识，注意了对国王个人的忠诚与对国王职位以及普通法的忠诚区别开来。

③ 理解这一点也可以理解普通法为什么后来能够抵制罗马法，同时为什么普通法的诉讼会那么繁琐。

④ 大陆法系的法官也是如此，但差别也正在于寻找大、小前提的方法、技术以及思维习惯上。普通法一般在先例中寻找，大陆法则在法典中寻找。参见［德］茨威格特、海因·克茨，潘汉典等译：《比较法总论》，第 20 章，贵州人民出版社 1992 年版。

不少人成为著名法学家。法官的高度专业化使得国王与王室法院的司法疏离开来，国王的干预减少。自1465年（爱德华四世在位时期）之后，国王再未像过去那样与他的法官们一起主持参与司法。詹姆斯一世曾想主持参与司法，但被库克爵士劝阻，库克的理由是普通法是多年技艺理性的产物，不似自然理性，需要长期学习才能掌握。普通法的效力不由国王敕令或通过议会立法所确定或授予。早在爱德华一世的时代，如果某一令状遭到所有代诉律师的一致反对，就不可能颁发，这说明当时已经存在相当的职业学识和鲜明的职业自觉。

这种普通法心智中所表现的复古主义、崇古主义的保守倾向，后来与议会力量的结合，使普通法观念成为更加现实的力量，多次抵御外部国王特权和特权法庭的挑战。

第二节
诉讼与普通法地产权

要理解信托的普通法所有权，就要把握封建保有制、地产权制度和普通法司法制度的历史过程和关系。普通法财产权以封建保有制和地产权制度为基础，以诉讼形成权利救济。第二章我们已经分析了封建保有制和地产权制度形态和法律规范。这节我们分析诉讼形式与普通法地产权利的关系。诉讼形式是普通法赖以存在的基础，尽管现在埋葬了诉讼形式，但依然从坟墓中统治着我们①，诉讼是一种通过程序对地产权利的确认、救济与实现的形式。英国财产权是以地产权为基础进行拟制延伸出来的，理解诉讼对于理解信托的普通法所有权极为重要。为此，我们首先以梅特兰和哈德森的著作为基础对诉讼形式简史做一介绍，然后重点分析几种诉讼形式，具体理解诉讼对于地产权的意义，在第二章和本章第一、第二节的基础上理解信托的普通法所有权。

一、诉讼形式发展史

按照梅特兰的划分，诉讼形式发展经过了五个阶段②。

---

① 参见［英］梅特兰著，王云霞等译：《普通法的诉讼形式》，商务印书馆2009年版，第34页。
② 参见［英］梅特兰著，王云霞等译：《普通法的诉讼形式》，商务印书馆2009年版，第58—117页。

第一阶段，亨利二世以前（1066—1154年）。这一阶段是诉讼形式的萌芽奠基时期。在亨利二世以前，令状是一个可以购买的王室恩典，任何权利受损的人都可以申请得到国王的救济，但没有成为常态。这就导致了“有多少种诉讼理由，就有多少种诉讼形式”。此时的令状尚无固定格式，由文秘署签发。

第二阶段，亨利二世统治期间（1154—1189年）。在亨利二世时期，随着中央司法系统的建立，尤其是王室法院的完善，令状的格式也逐渐趋于统一，令状司法化和令状格式的固定化有利于加强国王对司法权的控制，标志着令状制度日趋成熟。但是，这一时期的令状并没有对先例的刻意遵从。这一阶段令状主要是起始令状、权利令状、占有之令状和地产性质令状，还有债务令状、寡妇产令状、逃奴拘捕令状。权利令状是解决土地所有权归属，占有令状是解决占有的保护和非法侵占问题，地产性质令状是解决与教会争夺司法管辖权的问题。诉讼不同，但谘审是其主要形式，原来的神明审判、决斗等不理性判决方式大多遭到废弃。

针对当时日益增多的有关土地所有权纠纷的案件，亨利二世创设了一个原则：“如果没有王室令状，那么任何人都可以拒绝针对其自由保有地产所开始的诉讼”，后来发展为“未经审判，任何人的自由保有地产都不受侵犯，没有国王的命令和令状，他不必出庭答辩”。任何不动产之诉，必须以获得令状为前提。任何人的自由保有地产都不能未经审判被不正当地侵占。

第三阶段，1189—1272年，这是一个诉讼形式飞速发展的时期。出现了保护土地占有的又一个重要令状——进占令状。进占令状是一个表明土地保有人的权利存有特殊的新近瑕疵的指令令状。1267年《马尔伯勒法》的颁行，事实上废除了进占令状的形式限制，随着进占令状的扩展，由最初的占有、准占有令状演变为所有权令状。进占令状自创立之后就广受欢迎，它填补了占有（seisin）和权利（right）之间的鸿沟，终结了占有和权利之间的分离状态，即占有是不可继承的，但产生一个可继承的权利[①]。也就是后世法学家总结的（如庞德）占有既是一种事实，也是一种权利。

当时出现了将土地定期出租的现象。普通法最初对于土地定期承租人的保护手段是契约之诉，当事人可以通过提起契约之诉来恢复占有或是得到损害赔

---

① 我国古代没有这种观念和事实，加上中英语义的差别。这一点很难为我们现代中国人所理解。为此这里要区分侵占和占有的含义。侵占就是采取非法手段形成占有的事实。占有是指根据封建原则要举行仪式，约定双方的权利义务（参见第二章第一、第二节）。没有依据封建理论和仪式的占有就是侵占。参见［英］梅特兰著，王云霞等译：《普通法的诉讼形式》，商务印书馆2009年版，第71—72页。

偿。后来，大法官罗利创造了“租期内逐出承租人之诉”，这一诉讼使承租人的权利得到了更加全面的保护。在这一过程中，古老权利的性质也发生了变化。承租人原有的只能针对出租人的对人权也变成了可以针对任何侵占者的对物权。同时，两种占有即 possesse（对租约地产的实际占有）和 seisin（法律上占有，对完全保有地产的占有）有了内容上的区别①。

与土地权利诉讼相对的是对人诉讼的出现，紧接着是直接侵害之诉。由于直接侵害之诉在以后的发展过程中逐渐演变出了许多新的诉讼形式，大都与后来的侵权诉讼有关，梅特兰将直接侵害之诉称为“众诉之母”。直接侵害之诉以违反国王安宁为要件，它植根于刑事程序之中，具有半刑事特征，在被告拒不出庭时，可以监禁或宣布其处于法律保护之外。与此同时，陪审团审理逐渐成为审理事实问题的正式模式。

第四阶段，1272—1307 年。这是一个诉讼体系僵化的时期，同时又是一个制定法运动时期。《第二威斯敏斯特条例》的规定为以新令状解决新问题奠定了基础，新令状的范围限于“适用相似法律、需要相似救济的类似案件”。一定程度上解决令状制度的僵化问题。这种有限的权力依然为以下间接侵害之诉的产生创造了条件：简约之诉、非法占有动产之诉、欺诈之诉、诽谤和侮辱之诉。这些间接侵害之诉对后世影响深远，是许多现代法上过失侵权行为的滥觞。

第五阶段，1307—1833 年。这是诉讼形式发展过程中持续时间最长的一个时期。这一时期最重要的，运用最广的诉讼形式就是直接侵害之诉。直接侵害之诉由于侵害行为的不同而种类万千。利用此诉，他们不仅可以对抗直接侵入其土地的任何人，甚至领主。这不仅表明法律保护的平等性，而且更为重要的是，这一现象表明事实上的占有从此得到了法律的保护。但是此诉只能使当事人得到损害赔偿，而不能恢复对土地的占有。15 世纪末期，伴随着直接侵害之诉的发展，出现了逐出租地之诉。逐出租地之诉通过拟制，借助约翰·多伊和威廉·斯泰尔斯这两个拟制人物最终发展成为恢复土地占有的正式模式。这种拟制的发展过程也就是逐出租地之诉代替占有之诉的过程。1852 年的《普通法程序法》对逐出租地之诉进行了改进，约翰·多伊这个拟制人物消失了，原告可以以自己的名义进行起诉。

自 16 世纪起，随着英格兰工业革命的开启和资本主义的发展，新的社会

① 参见［英］梅特兰著，王云霞等译：《普通法的诉讼形式》，商务印书馆 2009 年版，第 94 页、第 104—105 页。

关系不断涌现，原有的日显僵化的令状制度已不能适应时代的发展，诉讼形式的衰落也就无可避免。构成诉讼形式主体的对物诉讼、对人诉讼、混合诉讼在19世纪由于制定法的颁行而部分或全部被废除。1832年《统一程序法》、1833年的《不动产时效法》、1860年的《普通法程序法》和1875年的《司法法》对诉讼形式进行了大刀阔斧的革新。经过这一系列的革新，原有的为数众多的诉讼形式到最后所剩无几。同时，原始令状的性质也发生了根本性的变化，由原来决定整个诉讼进程的令状转变为传票。

二、几种不动产诉讼令状分析

土地的继承和转让，加上斯蒂芬时期的内乱，使得土地上的各种权利不免产生利益冲突和纠纷。亨利二世于是利用各种令状保护各种土地权利和解决纠纷，以加强中央集权，客观上也增加了王室的财政收入。

从12世纪始，王室法院在规范土地法律关系的过程中，发展出一套完整的诉讼管理程序，即不动产诉讼程序（real action）①，用以保护和规范土地保有制当事人的权益，对普通法土地权利产生了重要影响，也是我们了解信托的普通法所有权的法门。主要有以下四种：

（一）权利令诉讼状（writ of right）

权利令状共分三种：

第一种是国王颁发给诉争土地所在地的郡守的令状，又称“指令交付令状”（praecipe quod reddat）。具体格式如下②：

国王问候N地的郡守。你命令A公正而毫不迟延地将位于D地的房产及相

① 就其本来含义而言，这是一种原告可以请求返还原物的诉讼程序，因此国内也有人将其译成“返还式诉讼”、“对物之诉”等。实际上，在英国土地法上，原告在诉讼中请求返还原物的诉讼程序有两种：即real action和ejection，前者只能用于保护自由土地保有制下的土地权益，后者则用于保护土地租赁关系中承租人的土地权益（详见第三章第一节）。在普通法上，前一种诉讼程序所保护的土地权益被称为real estate，后一种诉讼程序所保护的土地权益则被称为chattel real，两者分别对应当代英国土地法上的两种性质不同的土地权益类型，国内学术界通常将real estate译为不动产，把chattle real译为准不动产。笔者认为，将real action译为“返还式诉讼”或“对物之诉”的做法不仅不能将英国土地法上两种不同的诉讼程序区分开，而且也容易混淆“不动产”和“准不动产”之间的区别，结合国内对于real estate的通常译法，将real action译成“不动产诉讼程序”或许更加准确。

② J. H. Baker, An Introduction to English Legal History, 2nd., Edinburgh: Butterworth & Co., 1990, pp. 615.

关权益移交给B，因为B声称这是他以直属封臣的身份保有的权利和可继承财产，被A不公正地侵夺。如果他不那么做，而B向你保证他提起的权利请求真实可靠，那么让合适的传讯官（summoner）通知A以便他能够在威斯敏斯特的法官们面前表明他不那样做的理由。届时须提供传唤人以及此令状和证人等。

该令状仅适用原告是国王直属封臣的土地权益诉讼。亨利二世曾一度突破封建司法管辖的原则，将这种令状用于管辖非直属保有制下的土地，《大宪章》之后，这种做法被禁止。

第二种是国王颁发给领主的权利令状，又称“指令管辖令状”（breve de recto tenendo 或 wit of right patent），由非直属保有人用以向领主法庭提起诉讼。后来，该令状与第一种令状之间的差别消失，统称为权利令状。

第三种利令状是专门适用于古代王室庄园土地（ancient demesne）[①] 上的“封印权利令状”（little writ of right close）[②]，原告向国王提起诉请后，国王直接将这一令状颁发给王室庄园管家，命令他依据当地的庄园习惯处理纠纷。这种令状仅适用于特定地区，在土地法上影响不大。1833年，除了寡妇产权利令状以外，所有的权利令状均被废除。

依据权利令状进行的诉讼程序一开始，原告首先声称被诉争的土地是他的“权利和可继承财产”（right and inheritance），他本人或其先人曾“以可继承权益享有人的身份保有这块土地”（seised as of fee and as of right），为了法庭验证，他需同时向法庭提供其进行决斗的见证人。被告亲自到庭应诉后，他不必对原告的主张做具体的答辩或对原告主张的某一事实作出特别说明，只需概括性地拒绝原告的主张，并选择进行决斗或者采用大谘审团（grand assize）验证。一旦被告选择了大谘审团验证，那么整个案件便移交王室法院管辖。由依法组成的大谘审团成员宣誓后作出裁断——断定原、被告双方何者对土地有更优的权利，法庭依据大谘审团的裁断作出最终判决，判令土地归一方及其继承人。依权利

① 指诺曼征服后国王直接占有经营并在《末日审判书》中登记在册的土地，与国王依保有制规则以回复或没收方式取得的土地相区别。这些古代王室领地实行特殊的保有制规则，即便国王将土地封授给他人也不能改变该土地上的这种习惯规则。1925年时，法律废除了这种保有制并将其改为普通的自由索克保有制。参见 F. Pollock &F. W. Maitland, The History of English Law before the time of Edward Ⅰ, Vol. Ⅰ, Cambridge University Press, 1978, pp. 384—385。

② 该令状中“close”一词与 patent 相对，指该令状中不包含郡守介入诉讼管辖的内容，而 patent 的含义则指令状未密封签印（open）。——详见 F. Pollock &F. W. Maitland, The History of English Law before the time of Edward Ⅰ, Vol. Ⅰ, Cambridge University Press, 1978, pp. 385—386；另见 F. W. Maitland, The Forms of Action at Common Law, edited by A. H. Chaytor and W. J. Whittaker, Cambridge University Press, 1976, pp. 18.

令状进行的诉讼程序，法庭的这一判决具有终局性效力，一旦法庭作出判决，败诉的一方当事人及其继承人不得再行上诉，也不得对诉讼结果提出异议，也就是说，权利令状诉讼的判决使得败诉方及其继承人永久地失去了该土地。

权利令状诉讼程序一方面成功地将自由保有制土地的司法管辖权从领主法庭转移到王室法院，但是另一方面，这一程序自身也存在一些缺陷，择要而言，表现在以下三个方面。

1. 程序对原告要求太苛刻。与被告相比，原告在整个诉讼程序中始终处于劣势地位。案件审理过程中原告要对自己的主张负举证责任，而被告只需概括性地回绝原告的请求即可完成答辩，根本无须对原告主张的某一事项作特别说明；此外，被告有权决定采用何种方式对案件的事实加以验证，如果他不选用大谘审团，即可迫使原告接受决斗或神明裁判，即使他选择了大谘审团验证，大谘审团所要解决的问题也不是“原告是否为该土地的所有人”，而是“原告和被告哪一方最先取得了土地的权利”这样一个既包括事实也包括权利的模糊问题。因此，一个人将土地上的保有人驱逐之后，根本不必担心被逐者利用权利令状向法庭提起诉讼，实践中常常出现被告利用这一程序的上述缺陷驱逐原告以便为自己牟取不正当利益的情况[①]，当原告有其他更好的诉讼程序可以选择时，他们常常不愿采用权利令状起诉。

2. 权利令状诉讼中法庭的判决结果太过严厉。法庭判决一方胜诉后，另一方及其继承人就永远地失去了土地。

3. 程序拖沓耗时。无论是原告还是被告，在权利令状诉讼程序中必须亲自到庭参加诉讼，除非有国王的特许，否则当事人不能由代理人代替出庭。当事人即便出庭开始诉讼程序之后，他也可以找到很多借口离开法庭，从而中止诉讼程序，为此在普通法上发展出了复杂的“程序中止借口规则”（essoins）：如果一方当事人参加十字军，必须等到他返回英格兰后才能开庭；如果一方生病，必须等到他痊愈才能开庭。如果当事人向法庭提出自己生病了不能参加法庭诉讼后，法庭还要派4名骑士专门调查他是否真的“没穿鞋、未系带、未穿衣等”卧床不起。如调查属实，审理程序即行中止1年零1天。为了躲避法庭的权利令状诉讼，有些诉讼当事人还发明了一种人为拖延法庭诉讼时间的办法——“交叉应诉”（fourching in essoins），无限期地拖延诉讼程序。这些缺陷

---

① F. Pollock & F. W. Maitland, The History of English Law before the time of Edward I, Vol. I, Cambridge University Press, 1978, pp. 47.

导致当事人必须付出高昂的代价才能获得救济。

就其解决纠纷的技术而言，权利令状诉讼程序中，当庭通过比较当事人谁最有资格取得土地，在法律上解决土地权益的归属问题。在诉讼程序中，原告要想胜诉，不必证明自己对诉争的土地享有绝对的权利，只需证明自己比被告更有资格取得土地即可。在实践中，这种比较最直接办法就是比较当事人取得土地的时间先后：原告要努力证明自己先于被告取得土地，被告若想赢得诉讼，也必须想方设法证明自己取得土地的时间早于原告。这种解决土地权益归属的法律纠纷解决技术，被当时法律家们称 go highest in the fight。具体讲，对于原告而言，如果他诉讼的理由是自己先于被告占有土地，大谘审团所要解决的问题相对简单，只要解决原告和被告谁最先占有了土地即可——这仅仅是一个时间先后的问题；如果原告诉讼的理由是自己的祖先曾占有该土地，为此，他首先向法庭证明自己的祖先曾先于被告（或被告的祖先）以可继承权益的方式保有该土地（seised as of fee），然后又进一步证明自己是该祖先的合法继承人，那么，大谘审团此时所要决定的是原告的祖先是否以可继承权益的形式占有过土地？该被占用的土地是否传给了“原告”？仍然不涉及“原告是否是该土地的所有人”、“原告是否享有土地的所有权”这样抽象的问题。这表明，权利令状诉讼程序中法庭仅仅是比较当事人的身份特征，并没有将当事人享有的土地权益作为一个独立的抽象范畴加以分析，而且，法庭的这种比较仅仅是时间先后的比较，根本不是不同土地权益内涵和效力等级的比较。所以，权利令状诉讼程序尽管被冠以“权利”之名，但是它所关注的仅是解决当事人之间的纠纷，没有明确的权利思维，“反映了法律关注的主要问题仅仅是对纠纷作出判决的时代——一个还没有分析所有权和占有概念的时代”[①]，所以权利令状制度不可能产生抽象的土地权利观念。12 世纪后半叶，随着更加快捷高效的占有性诉讼程序的兴起，权利令状诉讼很快衰落。

（二）新近侵占令状（assize of navel disseisin）

新近侵占令状是根据 1166 年亨利二世《克拉伦敦法令》（Assize of Clarendon）规定产生的土地权益救济程序。这一令状产生之后不久，因其具有便捷、高效等特点很快成为规范自由保有制土地关系的主要程序。

---

① W. S. Holdsworth, An Historical in Troduction to the Land Law, Oxford Clarendon Press, 1927, pp. 13.

保有人向王室购买令状后在王室法院提起诉讼，该令状的具体格式如下：

国王问候郡守！D向我们抱怨说，从……时起[①] T不合理且未经审判地非法侵占了他在某庄园的自由保有物[②]。因此我们命令你，如果D向你保证他提起的权利请求真实可靠，你应当重新占有该保有物及其动产，并不得再就该保有物发生冲突，直到我们的巡回法官到达该地举行审判时为止。同时，你应当召集附近地区12名自由且守法的人调查该保有物，并将他们的名字签于此令状上。届时由适当的传讯官传唤他们到上述巡回法庭法官面前准备审理案件。上述的T应当交纳质物以保证届时他自己、或自己不出庭时由自己的管家（bailiff）出庭接受审判。届时应当提供传讯官的姓名、质物和本令状。

新近侵占令状诉讼程序包含有四个基本的构成要素：第一，国王直接签发给郡守，并由王室巡回法庭审理，这一点与权利令状要先颁发给领主然后再借助专门程序转移到王室法院不同。新近侵占令状由国王统一颁发和管辖，实现了土地司法管辖权的集中统一。第二，小谘审团（petty assize）或陪审团（jury）裁断，即由诉争所在地的12名“自由且守法”的人组成小谘审团，调查原告主张的事实并对其真实性作出裁断，作为法庭判决的依据。与前文提到的大谘审团相比，小谘审团在令状签发之后立即组成，不必像权利令状诉讼那样需要等到诉讼程序开始后依被告决定成立，其成员并非骑士而是诉争地附近的自由且守法的（free and lawful）人，小谘审团的任务仅仅是解决令状中明确限定了的简单事实问题——被告是否像令状中说的那样（在令状中指定的期间内以原告声称的方式未经审判地）侵占了原来的土地？在法庭上，小谘审团只需对此作出yes或no的结论即可。如果答案为yes，法庭就会判决被告将土地返还给原告。13世纪中期以前，在这一程序中，法庭不允许被告做具体答辩或对原告主张的某一事实作出特别说明。布拉克顿时期，法官开始重视被告的具体抗辩，比如要求原告解释自己当初是如何占有该土地的，一旦被告提出了与原

---

① 必须在令状中注明侵占行为发生的具体时间，以表明该行为是一种“新近的”（novel）。这一制度是英国法上复杂的不动产诉讼时效制度的起源。在诺曼底，该期间为自上一个收获季节之日起1年。但在英格兰，该期间的起算时间以国王命令为准，且在历史上不断变化。格兰维尔时，该期间的起点为亨利二世最近一次渡海到诺曼底之日，此后又不断变化，1275年以后直到亨利八世时，起始时间固定为1242年亨利三世渡海到加斯科尼的日期，这一制度导致在实践中被诉的侵占行为可能自发生之日起不足1年，也可能很多年。长时间的期限无疑给当事人举证带来了困难，这也是中世纪后期该程序逐渐衰落的一个重要原因。参见 F. Pollock & F. W. Maitland, The History of English Law before the time of Edward Ⅰ, Vol. Ⅱ, Cambridge University Press, 1978, pp. 51.

② 具体的诉讼标的不同，这一表述也发生相应的变化，比如在公用地上的放牧权、因河床抬高淹没了自由保有地等，每一种诉因均产生一个单独的新近侵占令状。

告的主张不一致的事实，就由重新组成的陪审团（jury）调查并裁断原告所说的是否属实，陪审团由原来小诺审团的12人或重新召集的12人组成，审理的依然是案件中的具体事实，即陪审团的审理依然是一种事实审[①]，而事实审的作用就在于确认现存的土地权益秩序，作为法庭解决纠纷的依据。第三，巡回审判的先行程序准备，即郡守负责扣押土地避免进一步冲突，同时召集陪审团调查案情以备开庭。第四，被告的义务，必须交纳质物并保证自己到时出庭或派代理人出庭。

与权利令状相比，新近侵占令状在程序上具有便捷、高效、低廉的特点，概言之，表现在以下几个方面：第一，如果被告拒绝了原告的权利请求并被起诉到法院，那么12个人组成的小诺审团立刻被召集成立，不必等到开庭时。第二，令状签发后，对土地权属状况的调查立即展开，从而省去了权利令状中另行签发专门调查令状的程序，节省了庭审时间，提高了审判效率。第三，不存在“程序终止借口规则”，被告不能以不出庭的方式躲避诉讼，如果他不出庭，法庭可直接监禁他或其管家[②]。第四，价格低廉。1130年法庭卷档（Pipe Roll）中记录的权利令状价格，到亨利二世初年没有什么大的变化，而且到亨利二世中期，权利令状的价格还有所降低，而新设的程序和令状价格更加便宜。第五，当事人如果对判决结果不服，还有再次起诉的机会，而权利令状诉讼中法庭的判决对当事人具有终局性。

新近侵占令状除了在程序上具有很大的优越性以外，在实体法上也表现出与权利令状不同的思维方法。权利令状诉讼中，原告声称土地是他的“权利和可继承财产”。为了证明这一点，他必须尽可能久远地追溯历史上的土地状况，被告反驳时也同样在时间上不受限制。而新近侵占令状中，原告起诉的是被告的侵占行为，法庭审理程序均围绕着这样一个问题展开——被告是否像令状中描述的那样在指定的时间内以原告声称的方式侵占了其土地？如果陪审团查明令状中记载的内容属实，那么被告应当将占有的土地返还原告；如果陪审团查明令状中记载的内容不属实，则被告继续占有土地。在新近侵占令状诉讼中，整个程序自始至终没有涉及土地所有权问题，它所要解决的仅仅是保有制下土

① 在布拉克顿时代，小诺审团审理与陪审团审理之间的区分在法律上有重要的意义，前者审理的问题是令状中明确指定的，其所作的裁断只能是概括性的，要么是yes要么是no，小诺审团成员可能因其判决被大诺审团推翻而被判没收财产、监禁、妻子被逐等。而在陪审团的审理中，则不存在这种可能，陪审团既可以对案件作出概括裁断，也可以作出特别裁断。

② 参见梅特兰著，王云霞等译：《普通法的诉讼形式》，商务印书馆2009年版，第68—69页。

地占有问题——土地应当由原告恢复占有还是应当由被告继续占有？一个人因为占有了土地，所以能够获得王室法院的司法救济，反过来讲，他占有土地的事实因为受到法律的保护，变成了司法救济和保护的客体，所以他在法律上享有一种确定的土地权益。随着新近侵占令状制度的迅速发展，这种程序保护的土地权益的内涵日益明确，最终在英国法上顺理成章地产生了一个新的实体法范畴——占有（seisin）[①]。

新近侵占令状既可以用来保护保有人占有的土地，也可以用来保护领主基于保有制享有的权益。如果领主侵夺了保有人的土地，就被认为是侵夺了保有人的保有，同样，如果保有人没有向领主履行义务，就是侵夺了领主的保有，第三人不当地接受了保有人的义务，也被认为是侵夺了领主的保有。尽管同为保有，但保有人的保有和领主的保有客体不同，前者的客体是土地，后者的客体是保有制下的领主权（seignory）。无论是哪种保有权益，其客体都没有脱离土地保有制，因此，被法律保护的保有权也必然是一种土地保有制框架下的权益。保有概念的产生，表明英国已经开始脱离具体的保有制下的身份依附关系，将保有制当事人享有的权益作为一个独立的法律范畴确认下来了。

（三）收回继承地令状（writ of mort d'ancestor）

新近侵占令状程序的适用范围有很大的局限性，仅适用于被侵占人（disseisee）起诉侵占人（disseisor）。在土地保有人死后，如果其继承人没有及时进占土地，在法律上就出现了土地“占有空位”（vacant seisin），此时，如果一个陌生人进占了土地，僭占人（abator）没有实际驱逐任何人，其行为不构成该程序中的侵占，失去土地的继承人不能以该令状程序起诉他，所以，新近侵占令状所保护的保有还不是一种可继承的权益。

① seisin 在拉丁语中为 seisina，seisire，是诺曼征服后引入英格兰的一个词汇，本意为“占据土地”（sit upon land）。在中世纪初期，seisin 与 possession 之间没有明确的区别。据梅特兰考证，在中世纪初期的法庭诉讼记录中，除了教会法庭中曾用 possession 一词表示教会神职人员对教职的占有以外，在各种法庭诉讼中一律用 seisin 指称对各种财产（包括土地，动产等）的占有（F. Pollock &F. W. Maitland，The History of English Law before the time of Edward Ⅰ. Vol. Ⅱ，Cambridge University Press，1978，pp. 32）。但是到中世纪末期，随着普通法的技术化、专业化，seisin 与 possession 之间逐渐有了明确的区分，各自具有了特定的含义，前者专指自由保有制下的占有，后者则特指非自由保有制下的占有和对动产的占有。前者指法律上的占有，后者指实际上的占有（参见［英］梅特兰著，王云霞等译：《普通法的诉讼形式》，商务印书馆2009年版，第93—94页）。国内通常将 seisin 译为“占有”（《元照英美法词典》，第1238页），这种译法既不能将它与普通法上其他形式的占有（possession）区分开，也容易与罗马法上的占有混淆，不能准确表述出该词的特有内涵。

为了解决继承人权益的法律保护问题，1176年，《北安普顿法令》（Assize of Northampton）规定了“收回继承地令状”，确立了保有的可继承性规则。这是英格兰和诺曼底特有的一种法律程序，该令状的具体格式如下①：

国王问候郡守。如果A向你保证提出权利请求，你召集X地的12名自由且守法的人，使他们能够出现在法官们到达该地后举行的首次巡回法庭上，做好准备并宣誓辩明：B，即上述A的父亲（母亲、兄弟姐妹、叔舅姑姨）在他去世的那天是否以可继承权益的方式占有……的一宅院和附属物，他是否是在……以后去世的，以及上述的A是否是他最近的继承人。同时，让他们调查该保有物，并将他们的名字签到本令状上。让恰当的传讯官传讯现在占有上述保有物的C，让他届时出庭听审；届时提供传讯官（的名字）并出示该令状。

与权利令状相比，收回继承地令状同样具有快捷、高效的特点：在法庭开庭以前，郡守已经召集了12人组成的陪审团，并对令状中设定的问题进行了调查，开庭时被告即便不出庭，法庭照样审理，原告依然可以获得救济，保有人的继承人依据这一程序获得了充分的法律保障。

收回继承地令状的适用有严格的条件限制，具体包括三个方面：第一，原告的祖先去世时是以可继承权益的方式占有土地（dying seised in fee）。第二，原告祖先是在规定的时间内去世的（具体的时间要求与新近侵占令状的时效相同）。第三，原告是死者的合法继承人且必须在特定的亲等范围内②。

在收回继承地令状提起的诉讼中，被告无须作所有权性质的答辩，“整个诉讼中不存在所有权性质的答辩……法律也不允许他提出所有权性质的问题”，他在法庭上只需提出一些与原告在令状中主张的内容不符的事实即可构成有效的答辩，比如，“原告还有一个年长的兄弟在世”、“原告说的是真实的，但是原告的先人去世时还有一个比原告更有资格的继承人，这个继承人将该保有物转让给了我”等。在诉讼中，陪审团的任务就是对当事人主张的事实作出真实性裁断。由此可见，与新近侵占令状一样，在收回继承地令状诉讼中，法庭审理的全部内容仅仅是令状中原告主张的事实问题，如果陪审团查明原告的主张

① 参见［英］梅特兰著，王云霞等译：《普通法的诉讼形式》，商务印书馆2009年版，第148页。

② 最初，原告只能是死者的子女、兄妹及其子女。到布拉克顿时，法律允许死者的直系尊亲属也可以适用该程序。原告与死者的之间身份关系不同，令状的名称也不一样，令状分别有“收回被占的祖父的土地令状”（writ ofaiel）、“收回被占的曾祖父的土地令状”（writ of besaiel）、“收回被占的高祖父的土地令状”（writ of tresaiel）等，在起诉时，原告必须根据自己的亲等身份选择恰当的令状，否则败诉。见F. Pollock & F. W. Maitland, The History of English Law before the time of Edward Ⅰ, Vol. Ⅱ, Cambridge University Press, 1978, pp. 57.

属实，法庭即可判决被告将土地归还给原告。1259 年以前，通过这种诉讼程序，原告只能主张收回土地，对于被告在占有土地期间给自己造成的损失，原告不能向法庭请求损害赔偿，1259 年以后，原告不仅可以收回继承地而且还可以获得损害赔偿。就其诉讼技术而言，该程序中原告起诉的依据是被继承人的保有权。换言之，如果一个人取得土地的可继承权益且死亡时仍占有该土地，那么，他的继承人就是世界上最有资格取得该土地保有权的人，被继承人的保有成为继承人请求权的客体。与权利令状相比，在收回继承地诉讼中，原告只需证明被继承人去世时保有土地即可，对于被继承人是通过什么途径取得该土地保有权的，原告无需提供任何证明，而法庭也不允许当事人讨论被继承人占有土地时的身份和产权依据（权利令状诉讼中，法庭还必须对该权益是否合法正当、是否符合身份性要求等一一查明）。这清晰地表明，在收回继承地令状诉讼中，法律已经将土地保有作为一个可以继承的独立范畴予以认识和保护了。就其性质而言，跟新近侵占令状一样，收回继承地令状也是一种占有性诉讼，它在法律上解决了新近侵占令状认可的保有权的时间延续性问题，是对土地保有权制度的进一步发展和完善。该令状制度“明显地侵蚀了权利令状的适用范围，因为原告主张占有土地时提出了一种对于可继承权益的权利请求。这种可继承权益是其祖先的保有，他是以该祖先继承人的身份提出权利请求的。但是，与旧式的权利令状中对权利请求不加限制的做法不同，新的诉讼程序要求原告只能提出有限的产权主张。他或许能够证明该土地是本家族世代持有的土地，但是，一旦他选择了新的诉讼程序，他就不能那样做，这也是他选择新式程序所必须付出的代价”①。收回继承地令状以其程序的快捷高效，避免了权利令状诉讼的繁琐拖沓。

（四）进占令状（writ of entry）

新近侵占令状在适用范围上只适用于侵占人和被侵占人，并不涉及到第三人的问题。假如侵占者 M 侵占了（disseisor）被侵占人（disseisee）A 的土地，只有 A 有资格在规定的期限内以新近侵占令状起诉 M，该令状所保护的保有权还只是一种不可继承、不可转让的土地保有权。假如 M 生前将侵占得来的土地出让给第三人 X，或第三人 X 以侵占的方式取得 M 的土地，如何认识和规范 A 的继承人、M 的继承人、X 的法律地位？这是普通法土地保有权制度发展中必

① See A. W. B. Simpson, A History of the Land Law, Oxford: The Clarendon Press, 1986, pp. 33.

须要解决的问题，而在解决上述问题时，新近侵占令状明显力不从心①。

收回继承地令状尽管在一定程度上解决了保有的传承问题，弥补了新近侵占令状的不足，但是，就其适用范围而言：收回继承地令状只能由被侵占人的继承人提起针对僭占人（abator）及其继承人、受让人②的诉讼程序。如果被侵占人生前由于各种原因没有用新近侵占令状起诉侵占人，那么在他死后其继承人就不能使用这一程序起诉侵占人或其继承人、受让人，因为被继承人死亡时土地早已经被他人侵占，不符合该令状中规定的“死亡时保有”（dying seised）的条件。所以无论新近侵占令状还是收回继承地令状，都无法有效解决土地保有流转问题。

为了解决土地保有权的流转问题，理查一世和约翰统治时期，普通法逐渐发展起了一种新的占有性诉讼程序——进占令状。与上述两种令状不同，进占令状不是基于立法产生的，而是法院在司法实践中逐渐创立并完善的。该令状的具体格式如下③：

国王向郡长致意。兹命令 X 即刻公正且不迟延地将 A 声称自己享有权利并继承的，而前述的 X 并无进占权的位于特龙平顿的住宅及其附属建筑交还 A，除非：

1. 是 W 将此等房屋及其附属建筑出租给他的，而 W 是在非法且未经审判的情况下在起诉期间从 A（或者是从继承人 A 的父亲 B 那里）强占了它们。

2. V 将此等住宅及其附属建筑出租给了 W，后来 X 通过 W 得到了他们，但是 V 是在非法且……其余同上。

3. T 非法地且在未经审判的情况下对继承人 A 的父亲 B 进行了强占，随后 B 提起了指控。

4. 他是通过 A 的亡夫 K 得到争议地产的，K 曾把此等住宅及其附属建筑出租给他，正如 A 所言，她不能在他生前反对。

5. 他是通过 W 得到争议地产的，A 的亡夫 K 曾把此等住宅及其附属建筑出租给 W，正如 A 所言，她不能在他生前反对。

6. A 的亡夫 K 将该住宅及其附属建筑转让给了 T，正如 A 所言，她不能在

---

① 侵占人在世时，被侵占人可以用新近侵占令状起诉第三人，但是在诉讼中，他必须将侵占人和第三人作为共同被告，换言之，第三人在诉讼中还不是一个独立的主体。侵占人死后，无论第三人是侵占人的继承人还是受让人，被侵占人均不得以该令状起诉第三人。进占令状产生后，第三人成为独立的诉讼主体，上述的限制失去了存在的意义。参见 F. Pollock & F. W. Maitland, The History of English Law before the time of Edward Ⅰ. Vol. Ⅰ, Cambridge University Press, 1978, pp. 55.

② 不论他以何种方式取得土地，也不论他主观是否善意知情、土地经过多少手的转让，在法律上均不影响他成为这一程序的被告。

③ 参见［英］梅特兰著，王云霞等译：《普通法的诉讼形式》，商务印书馆 2009 年版，第 151—152 页。

他生前反对，但此后A就此提起控告。

7. 他是通过W得到争议地产的，A声明自己是在神志不清的情况下将住宅及其附属建筑交给W的。

8. 他是通过W得到争议地产的，A声明自己是在未成年的情况下将住宅及其附属建筑交给W的。

9. 他是通过W得到争议地产的，A的父亲B，A是他的继承人，声明是将已过了租期的住宅和附属建筑交给了W。

除非他照令执行，否则应通过能干的送达吏传唤被告，使其于公告之日在威斯敏斯特出庭说明拒绝执行的原因。朕命你派遣送达吏并执行此令，特谕。

与前两个占有性令状相比，进占令状诉讼的焦点是被告取得土地保有权的依据（title，又被译为"产权"①）是否具有合法性。令状中明确指出被告A是如何进占土地的（即从承租人C那里取得土地），并指出他进占的依据存在某一瑕疵（比如B和C之间的租约到期）致使他不能继续保有土地，应当将土地交换给更有资格取得土地的原告。在法庭诉讼中，被告必须对令状中原告指出的这一事实进行答辩，不能作与此无关的抽象的权利答辩，比如说自己是真正的权利人等。如果陪审团查明他确实以原告声称的方式进占土地，法庭即判决他败诉并将土地返还给原告，即便他实际上是土地真正的权利人也不例外。这表明，进占令状与新近侵占令状、收回继承地令状一样，也是一种占有性令状。在诉讼程序中，法庭同样也不涉及土地所有权问题。就其解决纠纷的技术而言，与前两种令状相比，进占令状诉讼程序通过审查当事人的取得土地保有权的产权依据来决定土地由谁占有。

进占令状产生之初，其适用范围十分有限，通常只有在新近侵占令状因当事人一方死亡而无法提起时，当事人才使用进占令状提起诉讼。后来，法律对进占令状适用的限制消失。即便在可以适用新近侵占令状的情况下，当事人也

① 在现代学术界，产权是一个被滥用的概念，最早被经济学界广泛使用，后来逐渐被法学界使用，但是人们对于其具体内涵并无一致的认识。在英国土地法上，产权（title）从中世纪初期就已经产生了，是一个诉讼法上的术语，其含义主要指一个人取得土地权益的依据，偶尔也被用以指代权益本身。这也就是信托的普通法上所有权的含义。比如一个人依据合同取得了土地权益，合同就是权利人的土地产权依据；基于占有的事实取得一种权益，占有就是产权的依据；依据转让取得权利，转让行为就是受让人持有土地的产权依据。在司法程序中，保护权利实际上就是保护其产权的合法有效性。现代英国法上"产权就是一个用来表示能够使原告恢复物之占有或被告维持物之占有这样的事实（如果能够证明的话）的简略语"（参见［英］F. H. 劳森、B. 拉登著，施天涛等译：《财产法》，中国大百科全书出版社1998年版，第42页）。

可以用进占令状提起诉讼。据史料记载，1205 年，原告曾使用进占令状起诉侵占人的继承人。在另一个例子中，当保有人的土地被侵占之后，继承人也可以用进占令状起诉侵占者，以便追索土地①。就其诉讼时限而言，进占令状产生之初，法律对原告所诉请的有瑕疵产权规定了一个时限——被诉争的土地自有瑕疵产权产生之后不能无限制地转手。举例来说，如果原告认为被告是从 X 那里取得进占权的（比如基于 X 的转让行为取得该土地），X 取得土地的产权有瑕疵（比如 X 是通过侵占取得土地的），那么原告可以适用“基于前手瑕疵产权的进占令状”（writ of entry sur disseisin in the per X）起诉被告；如果原告认为被告的进占权来自 X，X 的产权来自 Z，而 Z 的产权有瑕疵，那么，原告可以适用“基于再前手瑕疵产权的进占令状”（writ of entry per X cui Z）起诉被告，但更多转手次数的土地则不能再适用进占令状了②。1267 年《马尔巴罗宪章》取消了上述限制，该法明确规定，在以进占令状提起的诉讼中，原告只需在令状中表明被告是瑕疵产权产生之后进占土地的（entry sur disseisin in the post）即可，原告没有必要详细说明自产权瑕疵出现之后土地发生了多少次转手。对于土地保有人而言，他的土地被人侵占后，无论土地被转手多少次，任何时候都不能使目前占有土地的人（即被告）取得进占土地的权利，原告都可用进占令状提起诉讼。此外，该法还规定，在以进占令状提起的诉讼中，被告取得土地时是否知晓此前土地上存在过侵占行为对于法庭的诉讼结果没有任何影响③，法庭在案件审理过程中也根本不对此进行调查，“一旦被允许这么做，当事人显然可以用进占令状实现权利令状的目的，而进占令状程序的优越性也促使人们越来越多地使用这一令状”④。

保有人除了以侵占为理由提起进占令状以外，还可以被告取得土地的产权中存在其他瑕疵为由提起这一令状，其中最常见的是无处分权人未经权利人同意转让了土地，被告基于该无权处分行为或在该行为发生之后取得了土地，比如 A（管家、维兰、承租人、或监护人等）未经原告同意擅自将其土地转让给 B（或者 A 转让给甲，甲又将土地转让给 B）。在法律上，出让人 A 尽管实际占据着土地，但并不享有土地的保有，没有处分土地的权利，他的出让行为自

① See F. Pollock & F. W. Maitland, The History of English Law before the time of Edward Ⅰ, Vol. Ⅱ, Cambfidge University Press, 1978, pp. 64—65.

② Ibid., pp. 65.

③ 进占令状确立的这一有关第三人权益的规则，是普通法与衡平法财产权制度区别的重要标志之一，在衡平法上，法律保护善意第三人。

④ See A. W. B. Simpson, A History of the Land Law, Oxford: The Clarendon Press, 1986, pp. 35.

始无效，但对原告而言，他不能以新近侵占令状起诉B，因为后者并没有驱逐任何人。他只能以适当的进占令状起诉B。

为解决类似情况下的进占令状适用问题，普通法逐渐发展起一系列具体的进占令状，包括："返还承租地令状"（ad terminum qui praeteriit），即承租人在租期届满后不交还土地或将土地出让给他人，出租人（原告）用该令状起诉土地的实际占据人（如果是承租人占有，则以承租人为被告，如果承租人将土地转让给第三人，则以该第三人为被告）；"收回被丈夫生前转让的土地令状"(cui in vita)，丈夫去世后，其寡妻用该令状起诉被告，请求对方返还本属于自己但被丈夫生前转让的土地[①]；"收回未成年时转让的土地令状"（dum fuit infra aetatem），适用未成年人达到成年后，撤销自己未成年时转让土地行为的效力，向土地占有人请求返还自己未成年时出让的土地[②]；"收回教会土地令状"(sine assensu capituli)，主教或修道院院长必须征得教士会议的同意才转让教会的土地，如果他未经教士会议同意转让了教会土地，继任者——该令状起诉土地占有人，请求返还被转让的教会土地；"收回被超期出让的土地令状"（writs ad communem legem)，终身保有人（包括保有制封授时规定只能终身持有土地的人和法定的终身权益人，比如寡妇、鳏夫等）生前以可继承权益的方式出让土地，在出让人死后，权利人（比如领主）用该令状起诉土地占有人，请求对方返还被出让的土地。应当说，由于法律对进占令状的适用并没有过多的限制，这一令状以其快捷、高效特点，被应用于日益广泛的领域。

王室法院发展起来的这一系列进占令状，通过审查土地产权的合法性，在为原告提供救济的同时，也明确了土地保有权的设定规则以及土地保有人的处分能力等实体性的法律问题。随着进占令状的发展，在法律上逐渐明确了保有的取得、转让、消灭等规则要素，有效解决了土地保有的流转问题，进一步丰富和完善了普通法上的土地保有权制度。

---

① 这是中世纪常见的一种进占令状。该令状早在12世纪时就已经出现，13世纪时已经是一种很成熟的制度。根据英国家庭法的规则，婚姻关系存续期间，妻子的财产归丈夫支配，丈夫出让妻子财产时，妻子无权反对。但是在丈夫去世后，妻子的财产主体资格恢复，不仅可以取回自己的财产，而且对丈夫生前保有的可继承土地的1/3享有终身性的权益，即所谓的寡妇产（dower)。如果夫妻育有子嗣且为二人共同的法定继承人，夫妻的财产均由该继承人取得；如果未育有子嗣，夫妻二人死后，各自的财产分别由各自的血亲继承人取得。但寡妇产具有优先于继承人的法律效力，当寡妻去世后，寡妇产消失，该权益下的土地才能由丈夫的继承人取得。这一令状适用于妻子收回属于自己但是被丈夫生前转让了的财产，不适用于寡妇产，后者在19世纪以前一直有专门的诉讼令状程序（writ of dower)。

② 这一最早起源于土地法上的规则后来被延用到合同法领域，成为合同法上的一条重要规则，至今这一规则依然适用，成为判断未成年人所订立的合同效力的重要依据之一。

综上所述，我们可以清楚地看到，从12世纪中期开始，伴随着一系列快捷、高效的诉讼程序的产生和完善，王室法院取得了越来越多的自由保有制土地司法管辖权，而封建领主司法管辖权不可避免地迅速萎缩。随着越来越多的土地关系被纳入王室法官管辖之下，王室法院的管辖规则不断规范化、制度化，整个过程是探索性的，也是一个不断规范化的过程，到13世纪初，法庭的管辖制度逐渐专业化。与此同时，随着王室法院管辖的案件日益增多，王室法官必然要对有关土地财产制度进行宏观的思考，确立一系列稳定的实体性规则和观念，形成了相对固定的、不同于罗马法系的法律思维和土地关系的规范视角、方法，其最重要的一个表现，就是产生了土地保有权的观念，并借助司法程序的发展明确了保有权的取得、变更和消灭等规则，确立了一套相对完整的保护土地保有制权益的制度。所以，随着统一的王室司法逐渐取代分散的封建领主司法管辖制度，英国土地法的观念和制度均发生了重要的变化，土地法律制度也由一个以义务为核心的世界转向了保有制关系当事人均拥有财产权的世界，即普通法土地保有权的世界。国王保护人们的地产权上的财产权利，并不是出于仁慈，而是要多收税以加强中央集权。这不经意奠定了英国后世崛起的制度基础。

三、诉讼对于地产权的意义

从第二章我们可以看出，从亨利二世司法改革开始逐渐形成的终身地产、自由继承地产、限定继承地产和回复地产、剩余地产，都是普通法上存在于封建保有制之下的土地权益，是普通法以保有制法律关系为基本框架将当事人享有的权益加以确认的结果，这些权益不仅存在于土地保有制关系之下，而且普通法也按照保有制的模式建构相应法律规范。这些自由保有制下的土地财产权利分为现实占有的地产权（前三种）和未来性地产权（后两种）。这两种地产权都是与占有紧密相关，前者是现在占有并从中获益，后者是未来某个时间才能占有和获益，尽管现实中可以转让和继承。

因为无令状无诉讼，无诉讼无救济，无救济无权利，所以令状和救济先于权利，权利并不是天赋的。由于购买令状者要交费，判决不利于被告时，必须因违法对被告处以罚金或者监禁、没收。由此我们看到权利保护与王权的利益连接机制①。

① 参见［英］梅特兰著，王云霞等译：《普通法的诉讼形式》，商务印书馆2009年版，第37页、第49页。

这些地产权的确认，相当一部分是以诉讼形式经过法定程序确认的，令状是诉讼的基础和前提。起诉后进入诉讼审理中，通过证据和谘审，首先是确认占有及其形式，占有本身也成为一种财产权利，然后才是确认土地占有基础上的其他权利，占有是有时间性的，不像罗马法所有权中的占有具有绝对性和永久性。土地占有行为合法与否关键在于看其是否经过法庭判决承认。因为对地产占有的保护与国王的和平息息相关，而国王的和平被认为与每人相关①。这就是国王特别重视占有的原因。判决后法庭执行。这样令状制度直接促进了普通法“程序优先”、“程序正义”理念和“司法中心主义”的形成，普通法实体法的内容也是在诉讼程序中实现的，实体权利的有无取决于救济方式，选择了错误的诉讼程序，很容易败诉②。虽然地产权可以基于合意当事人自由创设，但一旦发生争议，普通法的地产权利的合法承认和实现很大程度上依赖于诉讼程序，其次是对于占有的证明证据。这些证据有时甚至是不管是否合法，主要看谁的证据更古老和更优先。

在普通法的早期历史上，真实（real）和个人（personal）这两个词并不是用来表示财产权客体之间的不同，而是表示为了维护权利所提起的诉讼形式的不同。英国普通法的一个原则是，被逐出土地的占有人可以向驱逐他的人特别地请求返还土地，而被剥夺动产的人却不能强制要求返还动产，而只能请求金钱损害赔偿的形式来补偿③。这样，就形成了两种类型的诉讼：一是对物之诉（real actions 或 action in rem）；二是对人之诉（personal actions 或 action in personam）。对物之诉旨在返还原物，对人之诉旨在损害赔偿。英国动产和不动产的区分来自诉讼形式不同，以是否返还的角度划分的④。对人之诉和对物之诉是

① 这种保护表面上没有违背封建理论。参见［英］梅特兰著，王云霞等译：《普通法的诉讼形式》，商务印书馆 2009 年版，第 61 页。

② 梅因说“在法院发展的孩提时代，诉讼法的支配地位是如此之大，以致于实体法首先是从程序的缝隙中逐渐渗透出来的”。一种诉讼形式由起始令、中间令和执行令组成，决定着一种它特定的起诉、审理和判决执行方式和过程，不同的诉讼形式适用不同的实体法。参见［英］梅特兰著，王云霞等译：《普通法的诉讼形式》，商务印书馆 2009 年版，第 34 页、第 38—40 页。

③ 这也是普通法财产权救济的来源，并且与后来衡平法财产权救济相区别。英美人关于衡平法所有权的性质分为对人权和对物权，也是源于此。

④ 租赁是动产，不是不动产，是准不动产。这是受诉讼形式影响所致。在早期的普通法中，租赁权益持有人只能向驱逐其占有的人提起对人之诉，请求损害赔偿，而不能提起对物之诉，请求返还土地。因为租赁只不过是一种商业合同的形式。针对第三人，他不能要求返还占有。这一规则至 1468 年受到严重质疑，1499 年法律最终确定租赁地产权益人可以要求返还土地本身，提起对物之诉。租赁成为准不动产（chattels real）。chattels 一词表示租赁的属人和动产性质，real 一词表示租赁的属地性质，即表示与土地相关联。租赁受动产法调整，但又缺乏可移动性的特征，因而，租赁处于中间状态，部分是动产，部分是不动产。这对于理解英美租赁方面的法律特别重要。

普通法受罗马法的影响所致。

在大陆法上，罗马法中的对人之诉与对物之诉是后世法学区分债权与物权的主要渊源。盖尤斯说，对人之诉是我们据以针对某个因契约或者私犯行为而向我们负债的人提起的诉讼。也就是说，在提起该诉讼时我们要求“应当给、做或者履行”。对物之诉是我们据以主张某个有形物是我们的或者主张我们享有某项权利的诉讼。或者说，在这种诉讼中，对立方当事人提起的是排除妨碍之诉。对物的诉讼被称为返还所有物之诉，我们据以要求“应当给或者做”的对人的诉讼，则被称为请求给付之诉①。由此看出，罗马法上的对人之诉与对物之诉的区别在于权利主张的性质不同：对人之诉针对的是他人的行为，由此产生债的概念，对物之诉针对的是所有人所有的物，由此产生物权的概念。但英国法上的对人之诉与对物之诉的区别主要是法律后果不同：对物之诉可以要求返还，对人之诉则只能请求赔偿，因为普通法中，救济先于权利，令状先于救济，所以，美国法中的财产法没有罗马法中的物权法、债法的概念。

按照罗马法提出的对人之诉、对物之诉，加上优士丁尼提出的混合之诉去套用英国的诉讼形式，梅特兰认为没有很好地与普通法契合，反而出现了判决的结果决定诉讼的性质这种有违常理的现象，远不如英国本土的土地、地产、动产和家畜这类术语，陷入了削足适履的混乱困境②。

当然令状从自由保有地扩大到非自有保有地，从土地扩大到契约、侵权等范围，王室司法管辖权也扩大到除土地外更广泛的领域，并且夺取了其他法庭的司法管辖权，由此，令状制度和诉讼形式极大促进了统一的法律在全国推行。这就是普通法（common law）的由来。因为普通法中财产权制度的基础是地产权，动产和其他形式的财产也是对地产权制度的拟制。所以诉讼形式和程序对于普通法财产权影响极大。

第三节
信托的普通法所有权

财产权、所有权、产权、占有权这些概念是令人炫目的法律和经济学概

① 参见盖尤斯著，黄风译：《法学阶梯》，中国政法大学出版社 1996 年版，第 288 页。

② 参见［英］梅特兰著，王云霞等译：《普通法的诉讼形式》，商务印书馆 2009 年版，第 131—136 页。比如对于衡平法所有权性质的划分就是如此。

念。要搞清楚信托的普通法所有权的具体含义和精神实质，不能以大陆法系的法律思维去理解，只能以英国人的法律思维方式和概念去把握。本节在第二章和本章第一、第二节的基础上，也即是封建保有制、地产权和普通法的司法程序方面去历史地理解，同时与罗马法的概念和思维方式去对比[①]。

一、普通法中的财产权

（一）权利与物

因为普通法中的财产权都是由地产权发展而来，并且地产权的客体是多个抽象的权利，也就是第二章分析的被分割为许多现在的权利和未来的权利，是可以交易和可转让的，具有相对排他性，反映的是人与人之间的对标的的价值利用关系，体现了很强的历史惯性。普通法中财产法的一个技术就是将“权利视为财物”（a thing）[②]。梅特兰说“任何具有长久性的权利或一组权利都可以被视为物，从中世纪开始，财产法中就充满无形财产物”[③]。这个“物”不是大陆法中具体的看得见摸得着的有体物，而是一种抽象物。这个“物”在外观上是土地、桌子、飞机、存单、提单、专利证明、账户、合同等等，也就是不动产、动产，其中的动产包括有有形外观的，如存单、账户、股份、债券，也包括无形的纯粹观念上的东西，如虚拟货币。值得特别的注意的是，普通法把权力也视为权利，如圣职授予权、指定权[④]。

不管这些物多么抽象，之所以将这些权利转化成物的原因是，它们具有价

---

① 在理论上，冉昊从比较法的视角写了一系列重要文章，如“‘相对’的所有权——双重所有权的英美法系视角与大陆法系绝对所有权的解构”，载《环球法律评论》2004 年冬季号；“比较法视野下的英美财产法基本构造”，载《吉林大学社会科学学报》2005 年第 6 期；“论两大法系财产法结构的共通性”，载《环球法律评论》2006 年第 1 期；“两大法系法律实施系统比较——财产法律的视角”，载《中国社会科学》2006 年第 1 期。还有梅夏英的专著《财产权构造的经济分析》，人民法院出版社 2002 年版。李红海在其专著《普通法的历史解读——从梅特兰开始》中有专节比较研究，清华大学出版社 2003 年版。高富平和吴一鸣是从不动产角度进行分析的，参见《英美不动产法：兼与大陆法比较》，清华大学出版社 2007 年版。

② 参见［英］F. H. 劳森、伯纳德·冉得著，曹培译：《英国财产法导论》，法律出版社 2009 年版，第 92 页；［英］F. H. 劳森、B. 拉登著，施天涛等译：《财产法》（第二版），中国大百科全书出版社 1998 年版，第 5 页，第 14—16 页。

③ 转引自［英］F. H. 劳森、伯纳德·冉得著，曹培译：《英国财产法导论》，法律出版社 2009 年版，第 92 页。

④ 从古到今，事实上普遍把公权力当做权利在交易，只是法律上不承认这种权利。

值，人们愿意购买它们，即作为交易对象的任何有价值的资产均被恰当地当作物，就像将公司股票之类的抽象物当作轮船或汽车之类的有体物一样。给予抽象物比有体物更多关注的主要原因是，它们是人的意识的创造物，可以根据用途任意不断进行创造和分割，选择其类型。

普通法的这种财产权利思维观念有两个特点：一是充分反映了“物尽其用”的意识。实际上是从人类的生产与生活（如动产、不动产）、投资与交易（如货物、商业票据、投资证券）、财产管理（如信托基金）、分配与继承（如资本与收入）几个角度来看待物。不仅将物质财富视为物，也将一些人际关系中所产生的权益标准化，如知识产权证券化。二是以“商业交易实务”为中心的价值取向。任何可交易的标的物都可以被视为财产，在这个意义上来说，抽象的公司股份和具体的房子与车是相同的。这样财产权利的内容急剧扩大，出现“权利爆炸”①②。

英国财产法根据每一类财产最有意义的特征，规定了取得和转让这类财产的特定手续与程序，并且提供了保护这些财产的特定法律规范。例如，转让不动产的法律手续与程序就与转让动产不同，保护动产中的可替代物和不可替代物的方式不同，法律保护财产权益与保护合同权益的方式也不同。这样使财产交易既有安全又有效率③。

（二）占有权（seisin/the right to possess）、产权（title）和所有权（rights of possession/ownership）

任何财产都涉及占有，现在或将来都如此。占有既是一种事实也是一种权利，即为占有权（关于普通法和罗马法的占有不同之处看第二章的第四节和本章

---

① 参见梅夏英著：《财产权构造的经济分析》，人民法院出版社2002年版，第67—72页。

② 一个现代经济学家说，某些贫穷的第三世界国家和地区（如南美地区）所缺少的不是财富和企业，而是那些法律工具。“那里的居民有财物，但是缺少代表他们的财产权益和创造资本的法律程序（process）。他们有房子但没有产权（titles），有农作物但没有契据（deeds），有生意但没有公司法（statutes of incorporation）。所以，尽管他们可以采用西方的每一个技术发明——从别针到核反应堆，但由于缺少这些基本的法律概念与制度，他们仍不能够生产出足够的资本来使他们国内的资本主义市场经济有效运作”。引自［英］F. H. 劳森、伯纳德·冉得著，曹培译：《英国财产法导论》，法律出版社2009年版，第5—6页。

③ 陈永强认为英美法重交易效率，安全不够，大陆法重安全缺乏效率。参见陈永强著：《英美法上的交易自治与交易安全》，法律出版社2009年版，附论，第384—393页。我认为不准确，是对英美法上的财产权利缺乏实质了解所致。事实上英美的衡平法、法官造法更有利于保护交易安全和纠错，能及时得到救济，大陆法权利法定反而不利于交易安全。

的第二节)。物(权利)的价值来源于利用,对物(权利)的利用的总和构成了所有权的内容,即所有权是权利束[①]。豪诺雷(A. M. Honore)认为所有权由实际使用权、受益权、转让等十一种权利组成[②]。A借了B的书,A享有占有权,B享有所有权[③]。所有权可以是针对有形物和无形物,权利是所有权的标的物[④]。所有权可以无限分割,有利于专业化分工对权利的充分利用,比如财富管理。

产权是一个用来表示能够使原告恢复物之占有或被告维持物之占有这样的事实的简略语[⑤],实际就是享有占有权的直接和优先的证据,有两层含义[⑥]:一是指一个人取得对物的主张所必须满足的如下事实条件:交付、登记、扣押、因死亡而发生的继承等依据。二是取得方式或丧失方式,即要求占有该物的权利主张,可以有效对抗一般他人。如果所有物允许被占有,则每一个所有人对所有物都拥有产权。如果不允许被占有,就会有优先顺位对物权利主张,即看谁的权利依据更优先和久远。与地产权一样,所有权具有相对性。在有些情况下,占有可以产生被称为所有权的产权。通过占有取得产权有三种情形:取得抛弃物;发现没有现实占有人的物,且找不到该物的主人;将野生动物归已占有[⑦]。

由于对土地的归属和利用方式不同,导致大陆法的所有权不同于普通法的所有权。John Henry Merryman说得很生动:“罗马法的所有权可以看做是一个盒子,这个盒子上写着所有权(ownership)的名字。谁只要拥有这个盒子,他就是所有人(owner)。在完全的无负担的所有权的情形,这个盒子包含使用权、占有权、收益权和转让权。所有人可以打开盒子,取出一项或几项权利转

---

① 理解这一点就好像理解公司、合伙、社团等这样的法人财产权利,法人是对自然人的拟制,法人财产权就是法人享有的一个权利束。正因为是虚拟,所以法人背后真正起作用的还是自然人,尤其是控制人。

② 参见豪诺雷著,金可可译:“所有权”,载《复旦民商法学评论》第4集,法律出版社2007年版,第247—253页,第279—281页。

③ 参见[英]F. H. 劳森、B. 拉登著,施天涛等译:《财产法》(第二版),中国大百科全书出版社1998年版,第42页。

④ 正如美国加利福尼亚1872年的立法所充分阐述的:“任何可以被占有和交付的非生命的财物都可以有所有权。任何家畜家禽、全部债务、作者的劳动与技术产品、商行的商誉、商标和商号、立法所设立和授予的权利都可以成为所有权的标的物”。

⑤ 参见[英]F. H. 劳森、B. 拉登著,施天涛等译:《财产法》(第二版),中国大百科全书出版社1998年版,第42页。

⑥ 参见豪诺雷著,金可可译:“所有权”,载《复旦民商法学评论》第4集,法律出版社2007年版,第271—278页。

⑦ 参见[英]F. H. 劳森、B. 拉登著,施天涛等译:《财产法》(第二版),中国大百科全书出版社1998年版,第71页。

让给他人，但只要盒子还是他的，即使盒子已完全是空的了，他也仍然享有所有权。与之相反，英美法中，没有盒子，只有不同系列的法定权益。无限嗣继承地产权（fee simple）是一个人所能获得的最大可能的权利束。当他将其中一项或几项权利转让给他人时，权利束的一部分就丧失了”[①]。两种法律体系中所有权的模式都是一种旨在解决问题的司法工具，是在实践上对个人需求和社会变革的法律回应，同时也是社会变革的立法工具。

英美的经济学家对产权、财产权、所有权、财产权利的理解，与上述法律的解释几乎一致，并且不加区别。阿尔钦认为，“产权是一个社会所强制实施的选择一种经济品的使用的权利”[②]。德姆塞茨认为，“产权是一种社会工具，其重要性就在于事实上它们能帮助一个人形成他与其他人进行交易时的合理预期”[③]。菲吕博腾和配杰威齐认为，产权“是一系列用来确定每个人相对于稀缺资源使用时的地位的经济和社会关系”[④]。巴泽尔认为，“个人对资产的产权由消费这些资产、从这些资产中取得收入和让渡这些资产的权利或权力构成”[⑤]。诺斯认为，“产权是个人对他们所拥有的劳动、物品和服务的占有权利；占有是法律规则、组织形式、实施及行为规范的函数”[⑥]。利贝卡普认为，“产权是一些社会制度。这些制度界定或划定了个人对于某些特定的财产，如土地或水，所拥有的特权的范围。这些财产的私人所有权可以包括很多种不同的权利，其中包括阻止非所有者进入的权利，挪用因为使用资源和对资源投资所得的租金流的权利，将资源卖给或转让给其他人的权利”[⑦]。

---

① Elizabeth Cooke, The Land Registration Act 2002 and the Nature of Ownership. New Perspectives On Property Law, Obligations and Restitution, Alastair Iiudson (Ed), Cavendish Publishing Limited, 2004, pp. 117—118.

② 参见［美］阿尔钦：“产权：一个经典注释”，载于［美］R. 科斯、A. 阿尔钦、D. 诺斯著，刘守英等译：《财产权利与制度变迁》，上海三联书店 1994 年版，第 166 页。

③ 参见［美］德姆塞茨：“关于产权理论”，载于［美］R. 科斯、A. 阿尔钦、D. 诺斯著，刘守英等译：《财产权利与制度变迁》，上海三联书店 1994 年版，第 97 页。

④ 参见［美］菲吕博腾、配杰威齐：“产权与经济理论：近期文献的一个综述”，载于［美］R. 科斯、A. 阿尔钦、D. 诺斯著，刘守英等译：《财产权利与制度变迁》，上海三联书店、上海人民出版社 1994 年版，第 204 页。

⑤ 参见［美］巴泽尔著，费方域、段毅才译：《产权的经济分析》，上海三联书店、上海人民出版社 1997 年版，第 2 页。

⑥ 参见［美］道格拉斯·C. 诺思著，杭行译：《制度、制度变迁与经济绩效》，上海三联书店、上海人民出版社 1994 年版，第 45 页。

⑦ 参见［美］利贝卡普著，陈宇东译：《产权的缔约分析》，中国社会科学出版社 2001 年版，第 1 页。

财产法学家劳森认为，“财产的法律概念，是一组所有者自由行使的，并不受他人干涉的关于资源的权力，是一个所有权无需告诉他人就能自由决定的行为的权力”，同时“财产权又是一种排他性的权利，是指除了所有者之外，没有其他任何人能拥有使用资源的权利”①。考特和尤伦认为，构成所有权的是一组法律权力，“这些权力描述个人对其所有的资源可以做些什么，不可做些什么；他可以占有、使用、开发、改善、改变、消费、消耗、破坏、出售、捐赠、遗赠、转让、抵押、出租、借贷，或者阻止他人侵犯自己的财产”②。经济分析法学家波斯纳也是从产权的功能和形态出发，认为产权必须具有三种特性：一是普遍性；二是排他性；三是可转让性，只有具备上述三条标准，才能使产权制度发挥完整的作用③。实际上波斯纳并未给产权下一个确切的定义，但却完整地勾画了产权的功能。

从上述经济学家和法学家对财产权的定义中可以看出，关于产权的表述虽有不同，但他们主要是从不同的角度来进行界定，相互之间并无太大的矛盾。归纳起来，各种定义均揭示了财产权四个方面的含义：(1) 财产权是一种排他性权利，属于上层建筑的范畴，这种权利表现为一种可交易的权利；(2) 财产权是规定人们相互行为关系的一种规则，它强调了人们的权利和义务、责任，具有向人们行为提供合理预期依据的功能；(3) 财产权是一组权利，并处于一种结构状态，并且这种权利束随着社会经济生活的演变而不断扩张；(4) 财产权是一种可利用的稀缺经济资源。

二、怎样理解信托的普通法所有权

本来英国的财产权只有一个所有权制度，信托的双重所有权是英国国王、教会、贵族、商人、乡绅和律师在既定路径依赖下从各自的利益出发博弈选择的结果。要理解这一点，首先我们就必须大致了解在封建保有制下这几个利益集团的利益冲突和行为选择，是如何导致双重所有权的，再次分别了解信托的双重所有权内容和特点。在本章，我们着重理解信托的普通法所有权，衡平法

---

① 参见［英］劳森著，施天涛等译：《财产法》，中国大百科全书出版社 1993 年版，第 114 页。

② 参见［美］罗伯特·考特、托马斯·尤伦著，史晋川、董雪兵等译：《法和经济学》，上海三联书店、上海人民出版社 2010 年版，第 66 页。

③ 参见［美］波斯纳著，林毅夫译：《法律的经济分析》（上册），中国大百科全书出版社 1996 年版，第 42 页。

所有权放在第四章。

（一）信托的普通法所有权产生

第二章已经指出，英国土地制度的一个明显特点是缺乏罗马法意义上的土地所有权概念。因此通过买卖或继承转移的不是土地本身，是土地保有形式或土地上的抽象权利。最主要的保有是骑士和索克保有。骑士领最初包括在土地上服役40天，这种义务后来削减成用钱付租金或纯粹是名义上的服役。更重要的是封建附属权利，即监护权、婚姻权、对所有权转让的罚金、救济权、先占权，以及土地充公。如果保有的土地是骑士领，封建领主可以获取这些封建附属权利。如果保有的是索克领土地，这是一种更卑下的保有形式，一般不服从这些封建的附属权利。教役领是免除封建义务的。到亨利八世时期，封建保有制下，王权与教会、贵族（封臣）和律师的矛盾有了新的变化和发展。

首先看王权与教权的冲突。当时罗马教皇向英国收取高额贡金，亨利八世要求与妻子离婚但教皇不批准①。由此与教皇发生了矛盾，成为亨利八世进行宗教改革的导因，将教会在英国政治和经济上的特权取消殆尽，比如强迫教会僧职人员承认国王为英国教会的首脑，宣布接受教皇特使命令的行为违背国王罪，有关教会僧职人员被罚款数万英镑；此后教会立法必须经国王批准，英国教会停止向罗马教廷缴纳贡金，而且将贡金交给国王；成立国教会，规定国王为教会元首，否认者以叛国罪处死刑。从此摆脱了对罗马教皇的从属地位，教会贵族衰落。

中世纪教权与王权斗争的焦点是对政治、经济利益的争夺，集中表现为对土地这一象征财富和地位的财产形式的争夺，中世纪时教会手中积聚了大量的土地，直接威胁到王室的权威和利益。这些土地中很大一部分就是通过用益权受益得来的（参见第四章）。从这个意义上来讲，1536年，《用益法》的颁布也是王权和教权对抗的一个结果，通过这部法律可以进一步消除教会对其封建经济利益的剥夺。

再看王权、贵族与乡绅和律师的矛盾。根据封建原则，土地的转移要征得上级领主的同意，在实践中，国王借此向他的每个佃户征收转让所有权的罚金，在1290年，废除了其他的封建领主征收所有权转让的罚金的权利，但王室认为这是有利可图的财政收入，直到17世纪才停止征收。在佃户死亡时未

---

① 亨利八世离婚不单纯是宗教问题，是因为没有王位继承人，仅有女儿玛丽，王后年过四旬生育无望。不及时离婚生子，英国可能重现“玫瑰战争”那样的动乱。

留遗嘱，又没有继承人的情况下，土地要没收归上级领主。并且，普通法不承认和土地相关的遗赠能力。如果佃户的利益是可继承的，而且他死时留有遗嘱，上级领主就可以声称对其继承人的土地拥有先占的权利，直到继承人付了允许他进入土地的继承金或先占金，确实表示臣服为止。别的先占金在1267年被废除，而按人头佃户的除外，王室将它作为两种有价值的收入一直进行征收，直到1660年废除骑士领土地才停止。

从13世纪到17世纪英国社会结构正在变化，封建附属权利经历了一个转变，在亨利八世时，英国形成两大社会阶层：贵族和乡绅①，其之上是国王。旧贵族没落新贵族兴起，贵族拥有的土地远远超过乡绅，但乡绅得益于早期资本主义崛起，经济实力增强。对封建领主来说，它们更多的是具有一种经济上的吸引力，而不再是一种道德的和历史的产物。另一方面，王室将其作为财政收入的重要来源，对每个封臣来说这些封建附属权利是一种沉重的经济负担。

因为用益制的广泛运用，合法地产已从最初的所有人处转移出来了，所有人的死亡和财产转移给继承人不影响合法地产，使得封建附属权利，如所有权转移的罚金、财产充公、先占金都被破坏了。用益的产生使所有人撇开普通法的限制，获得了可遗赠的权力。用益使得秘密的转移变得便利，掩盖了实际所有者的意图，这样破坏了封建赋税，对于国王和上级领主贵族损失很大，乡绅得益。因此，王室和贵族希望通过长子继承制、限继承地产，禁止遗赠土地来恢复封建附属权利，保住特权，增加税收。律师与乡绅合作设计创制各种用益规避税赋，如下文提到的用益的用益。

为此，1536年亨利八世制定《用益法》、《登记法》等其他法律，许多种形式的用益不被普通法承认，不能获得法律保护。《用益法》规定，只要为了他人之用益而占有土地之人对土地不享有任何利益，享有“用益权”的人被认为是该土地法律上的所有权人。《用益法》通过将受益人的衡平利益转变为法律上的利益之方式来取消“用益”。这样，规定当事人一旦将“法律上的所有权”移转于受托人，指定受益人享有“用益权”时，该法典就自动将受托人的“法律上的所有权”转于受益人，称之为“执行”用益。通过将用益转换成拥有，受益人的衡平利益就消灭。土地上所有的权利皆产生同样的负担，遵循同样的存续和移转规

① 乡绅是一个十分复杂和模糊的概念，难有一个准确定义，大致是15—17世纪之间处于封建地主与近代资产阶级之间的一个社会阶层，内部等级按地位从高到低排列依次是男爵、骑士、缙绅和一般乡绅。他们的收入以地产为主，职业收入为辅，他们与商人的关系极为密切，有雄厚的经济实力，以下院为政治舞台，反对专制王权，推动英国社会朝着有利于资本主义方向发展。

则。这样，土地上的用益不复存在，因为法律就将其转化成了法定利益。

《用益法》将土地的法定所有权转移给用益受益人，以确保土地法律上的所有权人与受益人保持一致。其结果是受益人因继受法律上所有权人之地位，无法规避所有权变动时所需缴纳之税金。《用益法》仅适用于受托人不主动管理而由受益人管理的消极用益。当消极用益中的受益人死亡时，由于其是法律上所有权人，无法规避所有权变动时所需缴纳之税金，于是税赋就产生，《用益法》即以此种方式防止人们的避税行为。由于《用益法》的实施大大地增加了土地税赋，因而遭到社会的强烈不满。

《用益法》不适用下列几种用益，这些用益设计成了现代衡平信托的起源[①]：

1. 有期地产产生的用益。用益法使用了一个技术性的词“合法占有”(seised)，它仅指完全保有土地（Freehold Land）的所有权人法律上的权利，对其他财产利益所设计的用益则不包含在此词义之内。对由官方登记证明的自由保有地（Freeholds）、租借地（Leases）和动产（Personal Property）所设计的用益被排除在用益权法适用范围之外。

2. “积极”用益（Active Uses）。如果命令受托人允许受益人自己拿走利益，法律不会执行用益。如果命令受托人拿走利益，并转移给受益人，就认为普通法地产权保留在受托人处。不执行积极用益，是因为这种用益不太普遍。

3. 双重用益（A Use Upon A Use）。为了规避用益权法的适用，律师和当事者创造了“双重用益”，A 将土地转移给 B，由 B 为了 C 的用益，而 C 又为 D 的用益并占有土地。这样，C 的用益为第一次用益且为名义上的用益，而 D 的用益为第二次用益且为实质上的用益。如果根据《用益法》，C 是法律上的所有权人，D 则不享有任何权利。如果根据“双重用益”，衡平法院将 D 的用益确认为一个信托。结果恢复了双重所有权，即 C 为法定所有权人，D 为衡平所有权人。用益制度以信托的名义得以恢复。不执行双重用益是因为承认第二个用益，将会使国王封建附属权利重新受到破坏。

至 17 世纪，通过泰雷尔案和萨班奇诉达斯顿案，三种没有被法律承认的用益发展为信托：用益的用益、积极用益和动产和有期地产上的用益，并且必须作为衡平法上的信托执行[②]。最初的信托就是指这三种用益，use、trust 和 confi-

---

① Graham Moffat and Dr Gerry Bean, Trusts Law Text and Materials, Cambridge University Press, 2005, pp. 40.

② 原来用益（use）、信托（trust）和信任（confidence）不分，用益是委托人对受托人的信任（trust/cofidence）自此只把这三种不被承认和保护的用益称为信托。16 世纪使用的“信托”一词实际上是指未被用益权法所执行但能被衡平法所执行的用益。这两个案例的详细分析介绍和影响，参见余辉著：《英国信托法：起源、发展及其影响》，清华大学出版社 2007 年版，第 114—123 页。

dence 当时都在同一意义上使用，并且受到衡平法的保护。信托是由衡平法创立和发展起来的，信托法是衡平法的子法。由此产生了普通法所有权（legal title）和衡平法所有权（equitable interest）这种新型财产权利制度，分别表示两种不同的财产权利，即普通法所有权是委托人转移给受托人的财产权利，衡平法所有权是受益人的财产权利，分别获得普通法和衡平法的不同法律承认和保护。双重所有权实质是地产权的分解。这再一次证明，人们之间基于合意创设的权利，要通过司法确认，才是可实现的权利。

（二）信托的普通法所有权

什么是信托的普通法所有权呢？此处的所有权不是大陆法系中的所有权，是由地产权发展而来的所有权概念。如果把整个信托看成是一个所有权的权利束的话，那么，信托的普通法所有权只是其中一个财产权利，是现实的财产权利，是受普通法承认、保护和救济的财产权利，衡平法的所有权是关于未来的财产权利，主要是收益权，还有继承权等，是受衡平法承认、保护和救济的权利（第四章详述）。根据前述对地产权基础上发展的普通法财产权的理解，作为受托人，所享有普通法的所有权，首先是委托人转移的一个抽象权利物。其次，这一抽象权利物内部是一个可以分割的权利束。受托人享有这个权利束的内部权利有很多，例如占有、管理、控制、使用和处分等，国内外的著作都有很多介绍①，这些权利来自法律规定和信托文件规定②，或者委托人创设授予。对所有权的

---

① 可以参见的国内著作有：何宝玉著《信托法原理研究》，中国政法大学出版社 2005 年版，第230—240 页；张军建著：《信托法基础理论》，中国财政经济出版社 2009 年版，第 174—183 页；余卫明著：《受托人研究》，法律出版社 2007 年版，第 146—168 页；赖源河、王志成著：《现代信托法论》，中国政法大学出版社 2002 年版。国外的著作有，中正野俊、张军建著：《信托法》，中国方正出版社 2004 年版，第 128—138 页；Richard Edwards & Nigel Stockwell, Trust and Equity, 5th edition, Pearson Education Limitied, 2002, pp. 343—354; Underhill and Hayton: Law Relating to Trust and Trusteees, sixteenth edition Butterworth, 2003, pp. 810—830; Maudsey and Burn's Trust and Trust: Cases and Materials, sixth, Butterworths, 2002, pp. 789—822; Michael Haley and Dr Lara McMurtry, Equity and Trusts, 2nd edition, Sweet & Maxwell, 2009, pp. 427—457.

② 《美国信托法重述》（第 2 版）的规定，受托人的权利范围可以归纳为：（1）信托文件针对受托人的明示授权；（2）信托文件未明示禁止的且为实现信托目的所应当具有的必要的、合理的自由裁量权，而且只有在受托人滥用该项权利时，法院才予以干涉；（3）为管理和处分信托财产而支付费用的权利；（4）在特定条件下，出租、出贷信托财产的权利；（5）在涉及信托财产的纠纷解决中的和解、仲裁和放弃的权利。《英国 1925 年受托人法》和《英国 2000 年受托人法》的规定，受托人的权利的范围可以归纳为：（1）投资的权利；（2）取得土地的权利；（3）雇佣代理人，指定被代理人和托管人的权利；（4）取得报酬的权利；（5）投保的权利。

按《英国 1925 年受托人法》和《英国 2000 年受托人法》的规定，受托人的权利范围归纳为：（1）投资的权利；（2）取得土地的权利；（3）雇佣代理人，指定被代理人和托管人的权利；（4）取得报酬的权利；（5）投保的权利。

日本《信托法》规定，受托人的权利范围可以归纳为：（1）报酬的请求权（受托人除作为营业而承受的信托外，非有特殊约定的不得取得报酬）；（2）受托人的费用以及损害补偿请求权。

权利束中有几个权利必须予以说明。

1. 关于受托人对信托财产的占有。来自封建土地法的传统，委托人一定要把所有权转移给受托人，受托人占有财产。这种占有就是动产交付转移，不动产要有权利证书（title）。不过“普通法上的所有权”的“占有”与真正所有权人的占有并不是同一性质的事物：

（1）可能会受到受益人的意志影响而归于消灭。根据经典判例 Saunders v. Vautier 确立的规则，一位受益人如果已经成年，具有行为能力，并且一个人被授权享有信托利益，那么，他有权终止信托，自己取得信托财产。信托有数位受益人的，只要每一位受益人都已成年，具有完全行为能力，并且集体地被授权享有全部信托利益，他们就可以全体一致共同决定终止信托，要求受托人将信托财产分配给他们。所有权人占有自己财产的时间长短则取决于自己的意志。

（2）从外部观察，受托人占有着信托财产，对其享有全面的控制及支配权力，但是，受托人不能“像真正的所有权人一样”以使用的方式表彰对信托财产的占有。就算受托人愿意为此支付公平合理的对价，也为英美信托法所禁止，因为受托人不能使自己处于受托人职责与个人利益相冲突的地位，即“禁止自我交易规则”。一般所有权人以使用的方式表彰财产的占有，这本是天经地义的事，就算是他物权人的占有，也是以自己使用为目的。

2. 受托人权利的限制。受托人行使上述权利是受限制的权利，受哪些限制呢？衡平法受信义务的约束限制，在信托中就是受托人义务（忠实义务和谨慎义务）的约束限制，还有就是信托文件的授权限制。受托人不能“像真正的所有权人一样，管理和处分信托财产”[①]。受托人对信托财产的处分权并不完整，不能和所有人的处分权相提并论。第一，从处分方式上看，受托人不能“像真正的所有权人一样”处分信托财产，他有权进行的处分方式仅仅包括法律上的处分。第二，受托人在法律上处分信托财产也受到了诸多限制。一方面受托人违背信托文件或法律的规定处分信托财产，将对受益人承担损害赔偿的责任，英国法院对 Knott v. Cottee 一案的判决充分说明了这一规则[②]。另一方面。根据衡平法赋予受益人的“衡平法上的追踪权”，受托人的处分行为可能因为受益人行使撤销权而归于无效。第三，对权力的限制。通常财产中某种利益的所有

① （1841）4Beav 115，49 E. R. 282.

② （1852）4Beav 115，77，489.

权包含着管理和处分该权利的权力[①]。这种权力其实是可以加以限制的——该种权力是不能转让给其他人的。因此，如果某人以信托方式为另一人而保有自由继承地，尽管他拥有法定地产，但衡平法院仍将限制他非经受益人同意不得转让该地产。这种限制虽然对土地不重要，但对动产如有价值的画和家具，却是非常重要的。这里所发生的是一种限制，不是所有权的分割限制。

然而，当一个人享有利益，而另一个人有权管理或让与或决定谁将享有时，分离就确实发生了。我们可以从三种不同种类的权力中看出它们之间有着完全不同的功能性差异。

有些权力的存在是为了使那些不享受利益，或者至多是利益受到限制的人能够去管理财产。就此范围说来，这些权力包含了出卖的权力。其目的是通过放弃一种投资而获取另一种更优的投资的方式来维持资本的价值。第二种权力存在的目的是为了使一个已经取得担保物的抵押权人能够出售它以便实现其担保并因而获取他有权获得的金钱。第三种权力是用以使财产的受益享有可以在多数人之间更加灵活地流转，即指定权[②]。

从英美法上受托人“普通法上的所有权”内容可以看出，它与大陆法上真正的所有权相去甚远。以大陆法系观念看，它其实是一种限制性物权，即他物权。只是传统的他物权为了“自己的利益”而对“他人之物”享有的物权，受托人对信托财产的权利是为了“他人的利益”而对“他人之物”享有的物权。之所以将受托人对信托财产享有的权利定性为一种“限制物权”，原因在于它符合限制物权的两大特征：一是受托人对信托财产的支配仅为“特定范围之支配”，即如前文所述，受托人虽占有信托财产但却不能使用它，虽可处分信托财产但处分方式及处分目的受到了信托文件及受益人利益的制约；二是受托人对信托财产的权利一般限于信托期间内，而信托期间长短不仅受到信托文件的约束，还受到受益人意志的影响，这完全符合限制物权“一般都有一定的期限限制，不如所有权那样是无期限限制的权利，当约定或者法定设立期限届满时，这些权利归于消灭”的特征。大多数对物权容易受到这样或那样方式的侵害，而受益人的权益却不易受到像丧失对物权权利那样的侵害。[③]

---

① 在英美国家，受托人的权力（powers）也是财产权利，具体参见第125页注①所列英文著作和第二章的论述，国内的信托著作往往忽略了这一点。

② 参见［英］F.H. 劳森，B. 拉登著，施天涛等译：《财产法》（第二版），中国大百科全书出版社1998年版，第101页。

③ 参见［英］F.H. 劳森，B. 拉登著，施天涛等译：《财产法》（第二版），中国大百科全书出版社1998年版，第56页。

3. 普通法所有权（legal title）的另一含义是受托人持有受托财产的权利是普通法所承认的正式权利①。如前述，这是诉讼令状和用益法发展而来的。当主张所有权的人必须举证时，有人提出理由加以对抗。在这个意义上，产权不是绝对的，是相对的。如果一个人不能证明他的绝对权是通过他的创作或制造行为，或者登记而取得的，那么，他就必须依赖于曾经发生在他本人或其他人身上的占有。

现在法律规定，实际占有就包含着占有的权利。在通常情况下，如果是被告占有，原告意欲寻求恢复其财产权，那么，原告至少必须证明他对占有的权利更优越于被告的占有。这一点通常是通过原告或者他的先辈所享有的产权来实现的。譬如，立遗嘱者，即原告凭其遗嘱而主张产权的人，先于被告占有该物。这意味着该物曾已被某人错误地取得。可以得出这样的结论，即先前的占有，只要不为时效法所阻止，优越于后来的占有。

如果被告承认他的产权虽然弱于原告的产权，却提出在原告早先占有的背后还存在着某个第三人对该物享有比原告更早更优越的权利，这时该怎么办呢？他可以通过举出第三人的这种权利来推翻原告的要求吗？这就是所谓的“第三者权利”。很显然，即使允许原告向被告要求恢复权利，他也不能维持其占有以对抗第三人，因为第三人比他享有更为优先的产权。那么，被告是否可以说，既然原告不能维持对物的占有以对抗第三人。所以，原告也就不能向他请求恢复占有呢？问题远不止这么简单，对土地和动产的答案可能是不一样的。在后一种情况下，1977 年，《侵权〈妨害货物〉法》允许被告就所主张权益的全部或任何部分权益提出第三人享有比原告更优先的产权。其意义是允许在同一诉讼中对相互对立的主张一并予以审判。但是，当我们遇到财产移转时，情形就大不一样了。

意欲购买物品的人极少从一个不占有物品的人那里购买，所以，它通常与可能被授予给一个单独的占有人的任何产权无关。然而，从占有财物的卖主那里购买东西，则存在着两个风险：首先，该物品同时也可能由他人占有。这仅仅发生在土地交易场合，所引起的巨大困难是当某一买主从一位丈夫那里受让房屋，结果却发现该房屋同时被他的妻子或者家庭其他成员所占有，并对他提出财产主张。其次的风险在于，尽管只有卖主是该物的唯一占有人，但却存在

① 正确和充分理解这一点，也是正确理解信托移植到民法国家，委托人把财产权利转移给受托人时需要登记的关键点。

着某种更早的产权而不利于卖主的占有权，这样，买主并不情愿为这种可能使他得而复失的东西付出代价。在动产交易中，这个问题却不具有什么重大意义。对大多数特定物的产权通常都是众所周知的，或容易得到确定。起着产权证明作用的船舶的注册登记差不多就属于这种情形。赛马的血统纪录簿起着同样的作用。名贵的画和贵重的珠宝的下落和所有关系通常都能为交易者所了解。遗憾的是，占有登记证书并不是检测汽车所有关系的完美无缺的标准。所幸在实际生活中，很少有所有者放弃对它的占有。当然，如上所述，对分期付款买卖中的卖主来说，它是一个例外。但是，法律对购买这种交通工具的个人还是加以保护的。汽车交易中的各类信贷商行对这种交易保留着他们自己私人的登记记录。然而，对大多数其他动产来说，却并不容易了解到它们的根源。如果在任何情况下都要求卖主对普通商业物品予以证明其产权的话，将会大大限制商业交易。因而，大多数买主只跟那些有着良好信誉的卖主打交道，这些卖主的营业住所是为人所知的，并相信他们不会出售不属于他们所有的东西。如果买主被强制去满足第三人更为优越的产权的话，有关买卖合同方面的法律就会为买主提供对抗卖方的补救措施。虽然，卖主总是存在着破产的可能性，从而导致无力赔偿买主的损失，但这却是买主在一般商业交易中所应承担的风险。

人们在没有对产权进行调查之前，是不会购买土地或投资于土地的，尽管他们也会获得补偿，就像从有体动产卖主那里获得补偿一样。它给人的印象是他们所取得的产权似乎是一种没有瑕疵的权利。卖主又如何能证明他享有的是这样一种产权呢？如果该土地未经登记，他唯一能证明的是，他是从他人手中合法获取的，他人又是从他人手中合法取得的，依此类推，无论回归多远，总有可能出现某人享有更优先的产权？这种困难由于时效法的实施得以避免①。

① 参见［英］F. H. 劳森、B. 拉登著，施天涛等译：《财产法》（第二版），中国大百科全书出版社 1998 年版，第 47—48 页。

第四章

衡平法的形成、发展与信托的衡平法所有权

衡平法是英国人对人类法律思想最惊人的贡献，是一种非常独特的法律制度，宏大而难以把握①，在信托、合同、商法领域得到广泛具体运用②。没有欺诈就没有衡平法，没有衡平法就没有信托，要理解信托财产权制度就要理解衡平法。与一般的论文论著不同，笔者认为衡平法不是纯粹由于普通法的僵化，首先是因为加强王权与反加强王权的各派势力的政治斗争导致了衡平法的产生和发展，普通法的僵化只是政治斗争的一种表面现象。这种政治斗争又与税收和战争紧密相关，而税收来源的变化又与社会经济发展和变迁不可分割③。因而衡平法与普通法一样具有宪政因子。其次，14 世纪以后，随着英国手工业和商业的不断发展，尤其是工业革命带来了社会经济关系和财产关系复杂化，出现了许多普通法所没有规定的新的社会关系和社会现象；当时的普通法是以土地为中心的解释农业经济的产物，无论就其内容来看、还是就其诉讼方式来看，都过于保守、陈旧和僵化，而不能适应社会经济关系发展的新需要。衡平法体现了英国社会由封建社会向资本主义社会转型的治理要求。信托的衡平所有权既是地产权的分割，也是这种变化的结果，更是亚里士多德矫正正义和交换正义最高原则的体现。衡平法的形成和发展生动体现了哈耶克论证的制度是

① 参见密尔松著，李显冬译：《普通法的历史基础》，中国大百科全书出版社 1999 年版，第 82 页。

② 参见 F. H. 劳森、B. 拉登著，施天涛等译：《财产法》（第二版），中国大百科全书出版社 1998 年版，第 52 页。

③ 中世纪国王与贵族、教会的冲突为衡平法的发展提供了充分的政治空间，而中世纪末期教权与王权的崩塌则导致了衡平法行政性与宗教性特征的变化，将衡平法的发展引入了新纪元。参见冷霞：《英国早期衡平法研究——以大法官法院为中心》，华东政法大学 2007 年博士论文。

"人之行动而非意图或设计的结果"。

第一节 衡平法的形成与发展：经济成长与社会变迁中的利益冲突和妥协

一、衡平法的形成：利益冲突与普通法的僵化

12—13世纪形成的普通法，蕴含衡平法的萌芽，主要体现在两方面：一是早期普通法的灵活性；二是早期普通法法官所享有的自由裁量权。这首先表现在体现了衡平法理念和特征的一些制度。比如掌管始令状签发权的大法官可以根据现实需要创制新令状，每一个新令状等于创立了一个新法律。早期普通法对某些特殊社会权利的保护，比如对用益制度中用益人的权利和对抵押关系中抵押人权利的保护。原则上普通法对用益制不予承认和保护，但在司法实践中，普通法法庭有时采取灵活的态度，通过在一定范围内利用令状制度强制受托人履行义务来给予受益人一定程度上的保护。普通法法庭有时还以正义和衡平的名义，保护预期不能还债的抵押人的权利。其次体现在早期普通法也规定强制履行令、禁令、防患未然令等制度，作出一些现代衡平法意义上的救济手段，不像成熟时期的普通法那样拘泥于一些程序，不严格遵守令状制度和陪审制度等。

衡平法和衡平法院的产生直接源于14世纪以后普通法的僵化，普通法僵化的表现和原因主要体现在以下几个方面：

1. 严格限制大法官创制新令状的权力。令状制度原本是国王法院扩张自身司法管辖权的一种手段，随着令状种类的不断增多，原属地方公共法院和封建领主法院管辖范围内的案件被收揽到国王法院中，因为司法获大利，司法管辖的税收就自动流入国王手中，利益受到损害的封建贵族们竭力限制大法官创制新令状的权力①。1258年，由封建贵族把持下的大会议制定了《牛津条例》，其

① 参见［英］基男著，陈宇、刘坤轮译：《史密斯和基男英国法》（第14版），法律出版社2008年版，第14页。

中规定：没有国王和议会大臣的同意，大法官不得创制任何新令状。不过，在实施该条例过程中人们发现，既有令状不可能将纷繁多样的诉讼纠纷囊括无余，更不能满足时刻变化的社会需要，致使某些正当权利得不到法律保护。因此，1285 年的《威斯敏斯特Ⅱ号法令》对上述规定进行了修正，“若对某个案子运用了某一令状，类似的案件就应适用相似的法律，并给予同样的救济。大法官庭如果发现没有这样的令状，应同意制作新的令状”①。从此大法官创造新令状的进程明显放慢，普通法不能受理的案件越来越多，以致经常实质上出现司法拒绝。

2. 严格的诉讼形式主义导致令状“石化”现象。每一种令状都有自己固定不变的格式，而且仅仅适用于某一种诉讼。当事人如果准备向法院提起诉讼，必须首先向大法官庭购买相应的令状。如果没有恰当的令状可以适用，诉求就无法进入司法程序，当事人的合法权利就得不到法律的保护，这就是普通法特有的“无令状，无权利”的原则。如果令状选择错误，法院将驳回诉讼请求，当事人必须从头开始，另申请合适的令状，重新起诉。哪怕令状上极小的令状错误都会导致诉讼流产。此时判例主义传统开始形成，遵循先例成为法官判案的基本原则，加上法律职业阶层兴起和对诉讼业务的垄断，本能热衷于维护形式主义的诉讼程序和既定的法律原则，对案件的审判程序、步骤和方法都有明确规定，法官必须严格遵守，这样法官的自由裁量权空间越来越小。

3. 救济有限。普通法针对民事违法行为给原告造成的损害所能够提供的唯一救济就是损害赔偿，支付赔偿金，但不是在所有案件中这种救济方式都是适当的。定型后的普通法既不能强迫一个人履行他的义务，也不能强迫一个人停止某项不当行为。

4. 因以上原因，普通法对于某些正当权利不能提供必要的法律保护。例如，对于该时期日益流行的土地用益制，普通法拒绝给予支持。1379 年，当议会就爱德华三世要求他的土地受托人履行其义务问题，询问普通法法官是否符合普通法时，法官们回答道：“普通法不能注意任何对受托人地产的限制，除非它严格符合普通法的准则，即只能是委托人或其继承人受益，且必须在委托期间”②。由于普通法拒绝提供保护，致使委托人或受益人的权益遭受损害时，经常陷入无可奈何的困境。在侵权案件中，普通法只能对于侵权行为所造成的

---

① H. Rothwell, English Historical Documents 1189—1327, London: Eyre & Spottiswoode, 1975. pp. 443.

② W. S. Holdsworth, A History of English Law, Vol. IV, London: Methuen & Co. Ltd., 1924. pp. 416.

损害给予有限的补偿，而无力制止侵权行为本身。在契约纠纷案件中，由于普通法过分强调契约形式和成文证据，因而只承认签字盖章的书面合同的有效性，只有简便合同或君子协议的当事人的正当权益就得不到法律的支持，并且，只要不是在公开暴力逼迫下所签订的合同都一律有效，这就是说，利用朋友、亲情关系或胁迫、欺骗、利诱等不正当手段而签订的合同均为有效证据，这就很容易造成判决不公。此类情况在债务诉讼中尤为突出，举例说，如果某人因一时疏忽或愚昧无知或轻信别人的口头承诺，把钱款或物品借予他人时没有立字为据，一旦对簿公堂，他就会因拿不出有效证据而败诉。反过来，假如借款人在还债时没有收回借据，债权人就有可能凭此借据将他告上法院，而法院也只能判决被告重复还债。

上述特殊情况下普通法无力保障公平、正义和财产安全，衡平功能萎缩。因为根据古老的习惯法，国王被认为是“正义的源泉”，不能在普通法院得到公正判决的人们被迫向国王请愿，请求国王“为了上帝和出于仁慈”，来维护他们受到侵害的权利，为臣民们实现正义。也就是需要王权提供公共产品——财产权利的保护。这也是国王和平的一部分。

起初，国王自己亲自处理受害者的请求。后来，这类请求日益增多，国王便命令大法官根据“正义、良心和公正”的原则来处理这类案件，保护当事人的权益。此后，大法官作为“国王良心的守护人”，按照上述原则，根据良心审理案件，作出决定。直到 14 世纪，大法官并不认为他自己是在创建一种新的法律体系，也没有人认为，大法官的处理办法是在运用一种单独的、比普通法院的规则更高级的规则体系，他只是在一般法律制度不能处理或不能公正处理时，给请愿者提供符合良心和正义的救济。衡平法就是这样不知不觉形成的。

为什么大法官会有如此自由裁量权力？大法官原是英国王室的文秘机构（大法官庭）首脑，是国玺保管人。大法官庭主要是起草、签发、保管国王的法令、令状、特许状、条约协议、外交信函等政府机要文件。这些文件必须要由大法官加盖国玺印鉴才能生效，因此大法官是仅次于国王的关键人物，多由与王权关系密切的国王亲信、朝庭重臣和枢密院要员担任，加之把公平、正义和良心、道德奉为至上原则，审判程序和方法较为简便随意，又无陪审团参加，所以自由裁量权较大。12 世纪末期，大法官庭从谘议会中独立出来，成为一个特殊机构，一方面大法官是普通法院体系的最高首脑；另一方面又是国王的亲信顾问和谘议会的重要成员。作为普通法的最高首脑，大法官有两项特殊司法特权：一是对直接涉及大法官庭官员的所有案件拥有垄断性；二是对国王的行为拥有一定限度的司法审查权，可以宣布取消国王的某一特许状，还可以根据当事人的权利请愿书，要求国王把非法夺取的臣民财产归还给原来的主人。在行使这些司法特权时，大法官遵循的是普通法的实体规则。为什么大法官的自由裁量能够得到执行？因为他是国王的掌玺大臣，以国王名义发布命令，任何人违抗命令都可处以监禁。同时大法官的司法管辖权可以为国王扩大税收，因而也能够得到国王支持。这是大法官行使衡平权力的基础。

二、衡平法的发展：在王权与贵族、教会和议会的合作与斗争中发展

由于衡平法院的诉讼程序和判决方式优于普通法法院，适用商品经济迅速发展所形成的财产关系对法律的要求。大批案件从普通法法院转入大法官法院，管辖权日益得到扩大，得到了普遍承认。大法官法院和普通法法院都在国王领导之下，普通法法官和律师们普遍认识到，以强大王权为后盾、以自由裁量权为手段的大法官法院，弥补了普通法法院的缺陷与不足。两种法院的法官之间关系密切，配合默契，他们经常聚会于议会或财务署，讨论疑难案件，相互咨询学习。两种法院还经常相互邀请对方法官参与帮助自己法院的审判活动。“一方面，大法官和大法官法院其他官员常常出席普通法法院，或与这些法院的法官商量诉讼事宜，另一方面，他们不时要求普通法法官出席大法官法院，以至于在15世纪普通法法官抱怨因为被召去帮助大法官和他的官员而把普通法法院的事务给耽误了”①。有的普通法法官甚至偶尔被任命为大法官。14世纪时，曾经有3名普通法法官，即帕宁、索普和尼奈特，分别于1343年、1371年和1372年出任大法官。

到16世纪30年代以后，衡平法院日益扩大的管辖权构成了对普通法法院管辖权的威胁，其判决也相互冲突，比如在涉及欺诈的案件中，两个法院作出了完全相反的判决，衡平法院禁止在普通法院获得胜诉的当事人执行判决，当事人拒绝服从，衡平法院将其监禁，普通法院释放，给予人身保护令。这样大法官法院和普通法法院的利益冲突激烈起来。大法官法院和普通法法院的关

---

① R. P. Meagher & J. R. F. Lehane, Equity: Doctrines and Remedies, Sydney: Butterworths, 1981, pp. 5—6.

系，大体上可以16世纪末为界分为前后两个时期，恰好与用益制转化为信托制的契机吻合。

两种法院组织之间的冲突在红衣主教沃尔塞任大法官期间开始公开化、表面化。沃尔塞十分傲慢专横，无节制使用禁令，阻止他认为有失公平的普通法法院的判决付诸执行，从而激起普通法法官和律师们的强烈不满。1529年，普通法律师出身的托马斯·莫尔继任大法官后，废除了衡平法法院院长只能由牧师担任的制度，冲突有所缓和，但他以后的几任大法官又回到了沃尔塞滥发禁令的老路，最后竟固化成为“一般禁令”（common injunction），变成了大法官法院干涉普通法法院的常规性程序。到詹姆士一世统治时期，两种法院的冲突达到高潮。普通法法院多次宣布大法官法院以违抗禁令为由的逮捕行为是非法的，并声言准备启用人身保护令状开释被捕者。1616年，王座法院首席法官科克和大法官艾利斯梅尔发生了直接冲突，问题焦点是：在普通法诉讼中，衡平法院是否有权颁布禁令，禁止一方当事人继续诉讼或者禁止执行普通法院的判决？争论的实质是：是衡平法院还是普通法院的判决优先？这导致两个法院的冲突演化为一场危机，最后交由国王裁断。由于多年来大法官法院在议会与王权的冲突中一直站在国王一边，加之国王詹姆士一世早就对桀骜不驯的科克心存反感，因而明确地支持艾利斯梅尔，裁决结果是：如果衡平法院与普通法院的判决产生冲突，应以衡平法院为准①。结果，科克被免去了王座法院首席法官职务，大法官法院的衡平司法权及其独立地位保持下来②。

衡平法院尽管胜利了，但也存在不少缺陷，如办事拖拉，判决时间很长，当事人能否获得救济总是不确定的，因为法官不是凭借既定的法律规则办案，而是根据良心，但良心是很难捉摸的，每个法官对于良心的认识不一致。所以，1675年，诺丁汉大法官开始了对衡平法的系统化工作，制定了衡平法适用的原则和界限，如遵循先例判决，在没有先例的情况下才可自由行使自由裁量权。1737年，就任的大法官哈德威克进一步发展了衡平法原则，在他的许多判决中详细论证了具体案件和法律演化中的确定性和灵活性所必需的“公平”，他经常强调衡平法的功能是在非良心的情形下提供救济。1801年，就任的大法官Eldon则强调判决必须基于先例，并且整合了以前发展的原则。在19世纪末，衡平法最终发展成为与普通法一样的遵循先例的体制。

---

① 这项原则在英国最高法院法第49条中仍然存在有效。参见［英］丹尼斯·基男著，陈宇、刘坤轮译：《史密斯和基男英国法》（第14版），法律出版社2008年版，第18页。

② Radcliffe & Cross, The English Leglish System, London: Butterworths 1977, pp. 123—124.

16世纪以后，英国的国际贸易、工业化和帝国的扩张迫切要求发展衡平法以解决大量新的难题，商业财富的积聚以及财富形式的变化（土地、股票等）也要求发展新的财产授予概念，因而推动衡平法大发展。

1. 诉讼程序改革。1852年的《衡平法院诉讼程序法》主要从诉讼程序上对衡平法院进行了改革，在很大程度上消除了导致衡平法院诸多弊端产生的制度性根源。一是取消了衡平法院长期沿用的封建传唤令状，采用了一种书面传票的方式，附在起诉状之后；二是授权衡平法院可以决定诉讼过程中随时出现的法律争议问题，避免了因法院之间相互转送案件而造成的审理延误情况的发生。1858年的《衡平法修正法令》进一步改善了衡平法院的诉讼程序。它授权衡平法院对赔偿金作出裁定，而此项裁定权以前只属于普通法法院；规定衡平法院在审理案件时，可采用陪审团来裁决事实，并决定赔偿金额。根据该法令，同一起诉讼没有必要同时经过普通法法院和衡平法院的审理。这样，两种法院之间的司法权交叉重叠现象最终消除。

2. 司法管辖权改革。1873年制定，1875年实行的《司法制度改革法》设立了最高法院，最高法院又分为三个庭分别管辖不同的事务，王座分部（包括海事案件）、衡平分部（部分遗嘱检查）和家庭分部（1970年由遗嘱检查、离婚易名而来），每一个庭都有权运用普通法和衡平法规则，可以授予普通法和衡平法救济，衡平法成为可以普遍适用的规则体系，而管辖的区分仅仅为了管理上的便利。如果同一案件适用普通法和衡平法原则得出相互矛盾的判决结果，衡平法优先。《司法改革法》第25条再次确认了衡平法优先的原则，自此《司法改革法》的效果仅仅是一个程序性的，即在一个单一的审判中决定当事人的权利，但衡平法和普通法并未真正融合，区分普通法规则和衡平法规则仍十分重要。

大法官法院的这次胜利首先直接得益于王权的支持，因为在1641年当王权在财政上有求于议会，议会乘机宣布取消星室法院时，完全可以将大法官法院一起废除掉。其次是大法官法院已经成为英国不可缺少的一个特殊司法机构，由它实施的衡平法顺应了英国资本主义发展的需要，有利于帮助国王扩大税收，并且已经成为英国法律体系中的一个有机组成部分。正如吉尔达特所说："很清楚，大法官法院在做普通法法院没有做或不愿做的工作。没有这些工作，人们的权利不能够被很好地保护"①。

① W. Geldart, Introduction to English Law, Oxford: Oxford University Press, 1991, pp. 24.

许多研究衡平法和信托法产生的论著，都隐含假定大法官和国王是毫无私利的，完全出于正义和良心，忽视了分析立法者和执法者的利益激励问题。其实，普通法院与衡平法院的斗争表面是司法管辖权之争，实质是王权与贵族、教权和议会的合作与斗争，且与王室财政税收来源的变化紧密相关。衡平法管辖权在18世纪引人注目的扩张，反映了基于金钱之上的资本主义兴起，以及相应的基于权力至上的封建主义和王权的衰落①。衡平法的兴起和发展源自国王授予的特权，大法官作为国王的代表在司法裁判的时候可以突破固有法律的束缚拥有极大的自由裁量权，衡平法的这些特质无疑为大法官借鉴包括教会法在内的其他法律发展衡平法消除了障碍。这背后是亨利二世以后司法管辖权的集中导致诉讼集中在王室，令状费和诉讼费也集中在王室，剥夺了贵族的收入，于是有了牛津条例限制王室颁发新的令状。这又导致了王室财政收入的大幅减少。在此背景下，国王基于伸张王权，与教会的合作赋予英国衡平法宗教性特质，国王与教会的冲突则最终导致宗教性的丧失②。国王在与法律职业者、议会等世俗权力的斗争中极力实现王权的冲动导致了英国衡平法的产生并赋予其行政性特质，国王对普通法职业共同体的妥协则开启了普通法向衡平法渗透的始端。正是在国王与议会之间的不断斗争中，大法官法院的衡平管辖权不断发展扩大。随着英国资产阶级革命之后王权的衰落，英国衡平法的行政性特质在其普通法化的过程中丧失③。国王与议会自13世纪以来的一直围绕控制税收权的斗争在斯图亚特和查理一世时期激化，最终导致光荣革命爆发，到十九世纪议会控制政府的机制完善，王室财政变成了公共财政，衡平法与普通法合并。

因此，普通法与衡平法并立、竞争和最后融合，关系复杂微妙，英国的法律史学家梅特兰精辟指出："我们不应认为普通法与衡平法的关系是两种矛盾制度之间的关系，应把两者看做是法典与法典补充条款之间的关系，正文与注释之间的关系。我们应进一步记住，衡平法不是一种自立的制度——它几乎根本不是一种制度——是一些补充性规则的集合。我们可以认为，普通法是一种完整的制度，如果衡平法法院的衡平审判权被撤销，仍有法律适用于每个案

① 参见［美］约翰·R. 康芒斯著，戴昕译：《资本主义的法律基础》，华夏出版社2009年版，第216页。

② 因为教皇滥征税收，教会滥用司法权，亨利八世与议会携手宣布脱离罗马教皇，解散修道院，普查教会财产和税收，把教会财产转交王国政府后抛售，王国政府财政收入大增，对英国社会经济产生了重大影响。

③ 冷霞："'同途殊归'还是'殊途同归'?"，《比较法研究》2010年第2期。

件，尽管这种法律可能有些粗糙，它不能完全适应时代的需要，但对每个案件毕竟有法律可适用。与此相反，如果废除了普通法，衡平法必定不复存在，因为它在每一点上都以庞大的普通法本体的存在为前提”①。普通法院与衡平法院虽然合并了，但还是在民事、商事等领域各自独立发挥作用②。

三、衡平法和衡平法院的特征

衡平法的发展形成了与普通法不同的特征，并且与普通法相互补充。理解这些特征是理解信托衡平所有权和衡平救济的重要视角。

（一）从管辖范围和程序特征考察

中世纪的大法官通常是一位知名的牧师，熟知教会法和民事法律。大法官是国王良心的守护人，他更关心的是人们履行自己的道德义务，而不那么关心是否遵循严格的法律条文和程式。因此，大法官采取比较灵活的形式处理请愿书（他不是在审理案件），不必拘泥于普通法院的僵化程式。比如，他可以在办公室或其他任何适当的地方，直接听取当事人或证人的陈述，也可以直接传唤证人前来作证。在听取各方面情况后，大法官既不依据先例判决，也不依据任何法律规则，而是依据摆在他面前案件的是非曲直，根据良心和正义作出决定（而不是判决），根据他个人对正义的感觉，根据案件可能产生的后果，决定是否给予救济。因此衡平法院初期大法官自由裁量权的随意性较大。

在早期，大法官考虑请愿并作出决定后必须向枢密院报告，经枢密院同意。到 1474 年，大法官的办公室从枢密院分离出来，确立为衡平法院，作为一个法院正式行使审判权，大法官兼任衡平法院院长，专门处理普通法院不能处理或者未能公正处理的案件。在 14—15 世纪时，大法官法院的司法管辖权还没有明确的范围界限，凡是个人合法权利受到侵害而在普通法法院又无法得到公正解决的特殊民事、刑事案件，大法官法院均可受理。到都铎时期，星室法院接管了特殊刑事案件的司法审判权，从此，大法官法院的管辖权仅限于民事诉讼领域。衡平法在审理实践中形成的规则和原则，逐渐形成了英国的衡平法，成为补充、纠正普通法的另一种法律制度。

---

① 参见梅特兰《衡平法》，转引自康德拉·茨威格特、海因·克茨著，潘汉典等译，《比较法总论》，贵州人民出版社 1992 年版，第 348 页。

② See Sarah Worthington, Equity, Oxford University Press, 2003, pp. 293—307.

1. 大法官法院管辖的案件分为以下三类：

（1）普通法不予救济的案件，如用益（uses）和信托（trust）案件、债权转让和某些欺诈行为引起的纠纷。这类案件在第二、第三节详述。

（2）合同欺诈和违约案件。由于普通法法院只承认签字盖印的成文合同具有法律效力，对简易合同和口头协议不予采信，而且缺乏认定欺诈行为的足够理论和有效方法，因此，当有人巧妙利用不正当手段诱骗他人签订了显失公平的契约，当有人违反口头协议中的约定义务时，普通法法院经常因为找不到有效证据而束手无策。对此类案件，大法官法院将本着重内容而轻形式和道德、良心、公平、正义高于一切的原则，为受害人的合法权益提供法律保护。如果普通法法院依据形式上合法但实际上含有欺诈因素的证据作出了不公正的判决，大法官法院可以颁发禁令（injunction），阻止判决的执行。在违约案件中，普通法法院只能通过“违约之诉”（Action of Assumpsit）判决违约人给予受害人一定的经济赔偿，这种赔偿往往不足以弥补受害人的损失，因而经常不为受害人所接受，每当出现这种情况，大法官法院可以颁发强制履行令（specific performance），强迫违约人完成约定义务。此类违约诈骗案件大部分来自城市商人的投诉。16 世纪以后，随着资本主义工商业的发展和经济往来活动的日益多样化、复杂化，违约诈骗案件直线上升，审理此类案件成为大法官法院的一项繁重任务。

（3）债务抵押案件。随着资本主义工商业的发展，财产抵押产生债务纠纷很多。对债务抵押案件，普通法的一贯原则是，一旦抵押人不能如期偿还债务，抵押财产将归债权人所有。对此类案件，大法官法院认为，财产抵押仅仅是为了保证债务人能够偿还债务的一种手段，还债才是最终目的。如果抵押人在有正当理由的情况下未能按期偿债，其财产所有权不应被剥夺。譬如说，抵押人由于受骗上当或遭遇天灾人祸或偶遇暂时困难而未能如期还债，大法官法院本着“抵押总是抵押”的原则，再给予抵押人一次赎回抵押财产的机会。

2. 与实体法相比，大法官法院在程序法上的特点更为鲜明。

（1）原告起诉案件不用起始令状和其他令状，而用请愿书、冤诉状甚至口头申诉，后来主要使用起诉书（bill of complaint）。起诉书用英文写成，格式要求不很严格，通常只要申明冤情和诉由，指出被告的不法行为，提出希望大法官调查的事项和问题即可，其中，不可少的一项内容是必须说明案件无法取得普通法的救济。通篇诉状语气谦恭，因为按照英国的法律传统和理念，衡平救济是国王的“恩惠”，不是国民的“权利”（普通法救济才是“权利”）。如果大法官认为原告的诉求应予支持，便向被告发出传票。传票仅仅通知被告在规定日期出庭应诉，并不告之他被何人、因何事而起诉，而且特别提醒被告：如若不按时出庭将以蔑视法庭罪给予惩罚。庭审在理论上必须由大法官主持，但因大法官事务繁忙，有时由卷档主事主持，后来卷档主事成为主审法官。审判采用纠问式，诉讼双方须经宣誓，如实回答大法官提出的所有问题。

（2）实行默认规则。与普通法法院奉行的“凡主张皆应有证据”的原则不同，大法官法院实行“不否认即承认”的原则，就是说，当原告指控被告犯有某种违法行为时，如果被告未予否认，即被视为默认，法官就可据此判原告指控成立。诉讼双方均可向法院提供证人名单，但证人不必出庭，通常由法院派专员在庭外调查证人，由证人写成书面作证书，提交法院，所以当事人没有机会当面质疑证人。如果发现有人出于邪恶目的不正当地使用成文证据，法官可以宣布这些证据作废。

（3）不用陪审团。整个审判过程不管是事实问题，还是法律问题，均由法官一人作出裁决——法官集审判官和陪审团两种角色于一身。如果当事人对判决不服，可在限定时间内提出抗诉，要求复审案件，复审必须由大法官亲自主持。复审后若当事人仍然不服，可上诉到议会上院。

综合其案件管辖范围和审判程序与方法两个方面，大法官法院的特点可概括为以下几点：

第一，强调道德、良心等伦理价值，注重实质正义的实现。在大法官法院的司法活动过程中，道德和良心是经常提到的概念，法官常常指责被告的某某行为是“不道德的”或是“昧良心的”。15世纪中叶时，一个当事人曾在大法官法院的庭审中说：“这个法院施行的法律是‘良心法’”①。1523年，克里斯托弗·圣·杰曼发表的《博士与学生的对话》一书把大法官法院及其实施的衡平法的价值取向概述为：“在某些案件中有必要离开法律文字（即狭义）去追求理智和公正所要求的内容，追寻公正本来的意图；也就是说，去减轻和软化法律的残酷性”②。总之，浓郁的道德伦理色彩是大法官法院司法行为的突出特征。从这个意义上讲，衡平法是“道德的法律化”或“法律化的道德”，大法官法院是一个“良心法院”、“道德法院”。

---

① W. S. Holdsworth, A History of English Law, V01. Ⅳ, London: Methuen & Co. Ltd, 1924, pp. 453.

② 参见［英］丹宁勋爵著，刘庸安、张弘译：《法律的界碑》，法律出版社1999年版，第70—71页。

第二，"对人不对物"，而且强调对行为人思想动机的调查。与普通法法院所坚持的"人的思想是不可审判的"原则不同，大法官法院在审理衡平案件时，不仅关注事实真相和当事人的行为结果，更注重当事人实施某种行为时的实质意图与目的①。为此，大法官可以在庭审前单独询问当事人，可以根据行为后果推定行为人的最初动机，或者强迫当事人出示不利于自己的有关证据和法律文书。而对于那些公认的地痞无赖的投诉，尽管其诉讼理由充分合理，大法官法院也不会受理。总之，只要有助于揭示当事人的内心世界，有利于净化缺德无耻之徒的心灵，大法官法院可以采取任何必要的措施。

第三，大法官法院不受传统教条与程式的束缚，审判程序较为简单，方法相对灵活、快捷，法官拥有较大的自由裁量空间。大法官法院的法官不像普通法法官那样，仅仅扮演一个客观公断人的中立角色，而是积极主动地介入法庭辩论，只要符合道德良心公平正义标准，大法官几乎可以问当事人任何问题，可以要求当事人做任何事情。梅特兰说："大法官不认为自己应受法律准则的严格束缚，每一法官法院没有休庭期，始终向当事人敞着大门，也没有地点的限制，甚至每个大法官都有相当大的按照他自己的是非观进行自由裁量的自由"②。而且，大法官在家中都可以接受投诉。

（二）从衡平法准则（格言）考察

衡平法除了逐步发展了一套与普通法一样完整明晰的法律体系外，还形成了自己的一些独特准则。这些准则的形成主要在于实现衡平法的统一适用，即要求衡平法必须尽可能根据已有的原则实施，而不能凭借任意决断。尤其是要求大法官仅在无先例可援或者与现有规则和原则冲突的情况下，才能依据良心对案件作出裁判。经过有"近代衡平法之父"的诺丁汉勋爵（Lord Noltingham）、哈德威克勋爵（Lord Hardwicke）、埃尔登勋爵（Lord Eldon）等著名大法官的努力下③，衡平法吸收和确立了先例及判例制度，确立了一套衡平法原

---

① See W. S. Holdsworth, A History of English Law, Vol. Ⅳ, London: Methuen & Co. Ltd., 1924, pp. 292.

② 参见 F. W. Maitland, The Constitional History of England, Cambridge University Press, 1926, pp. 235.

③ 密尔松指出，衡平法的发展与英国的任何其他理论体系不同，它是许多知名人物工作的成果。普通法本身发展中令人惊讶的是没有什么知名人物，这在很大程度上是因为普通法的理性创造来自律师界，而非来自法院，而且这种理性创造一直是针对单个案件，不是针对整个法律状态。像17世纪的诺丁汉、18世纪的哈德威克、19世纪的埃尔登都是真正意义上的缔造未来的大师，他们能够以立法者的头脑来看待个别法律问题。参见密尔松著，李显冬等译：《普通法的历史基础》，中国大百科全书出版社1999年版，第95页。

则和准则，以格言的形式存在①，主要内容如下②：

1. 衡平法不允许无救济的侵害。意思是衡平法不受管辖权的限制，公民的任何民事权利受到侵害并在普通法无补救或无适当补救时，就应给予衡平法上的补救。

2. 衡平法凭良心办事，即衡平法应按照社会公平和正义审判案件，衡平法尊重法律。

3. 向衡平法院请求的人必须自己清白，即原告的双手应该是清白的（clean hands），其言行也应合乎"公平"、"正义"等衡平要求。请求衡平的人必须公正行事，如果提出诉讼的人本身有违法行为或违反衡平原则者，衡平法院应拒绝受理。

4. 衡平法保护那些没有基本权利的人，帮助关注自己权利的人，不帮助"躺在权利上睡觉"的怠惰人，即衡平法"助勤不助懒"。也就是说，原告应及时起诉，对于权利的行使没有懈怠情况（laches），如果请求衡平救济的当事人不及时起诉或采取其他法律手段，衡平法庭不予受理。

5. 衡平法对诉讼双方都是公平的，因为衡平即为平等，衡平法对同样的人和事一视同仁。

6. 衡平法注重内容而不注重形式。即衡平应探求案件的实质内容而后再及于形式，不像普通法那样仅顾诉讼形式而不顾案件的实质。这一准则特别适用于抵押。

7. 衡平法认为应当完成的行为是已进行的行为，这也是衡平法注重内容而不注重形式的一种引申。

8. 衡平法将履行义务归结为当事人的原意。

9. 衡平法追随普通法，即衡平法并不推翻普通法，而是服从、补充、修正普通法。

10. 衡平法规则对双方当事人都相同时，首先提出诉求者处于优先地位。

11. 衡平法可以对人（in personal）施行一定行为。这一准则体现了普通法和衡平法的基本差别。普通法程序只能针对物（in rem），而衡平法院可以对人实施强制手段（如监禁、查封）。

从这些格言可以看出，衡平法是对普通法的矫正、补充，注重实质正义。

（三）从衡平法的救济方式考察

普通法所提供给原告的救济是以原告的权利为基础的，衡平法上提供给原

① 这些格言一方面是解释衡平法原则的某些结论，另一方面是解释法院在行使衡平管辖权时的某些政策。关于这些格言的产生和发展，详见［美］罗斯科·庞德著，廖德宇译：《法理学》（第三卷），法律出版社 2007 年版，第 421—432 页。

② 这些格言的具体内容见于 Alastair Hudson，Equity and Trusts，sixthedition，2010，pp. 25—32.

告的救济则是以良心为基础的，看被告是否昧着良心作出对原告不利或没有作出对原告有利的事情。这使得衡平法上的救济较之于普通法上的救济更为严格，因为当一个人享有普通法所赋予的直接占有某物的权利时，他就有权要求恢复其占有，即便是该物已由第三人善意取得也不例外。但如他对该物的权益仅仅是衡平法上的权益，他就不能不顾及衡平法上利益的存在而强行向已取得该物的善意第三人提出要求。另一方面，衡平法上救济的范围可能比普通法上救济的范围要更为广泛一些，因为，在许多情形下，尽管一个人在普通法上享有占有某物的完全的权利，并无须承担普通法上的义务——合同义务或其他义务，他有权将其转让给他人或为他的利益而持有。在衡平法上，他将受到良心拘束去做这种或那种事情①。

衡平法的救济不同于普通法上的救济。普通法上的救济方式是对物的，有三种：一是占有某物的令状；二是支付一笔数额确定的金钱，或者不确定之损害赔偿的判决；三是被告不愿意执行普通法的判决时，由司法行政长官按照命令使原告恢复对土地的占有，有时是对货物的占有，或将足够数量的被告的财产予以扣押和出卖以此支付判决上的债务。衡平法上的救济主要是对人的，有下列方式：一是颁布“禁止令”和“强制履行令”，命令当事人为或不为某种行为。如果大法官经审查发现原告的诉求成立，则可作出禁止被告行使普通法上的权利，或者命令被告履行普通法上义务的判决。二是衡平法院还可以提供普通法院所不能适用的救济方式，比如，大法官为了有利于了解案情，可以向当事人或证人发出强制携带文件到庭的传票。三是衡平法院的大法官还可以采取藐视法庭罪这一措施，即采取监禁或罚款的方法，强制实施各种命令。由此可见，由于衡平法院的管辖权是建立在对普通法法院管辖权的补充这一基础之上，这决定了衡平法院和普通法法院在救济方式上的互补性。同样，为了避免诉讼的多重性，衡平法院也能对某些案件提供普通法上的救济②。

---

① 参见［英］密尔松著，李显冬等译：《普通法的历史基础》，中国大百科全书出版社 1999 年版，第 55 页。

② 这主要针对某些案件属于衡平法院管辖，但衡平法院的救济措施仅仅限于颁布禁止令，无法对当事人的经济损失予以救济，因为只有普通法法院才能给予损害赔偿的救济，因此为了避免重复诉讼，衡平法院可以在给予衡平救济的同时，也可采取普通法法院的救济方式，即损害赔偿。这种理论被称为“案件结清主义（clean - up doctrine）”。参见汤维建著：《英国民事司法制度与民事诉讼程序》，中国法制出版社 2001 年版，第 271 页。

第二节
信托的衡平法所有权的形成和确立

一、用益制的兴起与信托的产生

信托源于英国中世纪的用益制（use）①，用益制最初来源于日耳曼法，13世纪圣芳济各会修士以此促进了土地用益的发展②，是日耳曼习惯法与英国土地保有制结合的产物。用益制不仅奠定了现代信托制度的观念基础，而且信托制度本身发展过程中几乎所有要解决的许多基础问题都滥觞于此。国内的著作大多指出信托制度源于用益制，但没有指出用益制是如何源于保有制下的地产权制度，没有指出与英国独有的土地保有制度和普通法财产权制度起源的关系。为透彻理解信托，我们首先要了解为何英国的土地分封制度催生了土地用益制。

（一）用益制的诞生

用益制的产生就是为了应对领主与封臣之间权利的矛盾和冲突，用益制产生的原因也就是信托目的的滥觞。

1. 中世纪英国的土地法禁止遗赠土地，这使人们无法按自己的心愿对财产作出安排。为维护土地保有制和既定的封建权利义务关系，中世纪英国禁止遗赠土地，还固守长子继承制③。这样，土地这一中世纪最为重要的财富形式一般都由长子继承。但人们也有对女儿和幼子通过遗赠留下一些财产以保障其生

---

① 所谓用益制（USE），就是转让人A（feoffor to use，相当于委托人）为了C（cestui que use，相当于受益人）的利益向信赖的受让人B（feoffee to use，相当于受托人）转让财产，财产由B管理。

② 参见余晖著：《英国信托法：起源、发展和影响》，清华大学出版社2006年版，第10—33页；周小明著：《财产权的革新》，贵州人民出版社1994年版，第1—3页。

③ 在诺曼征服前，英格兰最常见的习惯是诸子继承制，即死者的所有的子嗣（并包括女儿）均分，在一些地方还流行幼子继承制的习惯。普通法采纳长子继承制更主要与王室的封建军事保有制度相关，同时与王位及重要官职不可均分有关。以上参见J. H. Baker，An Introduction to English Legal History，Fourth Edition，Butterworths，2002，pp. 265—268。

活的愿望，并且这种愿望在不断扩大。人们为了将土地按照自己的意愿安排，设计出了用益制，于生前将土地转让给他人经营管理，所生利益最初由转让者本人享有，在本人死后，该利益则转由长子以外的其他继承人享有。一经转让，土地就不再属转让人所有，不列入其遗产范围，从而利用用益设计规避了长子继承制的僵硬适用，为其他的子女和亲人争取到了一份财产。

规避普通法的规定，用益的方式遗嘱处分土地，规避封建土地法。比如保有人以自己为受益人将土地转给受托人，要求受托人以自己在遗嘱中宣布的人为受益人持有土地，这样我没有遗嘱处分土地，仅仅是在遗嘱中要求某个人一特定的方式处分属于他的土地，而不是我的土地①。

2. 虔诚的宗教信仰使信徒愿意将土地转移给教会和教士。中世纪早期绝大多数英国人都是虔诚的甚至是狂热的宗教信徒，教徒们信奉只有死前多作捐献，死后才能升入天堂的教义，往往愿意将自己的土地部分甚至全部捐献给教会等宗教团体，并逐渐成为一种习惯。教士有人身、司法特权，未经教皇允许，任何人不得向教会征收税役②。因而捐献行为的直接后果是，土地大量集中于教会手中，由此产生一系列冲突。首先，教会的土地是免除了封建附属义务的，一旦教会的土地增加，则会使世俗封建主和国王的经济收入锐减；其次，教会是永久存续的宗教团体，不会发生继承、监护和婚姻等问题，国王和领主收不到封建附属义务产生的财产权利，其对土地的占有与领主的利益形成冲突，比如继承方面，因为在由个人持有土地时，一旦持有人死后没有继承人，领主就有将土地予以收回的权利，教会持有土地就使领主的该项权利完全落空；最后，由于教会拥有大量土地，使教会的政治经济地位上升，使世俗封建主和国王感到自己的权威受到了威胁。这些冲突，促使国会颁布 1279 年《死手律》（thc Statute of Mortmain），该法禁止对教会捐赠土地，违者土地一律没收。

但出于拯救灵魂的愿望，还有就是教俗两方合谋来逃避土地上的封建赋税，人们想出了用益设计，即将土地先让与他人，但受让人实际上是为了教会的利益而对土地进行经营管理，并且受让人必须将土地收益交付教会。土地仍不断转为教产。使用用益这种设计，既规避了《死手律》，又能使教会成为土地的实际受益者，实现教徒们的初衷。

---

① F. W. Maitland: Equity, revised by John Brunyate, Cambridge University Press, 1949, pp. 27.

② 参见彭小瑜著：《教会法研究》，商务印书馆 2003 年版，第 155—167 页。

3. 规避当时的封建附属权利。按照中世纪英国土地法，领主在土地上对封臣享有很多的封建附属权利，如上文所述之协助金、继承金、监护权、婚姻权、没收和收回等，这些都是加于封臣身上沉重的经济负担。为规避这些封建附属权利，人们开始使用用益设计。

例如就继承金来说，在封臣的成年长子继承土地时，封建领主有权征收土地继承金，如果在法定期间没有完成缴纳，土地就被领主收归己有。为规避继承金，人们即使用用益设计，土地所有人在生前将土地转让给他人经营管理，所生利益在本人生存期间由本人享有，在其死后由长子享有。这种设计使得父死子继时并不发生土地使用权的继承，避免了继承金的适用，继承人虽不能获取土地所有权却又实际上享有土地所生的全部利益。

又如就监护权及婚姻权而言，甲领有军役领土地，甲的儿子丁年仅两岁。如果甲在去世前未采取任何行动处理其土地，其上级领主便有资格再使用他的土地，收益全归领主，直至甲的儿子成年，到这时候，领主还享有对丁的婚姻权，可以为丁选择配偶，如丁拒绝与这女子结婚，领主可以要丁付一笔罚款。当丁 21 岁成年时，领主有权继续享有该地之半年收益，然后把地转移给丁，上述就是领主在甲生前未曾把土地转移给其子丁的情况下，收取甲名下土地上的封建税的方法之一，但如果甲使用了用益方法，就可避免。用益设计在土地继承方面发挥的作用与宗教信仰因素的推动一起，促使用益设计在当时得到普遍适用。

4. 用用益的方式控制家产。英国在 13 世纪后发动了数次十字军东征，参加东征的一些地主或骑士担心自己的家人得不到照顾，就将土地转让给亲戚朋友经营管理，嘱咐他们用土地的收益保障家人的生活需要。但由于在 1540 年《遗嘱法》颁布之前，普通法不承认遗嘱，那么这样处理自己的土地就有可能产生问题，即战争结束后，骑士们归来，有的朋友可能背信弃义，不归还土地；或者有的骑士战死，朋友将其土地霸占，不管骑士留下的孤儿寡母的生计。

英国历史上的红白玫战争开始于 1455 年，这场战争持续了整整 30 年（1455—1485 年），是代表不同政治利益和血统的两派贵族之间进行的封建混战[①]。这场战争历经数次酷烈的战役，成王败寇，胜利者一旦占据优势，就宣布失败者为叛逆，没收其财产，处以极刑。玫瑰战争中领地易手十分频繁，所

---

① 由于交战的兰开斯特族和约克族的两方贵族族徽分别是红玫瑰和白玫瑰，因此又称这场封建混战为红白玫瑰战争。

以参加战争的双方贵族为避免叛逆罪使自己的土地被敌对方没收，往往设立用益权，把土地委托给爱好和平的庶民代为管理。

（二）信托制度的肇始：从土地用益制到信托制

土地用益在英国大量使用，产生了四个明显结果：

1. 因为合法地产已从最初的所有人处转移出来了，所有人的死亡和财产转移给继承人不影响合法地产。因此，封建附属权利，如所有权转移的罚金、财产充公、先占金都被破坏了。

2. 用益的产生使所有人撇开普通法的限制，获得了可遗赠的权力。

3. 用益使得秘密的转移变得便利，掩盖了实际所有者的意图，因此破坏了封建赋税制度。

4. 通过用益在同一块土地上产生了一些普通法的权益，在普通法上具有强制力，还有衡平法上的权利——为继承人的权益占有土地的权利。普通法不承认受益人的权益，通过大法官法院产生了①。

因为当时国王的财政收入主要来自土地，所以用益制既造成了国王与教会的经济利益冲突，也形成了国王、贵族和乡绅各自的利益矛盾和诉求，把国王的封建附属权利几乎剥夺殆尽，于是在 1536 年产生了《用益法》，通过以下途径恢复了国王的封建附属权利：将用益权转化为普通法上的权利，国王对普通法上的权利有收取封建赋税的权利；取消遗赠的权利，保证国王的封建附属权利不受侵害；通过法定寡妇所得产禁止继承亡夫遗产；保护国王的监护权。

这样一部分用益被《用益法》和普通法承认，一部分不被承认的用益在 17 世纪后半期发展成了信托：积极用益、有期地产产中产生的用益和用益之上的用益。当时法院把这三种不被承认的用益统称为“信托”，并且是被衡平法院通过 Tyrrel’ Case （1557 年） 和 Sambach v Daston Case （1635） 判决确立的。被《用益法》执行的用益只能影响到土地法，衡平法信托不止影响到财产法，而且影响到家庭法、公法。

但是，信托兴起的时候，英国土地保有制已经发生了很大的变化，“16 世纪、17 世纪时，设定信托的原因与当初设定用益的原因有很大不同。它们与遗嘱处分土地无关，因为此时普通法上已经承认了遗嘱处分权。同时他没有规避

---

① 参见余晖著：《英国信托法：起源、发展及其影响》，清华大学出版社 2007 年版，第 74 页。

封建义务的企图；如果有这种企图的话，大法官对此视而不见是令人难以想象的”①。16世纪以后，尤其是到17世纪时期，随着英国社会生产的不断发展，在实践中，信托逐渐成了一种重要经营管理财产的手段。社会的变革赋予信托不同的时代含义，也为信托财产权利的建构提供了不同的社会基础。因此，大法官在建构信托权利制度的过程中，一方面继承了中世纪用益的一些合理规则，保留了一些《用益法》以前的用益法理论，比如善意有偿购买人的理论等；另一方面，又根据社会的需要对其进一步完善，使得现代信托与中世纪用益在具体规则方面产生了一些差异，1757年的Burgess V. Wheate一案中，大法官曼斯费尔德明确指出：“用益和信托本质上是一个事物的两种称法，但是，与此相反，大法官法院的做法存在区别”。

信托与中世纪土地用益的差异主要有以下几个方面：

（1）中世纪的用益一般是消极用益，主要目的是为了转移财产；信托中受托人的义务多种多样，既可以是消极持有土地并按照受益人的指示处分土地，也可以是出售土地、积聚收益、经营管理等。从用益到信托的发展过程，反映了衡平法土地权利的价值目标的变化，即从最初的转移财产转向后来财产转移向经营管理并重。

（2）用益只能存在于土地上，现代信托的客体非常广泛，不仅仅限于土地，还包括各种动产甚至根本与财产无关的东西。

（3）在中世纪，没有受托人不可能有效设定用益；而在现代信托法上，信托即使没有受托人也可以存在，由大法官法院根据实际情况指定受托人。

（4）在中世纪用益上，法人团体没有意识和良知，不能做受托人，而国王身份的特殊性也决定了他不能做受托人；在现代信托法上，国王和法人团体均可以做受托人。

（5）在中世纪，用益权受到受托人土地保有权变动的影响和制约，用益财产没有完全独立于受托人财产；而在现代信托法上，信托财产具有更大的独立性，受益人的权利不受针对受托人的有关判决或负担的影响，即便受托人破产，受益权也不受影响。到19世纪时，法律还明确规定，当受托人犯重罪或叛逆罪导致其地产被没收，或受托人绝嗣导致地产归复给领主时，受益人的权益也不受影响。

由此可见，在建构现代信托的过程中，大法官并没有拘泥于中世纪用益的

① F. W. Maitland: Equity, revised by John Brunyate, Cambridge University Press, 1949, pp. 75.

规则，根据时代的需要，摈弃了原先的许多用益规则，如在很大程度上将信托看做一种附着在土地上的财产权；在中世纪衡平法上，用益约束的是受托人的良知，在很长时间内与受托人本人联系在一起。现代信托法上，信托更大程度上约束的不是土地本身，这既是中世纪用益与现代信托的最大差异所在，也是两者产生差异的根本原因。

二、从土地用益权到受益权：衡平法上所有权的实质

普通法上的土地保有权是以占有为基础，保有人对土地的占有既是他享有权益承担义务的基础，也是领主获取保有制权益的依据。假如保有人基于特定目的采用设定用益的方式处分自己的土地，即他将土地交给第三人占有并由自己享有或支配土地的收益，他的土地权益就成了一种不包含占有的权益。对领主而言，由于保有人不占有土地，因此保有人不履行义务时，领主不能通过扣押土地的方式迫使其履行义务，也就是领主的权益也变成了一种没有占有的权益。这种用益制产生的不包含占有的土地权益，无法适用普通法土地保有权制度加以规范。为了保护和规范这些不包含占有的权益，大法官适时进行干预和调整，最终在普通法土地权益之外将用益权作为一种新型的权益确认下来。法官在规范和保护土地用益制时，没有完全脱离普通法上的土地保有权，而是遵循普通法土地保有权的制度模式，从而将普通法上的土地保有权制度模式应用到衡平法之上，最终建立了保有权模式的衡平法土地权利制度。随着信托财产标的从土地发展为各类动产和无形财产权利，土地上的用益权发展为财产权利上的受益权。封建保有制也拟制到信托财产衡平法上所有权。因为保有制是以人身依附义务和封建附属义务为中心展开的，所以衡平法也是以义务为基础和中心展开的。这种义务后来发展为信义义务和信托受托人义务。

（一）受益权的性质与土地保有制的关系

用益权产生后，土地用益源于一个人对另一人的信赖，委托人对受托人的信赖使后者负担了一种义务。正是这种义务构成了用益权的基础，该义务的性质直接决定了用益权的性质和特征。

衡平法产生之初，大法官认为，在土地用益关系中，委托人基于对受托人

的信赖将土地转让给受托人，后者基于良心产生了一种诚信守信的道德义务[①]，受托人违反信托协议的行为，不仅损害了土地受益人的权利，也是一种违反道德的行为。法律只要保证受托人履行道德义务，受益人权益就能够得到保障，因此，用益权的基础是受托人的良心。基于这一认识，土地用益关系仅拘束受托人的良心，衡平法上的受托人必须是值得信赖的自然人，不值得信赖的人如被监禁的人、外国人等和法人团体不能作为受托人[②]。大法官的这一方式直接决定了他介入保护的方式，“衡平法只有在被告的良心在某种程度上受到影响时才对作为被告的人发生作用……衡平法提供给原告的救济是因为被告昧着良心做出对原告不利或没有做出对原告有利的事情”[③]。在很长时期内，大法官通过拘束受托人良心和信用保护用益。

将用益权的基础认定为受托人的良心，使得大法官保护的用益权仅仅能够拘束受托人本人。“用益的最初概念是一种约束受托人良心的信托，是一种人身性的义务。因此，受托人死后，其继承人可以不受该信托的约束，以前产生的良心义务对他没有拘束力……受益人只能针对受托人本人才能得到救济。同样，因没收而占有土地的领主，因扣押权而取得土地的债权人以及因鳏夫产、寡妇产而取得土地的丈夫或妻子不受用益的拘束”[④]。在这一观念影响下，最初产生的用益权是一种只能拘束受托人本人的对人权（right in Personam）。这也是信托用益权是对人权的来源。

从用益权的来源看，受益人的权益来源于委托人对土地保有权或者说地产权的分割，是一种物（受托土地）上的权益。衡平法将用益权仅仅视为一种只对受托人本人的权利，无疑将受益人置于一种不利的法律地位。因为，第一，如果受托人违反信托义务将土地转让给他人，由于受让人不受土地用益的拘束，受益人不能对受让土地的人主张权利。第二，根据土地继承规则，受托人死亡时，他生前占有的土地按照普通法继承规则传给继承人，继承人完全可以不受用益的拘束取得土地收益。第三，用益权的范围和内涵十分广泛，权利人

---

① 法律最先认为用益的基础是受托人的良心，其本质是道德性的和宗教性的义务，唯一的外在机构就是忏悔神父，但从亨利三世始，教会法庭不再管辖世俗事务，最终教会法庭失去了教会法则规范用益的机会，但基督教精神仍然在发挥作用。

② 衡平法认为，法人团体没有良知和意识，不能成为受托人。在实践中，组成法人团体的自然人已共同受托人的身份占有土地，按照普通法共同保有制规则行使权利。

③ ［英］F. H. 劳森、B. 拉登：《财产法》，施天涛等译，中国大百科全书出版社 1998 年版，第 52 页。

④ See K. E. Digby, An intrudoction to the History of the Law of Real Property with Original Authorities, 5th edn., London: The Clarendon Press, 1897, pp. 327.

除了通常情况下享有主张受托人履行信托义务的请求权外，在特定情况下还有支配土地的权利（比如指示受托人处分土地），将用益权仅仅视为一种针对受托人本人的权利，显然不能充分反映用益权的全部内容。所以，衡平法的这一认识和相应规范方式不能为受益人提供充分保护。从15世纪中期始，为了更加充分保障受益人的权利，大法官开始突破“对人权”的传统框架，将用益权的效力从受托人本人扩展到从受托人手中取得土地的第三人，用益权开始具有了对物权的特征，从“对人权”向“对物权”的转变。

在用益权性质的转化中，关键问题在于如何解决受托人义务的延续性问题。为了确定哪些持有土地的人应当受到土地用益的拘束，15世纪时，衡平法发展了“知悉理论”（doctrine of notice），为用益权性质的转化提供理论支持。

知悉理论是大法官在普通法之外独立发展起来的，这个理论和相关规则很复杂，核心目的在于解决土地转让中土地上原有的用益是否对受让人有拘束力的问题。根据1466年《法庭年鉴》记载，在土地转让中，受让人如果知悉被转让土地上存在用益，尽管他支付了价款取得土地，他仍然应当继续受该土地上原有用益制的约束，继续以受托人身份持有土地。法律对这一规则给出的解释是，受让人在知悉土地存在用益的情况下，还从受托人手中取得土地，因此他是与受托人合作欺诈受益人，不能基于欺诈获取收益。这一法律解释使得用益权首次超过了最初的受托人，开始对第三人产生拘束力。

在受托人将土地转让给他人时，根据对价规则，受让人如果无偿取得土地，由于没有支付对价，尽管占有土地，但土地的用益依然没有发生转移，即用益拘束无偿取得受托人土地的第三人。如果一个人不知道土地上存在用益，且支付了价款，以自己为受益人取得土地，土地原有的用益对他没有拘束力，即为衡平法上用益不得对抗善意第三人有偿取得土地的人。

当受托人违反信托义务在没有取得任何对价的情况下将土地转让给他人时，土地上的用益不会因为归复用益原则继续由出让人取得，也就说土地占有人尽管发生了变化，但土地用益没有发生变化。1482年，大法官哈塞（Hussey）强制受托人的继承人承担受托人的义务。1522年，波拉德法官明确阐述了这一理论，奠定了后来衡平法上善意购买理论的基础，法庭判定，任何从受托人手中接受土地的第三人（包括遗产地代理人和债权人）都应当受土地上用益的拘束，但善意有偿购买土地的人或者通过该人主张权利的人除外。到十五世纪末，不仅最初的受托人要受信托义务的拘束，任何非善意有偿取得受托土地的人也受信托义务的拘束。

在知悉理论支持下，受托人的义务被附着到土地上，任何取得土地的人都受到该义务的拘束，但不能对抗善意购买人。因而，受益人的权利最终没有成为一种充分的对物权，仍然具有对人性的特征。所以，衡平法上的用益权是一种兼具对人权和对物权特征的财产权利。这种双重性质与作为一种对物权的普通法土地保有权形成了鲜明对比。

随着衡平法产生，委托人设定土地用益后，在同一块土地上出现了两种财产权利，即普通法上的土地保有权和衡平法上的用益权。这两者的关系表现在：

1. 从来源上看，用益权是从土地保有权中分离出来的一种权益。在用益制下，委托人将土地转让给受托人并与后者建立土地保有制关系，同时土地上的权益在受托人与受益人之间做了分割，受托人占有土地取得普通法上的土地保有权，受益人不占有土地但获取土地上的收益。

15 世纪末 16 世纪初，衡平法上兴起的对价（consideration）理论为判断占有和用益分离提供了依据[①]。对价指转让土地的合理原因（sound reason），取得土地价款、虔心信教、对家人的关爱、婚嫁等均可以构成有效的对价。根据“对价改变用益”（consideration changes the use）的基本原则，当委托人为了第三人的利益将土地转移给受托人占有时，如果委托人取得了任何一种对价，土地占有转移的同时用益也发生转移。在有些情况下，当事人尽管没有转移土地占有，但是已经基于转移土地占有为目的支付了一定对价，也成立一个有效用益。在 1535 年的案例中，法庭认为，如果 A 与 B 达成土地买卖协议，B 支付了价款，尽管土地依然由卖方占有，但 A 就是以 B 为受益人占有土地[②]。根据“对价的缺失导致用益复归”（the absence of consideration caused the used of result back）原则，如果委托人没有取得任何对价将土地转让给他人占有，那么土地的用益也会从中分离出来，但不会转移给对方，委托人取得用益。这就是归复用益。

用益权与土地保有权之间的逻辑关系决定了前者必然以后者为基础，在具体的形态和内容方面受后者制约，奠定了英国土地用益权与土地保有权之间关系的基本格局。

2. 从法律地位上看，衡平法上的用益权与普通法上的保有权同时并存于同

---

① 笔者认为，封建保有制内含对价理论。

② A. W. B. Simpson，A history of the Land Law，Oxford：The Claredon Press，1986，pp. 178.

一块土地上。随着用益制的发展，英国土地法上被受托人占有的土地上出现了两种财产权利，即受托人享有的普通法土地保有权和受益人享有的衡平法上的土地用益权，前者以土地占有为基础，受普通法法院保护和管辖，后者不包含土地占有，受大法官法院管辖。大法官法院是在普通法法院对土地保有权提供充分保障这一前提下，将自己的管辖权限制在普通法法院无法管辖的信托和诚信领域内，没有剥夺普通法法院的任何权力和职能，更没有以用益权取代普通法土地保有权。受托人是普通法上的权利拥有人，受益人是衡平法上的权利拥有人：前者拥有普通法的财产权，后者在同一块土地上拥有衡平法上的财产权"①。

3. 具体规则方面，用益权遵循土地保有权的规则。大法官尽管具有教会法和罗马法的知识背景，但是在具体保护和规范用益权时，并没有完全抛开英国普通法土地保有权制度，建立起所有权模式的用益权体系，而是以普通法土地保有权制度为基础，遵循着"衡平法遵从普通法"（equity follows the law）这一基本原则建构用益权的规则和体系。大法官之所以采用这一条基本的原则，主要有以下三个方面的原因：

（1）用益权以土地保有权的存在为基础和前提。用益权是从土地保有权中分离出来的，没有受托人占有土地，受益人的权利就变成了无源之水、无本之木。委托人土地保有权的形态和内涵制约着用益权，委托人在任何情况下都不可能在一种终身地产上切分出无限期延续的用益权，也不可能从自己的土地保有权中切分出大陆法上的绝对所有权来。因此，土地保有权的性质和特征在很大程度上决定了用益权存在的形态和内涵，衡平法不可能抛开普通法的土地保有权规则建立用益权的相关规则。

（2）衡平法和普通法有共同的价值目标。普通法和衡平法都是以共同的正义原则和实体法为基础发展起来的法律制度，在要实现的价值目标方面是一致的，只不过在形式和程序方面存在区别②。就其性质而言，普通法则是一个独立的制度，衡平法是在认可普通法的前提下发展起来的，不是一个独立的制度，在各方面都以普通法的存在为前提③。衡平法在行使司法管辖权时，大法

---

① See E. H. Burn, Cheshire and Burn's Modern Law of Real Property, 14th edition., Edinburgh: Butterworth & Co., 1988, pp. 43.

② See William Blackstone, Commentaries on the Laws of England, edited by W. M. H. Browne ST. Paul: West Publishing Co., 1897, pp. 569.

③ See F. W. Maitland, Equity, revised by John Brunyate, Cambridge University Press, 1936, pp. 19.

官也从不认为自己在实施一种与现行法律不同的规则体系，大法官在保护用益的时候，仅仅将自己的管辖限制在普通法法院无法管辖的信托和诚信领域内。以土地的继承为例，根据普通法上的长子继承制，父亲死后，只能由其长子取得土地的保有权，该长子的兄弟姐妹均无权取得继承收益。假如长子为了阻止父亲遗嘱处分土地，向父亲许诺自己将来不会独享被继承财产，而是将自己的继承收益分给兄弟姐妹，父亲相信了这一诺言未立遗嘱而亡，但长子继承土地后又违背了自己当初对父亲的诺言不将继承收益分给兄弟姐妹，那么大法官就会介入，要求他履行自己当初的诺言，但是大法官没有质疑他的继承权，仅仅是在普通法长子继承制的基础上，判决继承人履行自己承诺的义务并采取必要措施保证这一义务的履行。

（3）以普通法土地保有权为榜样建构用益权体系和规则。早期大法官法院的工作需要普通法律师的参与。中世纪在处理用益或信托事项时，大法官紧密遵循着普通法的规则——他们经常请教普通法法官，在他们面前辩护的律师是普通法律师，因为还没有衡平法律师（chancery bar）。这样的一种工作方式，使得普通法的影响贯彻到大法官对土地用益关系管辖的全过程，衡平法土地权利无论从权利种类、形态、权利行使规则等方面都遵从普通法地产权制度的模式。

在权利种类及其具体形态方面，用益权和土地保有权之间存在着一一对应的关系，普通法上的各种地产形态均可以存在于用益权益之上。在衡平法上，除了存在与普通法上对应的土地共有权益以外，还同样可以在时间维度上将用益进行分割，产生衡平法上的自由继承权益、限定继承、终身权益、或租赁权等权益形式。在衡平法上，可以采用与普通法地产同样的设定术语设定相应的衡平权益形态，例如，以“to B and his heirs to the Use of C and his heirs”的形式为C设定自由继承用益权、以“to the use of C and the heirs of his body”的形式为C设定限定继承用益权，还可以进一步限定为限定男嗣继承的用益权（in tail male）和限定女嗣继承的用益权（in tail female），以“to the Use of C for life”的形式为C设定终身用益权，以“to the use of C for ten years”的形式为C设定与租赁权相似的定期用益权等。

在权益的传承方面，衡平法按照普通法地产的规则规范用益权的继承，比如自由继承的用益权由一般性继承人依据地产继承的规则传承，限定继承用益由被限定的继承人继承。在遗嘱继承时，遗嘱的形式和要求与普通法上相同。权利人生前没有遗嘱处分自己的权益时，衡平权益和普通法上的地产一样传承给同一个继承人，终身衡平所有权人与普通法上的终身地产保有人一样可以因损坏承担责任。

在权利的具体行使规则方面，衡平限定继承权益可以按照普通法上的共谋拟诉手段废除，即存在衡平法上的共谋拟诉（equitable recovery），衡平法上的限定继承权益人可以像普通法上的限定继承地产权人一样，通过这一程序废除限定继承设置，在衡平法的程序中，存在与普通法上相同的名称，比如名义原告（tenant to the praecipe）同样的拟制等[①]。

（二）衡平法上所有权的内容

作为衡平法上所有者，享有衡平所有权的具体内容非常广泛[②]。本文归纳如下三种：

1. 衡平法上所有权表现为受益人对信托财产的受益权。事实上，英美信托法上没有“受益权”概念，只有“衡平法所有权”的理念，“受益权”是大陆法体系概念，其中的“益”是指具体的经济利益，包括信托财产所滋生的孳

---

① See F. W. Maitland, Equity, revised by John Brunyate, Cambridge University Press, 1949, pp. 108—109.

② 在英国，衡平法下信托受益人享有的财产权利具体有 13 项之多。（1）有权利使受托人持有和控制信托财产，但是该信托财产独立于受托人的个人财产或使受托人持有的其他任何财产（除非受托人被授权对财产进行“共同”处理，这样就产生了一个独立的、由许多无形财产组成的财产共同体，其中的财产按比例属于多个信托，或属于受托人的个人财产和多个信托）。（2）有权利使信托基金被进行适当的投资，并在所有受益人之间保持利益的平衡。（3）有权利查看信托账目，并不时地检查它们，以及要求受托人对应属于受益人的收益进行解释。（4）有权利要求受托人考虑是否应履行他们的自由裁量权，并对明显以任性、鲁莽或错误的方式行使的自由裁量权行为提出异议。（5）有权利要求受托人对任何违反信托的行为进行补救，对由受托人的不诚实或不可免责的能力欠缺而引起的收益或本金损失进行赔偿，并且对任何他们可能从信托中未获授权而取得的利润进行赔偿。（6）有权利提出申请免除不令人满意的受托人。或者就影响他们权利的某个问题要求法院的特别指导，或者向法院申请任命司法受托人，或由法院管理信托。（7）有权利作为原告对侵权人或违约人提起诉讼，并将受托人列为共同被告，使之加入到诉讼中来，但这仅仅只能发生在受托人不当地拒绝作为原告代表信托，要求有过错的侵权人或违约人进行损害赔偿的情况下。（8）如果全部受益人都健在，且成年、神志正常，那么他们有权利集体终止信托，并指示受托人按照他们的要求处置信托财产。（9）有权利代表潜在的受益人，要求法院根据《1958 年信托变更法》许可变更某些信托条款，如果该变更将使那些潜在的受益人受益，这些受益人由于未出生、无行为能力或不确定而无法作出同意的表示，而其余的受益人（除了某个保护信托下的临时的自由裁量受益人）同意进行变更。（10）有权利将他们自己根据信托（如果以满足《1925 年财产法》第 53 条（1）（c）书面签署方式。或者一个 CREST 免责的处置方式）而享有的受益权出售、赠与或进行其他处置；并且受益人有权利在他们的利益范围内同意违反信托的行为，或者授权同意其他可能构成违反信托的行为。尽管如果受托人因上述违反信托的行为而对其他的受益人负责，那么根据《1925 年财产法》第 62 条，法院享有自由裁量权，这很可能会使这些受益人的利益被受托人扣押。（11）有权利追踪信托财产，并由此从信托财产或其可追踪的物品中获得衡平法上的留置权（或质押权）或相当比例的衡平法利益。如果这些财产或物品不当地落入任何非善意、对信托财产普通法的所有权支付了对价且对违反信托行为不知情的买受人的手中时。（12）如果第三方不诚实地帮助违反信托，或不诚实地为了自己的利益处置了信托财产，那么受益人有权起诉第三方，使之与受托人承担共同连带责任。（13）有权利起诉第三方，以防止其以受益人的损失为代价通过违反信托而不当得利。参见［英］D. J. 海顿著，周翼、王昊译：《信托法》，法律出版社 2004 年版，第 167—169 页。

息，也包括投资所得收益。“受益权”是指由信托财产所产生的经济利益权利。

2. 当信托文件没有对信托终止后信托财产所有权作出安排时，“衡平法上所有权”表现为信托财产的最终归属权，即在信托终止后，由受益人享有信托财产的最终完全所有权。这体现了按地产权的时间分割的特点。根据经典判例 Saunder v. Vautier 案确立的原则，成年受益人享有全部信托利益的受益人有权终止信托，取得信托财产。同时在信托文件没有确定信托的期限，受益人又没有行使终止信托的权利的情况下，根据英美法上禁止永续原则，信托财产必须与信托生效后存活的受益人加上 21 年的期间内归属最终受益人①。

3. 受信人违反衡平义务时，受益人所享有衡平法上的救济，均为受益人的财产权利。受信人的信义义务是一种或有负债，一旦违反即变成现实的负债，对应成为受益人的权利。因此，“衡平法上所有权”不仅表现为受益人对受托人的损害赔偿请求权，还表现为受益人对信托财产的追及权，即衡平法上的追踪权。受益人的权利不仅可以对抗受托人，还具有对世性，但不知有信托存在且支付了对价的购买人除外。衡平法上的救济还有特别履行令、禁令、更正、撤销，其他救济手段还有记述、任命接受者、文件的交付和撤销以及发现。

特定履行之法令是法院颁布的强迫某人履行合同或信托之下的义务的命令。这种救济手段特别适合合同之诉，它与禁令和其他衡平法救济手段有共同的特征。它的颁布是自由裁量的结果。当原告没有依衡平行事时，例如支付的对价不足或对于损害有足够的救济时，特定履行的法令不会颁布。由于这个原因，特定履行仅仅适用于某些合同违约的救济，例如，有关珍稀物品或个人物品之买卖，更常见的是土地的买卖。禁令是法院发出的强迫或禁止某些行为之履行的命令。命令被告履行某些行为的禁令称为 mandatory，prohibitory，禁令禁止被告进行某些错误行为不法行为通常是侵权。有几种情况可以申请撤销，最重要的是欺诈和无知的误述。如果法律文件在抄写中发生了错误，法律文件不能反映双方的真实意图，衡平法院会宣布有管辖权，更正该文件。更正仅为错误而存在，不允许更改合同而仅仅是更正法律文件。

（三）衡平法上所有权的性质

衡平法上的所有权是由土地用益权发展而来，用益权在本质上是一种不包含土地占有的土地权益，是从普通法上分割出来的一种财产权利。衡平法上所有权

① （1852）19 Beav. 77，133.

是一种独特的财产权利，同时体现了对人权和对物权特征，要求受托人履行衡平法上义务。衡平法所有权尤其对于大陆法系人难于理解，所以我先从与普通法所有权比较开始，再从英美法系和大陆法系理论对受益权性质的解释进行说明。

1. 衡平法所有权在五个方面区别普通法所有权：

(1) 在信托中，普通法所有权由受托人所有，在财产上对衡平利益的主人负有衡平责任。当财产的受益人达到法定年龄和拥有法律能力时，受益人有权请求财产衡平法意义上的所有权。在这种情况下，信托终结。这个规则经常表现为：当自由裁量信托所有受益人达到法定年龄时，受托人就没有权力去积累每年的收入而不分配了。

(2) 衡平法所有权可以转移、让与或者通过遗嘱继承，但要求用不同形式来处理这种利益，而在处置普通法财产时没有这种要求。例如，处置衡平财产时必须用书面形式，由利益处置人签名，或者在那个人的遗嘱中，或者由一个在书面上合法授权的代理人签署。

(3) 衡平法利益在登记时被区别对待。明显的例子是托伦斯土地所有权制度——登记主义为绝对优先原则，又称不可击败原则。在衡平法制度下，并非一登记就绝对享有。

(4) 衡平法财产相对不稳定。衡平法权利应某些目的被认为是财产，而另一些目的不是。

(5) 如果普通法上的财产有偿转移给善意购买者，购买者预先不知道这个衡平法利益的存在，则衡平法财产会丧失。

2. 不同的理论解释。在信托关系内部，衡平法所有权表现的是对人权的权利，即请求受托人为一定行为的权利。在信托期间，受益人向受托人要求信托财产产生的收益，信托终止后，在委托人没有特别安排的情况下，信托财产自动归受益人所有。这与大陆法系的“弹性力”或“归一力”正好一致。受益人请求受托人返还信托财产的请求，是物上请求权。

在信托法律关系外部表现为一种对物权。第一，在其他人强制执行信托财产时，受益人有异议权。这在各大陆法系信托法中有体现。第二，当受托人违背受益人利益处分信托财产时，受益人有权撤销处分行为。在受托人无力赔偿的情况下，受益人可以请求追踪的救济，从持有信托财产的人手中取回信托财产，或者代表信托财产的其他财产。如果信托财产或者代表信托财产的其他财产在受托人或第三人手中可能增值，或者产生收入，衡平法的追踪救济可以使受益人获得增值部分或收入。这与大陆法系赋予所有权的追及性非常相似。

从衡平法所有权发展的过程看，受益人的权利最初是在衡平法院获得承认的，纯粹是对受托人的，但后来随着对受益人权利衡平救济的加强和范围扩大，受益人有权追踪信托财产，渐向对物权利方向发展，超出了对人权的范围，但自由裁量信托的受托人对受益人权利的分配明显不具有对物权性质，目的信托和慈善信托等新型信托大量出现，受益人不确定或者受益人权利弱化，更是如此。因此衡平法上所有权究竟属于对人权还是对物权，英美法学家至今仍在争论①。

大陆法系国家在引进信托制度时，以民法上的绝对所有权观念和权能（占有、使用、处分和收益）分解观念，把衡平所有权套用物权和债权概念去理解，产生了法主体说、债权说、物权债权并行说、物权说、财产机能说、附条件法律行为说②，还有特殊权利说、代理人说③。这些解释与信托法的实践严重不合。由于既有的理论都不能解释信托受益权的性质，有学者折中解释为独立形态的权利组合，是一种混合权利④。这种解释忽视了英国独特的财产权利分割这一现实。

因为信托的衡平所有权是公平正义良心的道德哲学，恰好与大法官制度和国王的税收利益需要契合的情况下衍生出来的一种法律制度，并且经过法官造法和执业律师的司法制度，即根据具体案情和基本的法律原则依先例作出判决，没有先例就创造先例，也就是阿蒂亚所揭示英国法的精神——高度实用主义，不是遵循逻辑和抽象原理，着眼于解决具体问题⑤。所以，衡平所有权不是根据哪一个高度抽象的法律理论发展起来的，是按照英国封建地产权利分割的模式，在普通法所有权基础上产生的一种未来财产权利，打上了鲜明的亚里士多德式正义印记。所以，信托的衡平法所有权的性质——信托受益权，既不能套用后世形成的对人和对物权的理论，也不能说是一种独立形态的权利组合或者说混合权利，更不能套用大陆法系的权利思维理念去理解。

---

① 参见何宝玉著：《信托法原理研究》，中国政法大学出版社 2005 年版，第 43—46 页。

② 参见周小明著：《信托法律制度比较研究》，法律出版社 1996 年版，第 30—34 页。

③ 参见何宝玉著：《信托法原理研究》，中国政法大学出版社 2005 年版，第 49—50 页。

④ 分别参见周小明著：《信托法律制度比较研究》，法律出版社 1996 年版，第 34—36 页；何宝玉著：《信托法原理研究》，中国政法大学出版社 2005 年版，第 46 页。

⑤ 参见［英］P. S. 阿蒂亚著，刘承韪、刘毅译：《英国法中的实用主义与理论》，清华大学出版社 2008 年版，第 3—6 页。

第三节
衡平法下的信义义务与信托义务

一、衡平法的法理学精神实质

衡平法是信托之母，衡平法的灵魂和核心是衡平法义务，即信义义务，在信托法律关系中的运用就是信托义务。准确理解衡平法的精神实质，是理解信义义务的前提，也是正确和深刻理解信托的衡平所有权、受托人信托义务的基础。

衡平法是英国的法律渊源之一，并且遵循先例。那么衡平法及其先例为什么能够长期生存下来直至今天呢？其背后的精神实质是什么呢？曼斯菲尔德（Mansfield）在18世纪就指出，“英国的法律是建立在原则基础之上的”①，“判例的理由和精神可成为法律，而特定先例的文字不能”②。美国法理学家博登海默明确指出“不是先例，而是隐藏于其后或超越于其上的某种东西赋予了它以权威性和效力。据此观点，使司法具有法律效力的力量，并不是法官的意志或命令，而是原则的内在价值或是体现于判决中的习惯实在性（the reality of the custom）”③。比较法学家戈德雷更是直截了当指出，大陆法和普通法的基本原则是相同的，都是建立亚里士多德的分配正义、交换正义基础之上，不同的是具体法律规则④，但是他忽视了矫正正义⑤和法律思维的不同。

---

① Jones v. Randall（1774），Cowp. 37.

② Fisher v. Prince（1762），3 Burr. 1363.

③ 参［美］E. 博登海默著，邓正来译：《法理学：法律哲学与法律方法》，中国政法大学出版社1999年版，第431页。

④ 他据此对英美法系和大陆法系中的财产法、侵权法、合同法和不当得利返还法做出了解释，并且把众多哲学家、法学家和经济学的正义观发展过程和内容作了梳理分析。参见［美］詹姆斯·戈德雷著，张家勇译：《私法的基础：财产、侵权、合同和不当得利》，法律出版社2007年版，第1—6页，第9—47页。

⑤ 亚里士多德把正义分为分配正义、矫正正义、交换正义和回报正义等许多种。分配正义就是确保每个人得到他所需要的东西，按比例适度分配，但不等于需要什么就给什么。交换正义就是使每个人在没有不公平地减少其他人的同样能力的前提下获得所要之物。在非自愿交易中，及一个人违背另一个人的意愿拿走属于后者的资源，交换正义要求这个人返还该资源，或者返还具有同等金钱价值的物。在自愿交易中，要求以任何一方都不会遭受损失的价格进行交易。参见［古希腊］亚里士多德：《尼各马可伦理学》，商务印书馆2003年版，第130—164页。亚里士多德看到了人的欲望与现实的矛盾，他的公正观念与中国传统的“中庸”很类似。我认为，目前世界各国的对上市公司和金融机构以经济增加值或者说风险资本比率作为监管手段，就是交换正义的法经济学体现。

人们都一致同意衡平法和先例体现了公平、正义和良心的精神实质，但普通法在早期产生和发展中也是体现了这一原则的[①]。为什么普通法丧失了这一原则而衡平法使之成为法律呢？因为普通法由于贵族的反对和执业律师阶层的兴起导致普通法的僵化。所以衡平法初创之时，“是被当作一种针对普通法的普遍性与僵化性的亚里士多德式的矫正剂来使用的，后来它渐渐演变成了一种与普通法规则或制定法规则相区别的规则体系；这二者之所以不同，乃是因为衡平法规则有时是以较为灵活的方式加以表述的，然而那种在历史上起过衡平作用的特许形式则在很大程度上丧失了作用”[②]。所谓亚里士多德式矫正就是“矫正正义”（corrective justice）[③]，即当法律太原则而不能解决具体问题时，按照衡平（epieikeia）对法律正义（legal just nomos）进行的一种矫正，衡平高于法律正义[④]。矫正正义还包含了交换正义的内容。衡平法的程序、格言和救济都具体体现了矫正正义和交换正义的思想[⑤]。波斯纳也认为矫正正义含有救济。据此，普通法是对先前的法律一种矫正，衡平法又是对普通法的一种矫正。矫正正义和交换正义的实现赖于法官自由裁量权。

法律都是一般化的，所考虑的是多数案件，亦即典型的和一般的情形，但法律却无法对特殊的情形作详尽规定，因此，法律往往不能适当地处理独特的案件。当这样一种案件出现时，法官就可以背离法律的字面含义，并像立法者所可能会对该问题作出的处理。这就是博登海默所说的“个别衡平”，法官行使个别衡平的权力，不仅仅是以衡平手段根据案件本身的事实审判一个异常案件，还可能在制定一种能够调整将来会出现相似事实情形的新的规范标准[⑥]。

许多法律制度在处理有关以衡平方式纠正刚性法律和交换的问题方面，都

---

① See Alastair Hudson, Equity and Trust, Sixth edtion, RefineCatch Ltd., 2010. pp. 10.

② 参见［美］E. 博登海默著，邓正来译：《法理学：法律哲学与法律方法》，中国政法大学出版社1999年版，第461页。

③ 亚里士多德认为矫正的公正包括两类私人交易：出于意愿的和违反意愿的。见上页注⑤的交换正义。参见［古希腊］亚里士多德：《尼各马可伦理学》，商务印书馆2003年版，第134页。

④ See Alastair Hudson, Equity and Trust, Sixth edtion, RefineCatch Ltd., 2010. pp. 10.

⑤ 参见［美］E. 博登海默著，邓正来译：《法理学：法律哲学与法律方法》，中国政法大学出版社1999年版，第459页。

⑥ 参见［美］E. 博登海默著，邓正来译：《法理学：法律哲学与法律方法》，中国政法大学出版社1999年版，第459页。

发展了各自的机制[①]。但为什么只有英国能够发展出一套补充普通法的衡平法体系？也就是作为"公平、正义和良心"的自然法是如何变成实体法和可执行的权利呢[②]？因此，下文以上述思想资源为基础，论述衡平法精神的英国传统以及怎样通过制度安排和与利益契合成为实体法和程序法的。

二、信义义务释义

fiduciary duty or fiduciary obligation[③]，国内译为信义义务[④]、信托义务[⑤]、信赖义务等，其派生概念如受信人（fiduciary，又译作受托人），信义关系（fiduciary relation，又译作信托或信赖关系），源自英国衡平法，在我国被广泛引用，但又存在颇多歧义，除了翻译上的混乱外，中国内地学者在谈论信义（赖）义务的时往往等同于信托法上受托人所负的信托义务（duty as a trustee），将受信人（a fiduciary）等同于受托人（a trustee）。实际上这是既有联系又有区别的两组不同概念。下面援引权威著述予以说明。

《布莱克法律词典》对 fiduciary 解释道[⑥]："作为名词是指一个具有受托人或者类似于受托人特性的人，该特性包含着信赖与信任（trust and confidence），要求审慎的善意与诚实（scrupulous good faith and candor）。作为形容词是指信托之特性、具有信托之特点、与信托相类似的、与信托相关的或者建立在信托或信任基础上的"。又对"fiduciary relation"解释为"是一个极为宽泛的概念，

---

① 关于罗马法和英国法是如何依照衡平原则处理有关法律问题的，可以参见［美］罗斯科·庞德著，余履雪译：《法理学》（第一卷），法律出版社 2007 年版，第 336—341 页。在我国古代也存在衡平司法（参见顾元：《中国传统衡平司法与英国衡平法之比较》，中国政法大学博士论文，2002 年），但没有发展为类似衡平法的法律制度（参见冷霞："'同途殊归'还是'殊途同归'？—兼评〈中国传统衡平司法与英国衡平法之比较〉"，《比较法研究》2010 年第 2 期。

② 我看到的波斯纳、博登海默、戈德雷、霍姆斯、庞德、富勒等人的法理学著作，都没有阐述这一观念的东西是如何化为现实的制度安排，国内也没有人论述衡平法的思想资源是如何转化为现实的法律制度。我在此的一个初步探讨，希望能够引起批评。

③ Obligation 表示与对人权利相联系的义务，是积极的义务，即做或履行的义务，与对人的（in personam）相对应。Duty 表示与对物的权利相联系的义务是消极的，即容忍或抑制的义务，与对物的（in rem）相对应。参见 George T. Bogert，Trust，6th edition，West Publishing Co.，1987，pp. 134—135。

④ 中国香港学者何美欢教授将"fiduciary"译为"信义"，而将"fiduciary duty"译为"信义义务"。参见何美欢著《香港代理法》，上册，第一章、第十五章，北京大学出版社 1995 年版。国内有人译为信义义务，参见：［美］纽曼等著，许明月等译：《新帕尔格雷夫法经济学大辞典》第二卷 fiduciary 词条，法律出版社 2003 年版。

⑤ 参见薛波主编：《元照英美法律词典》，法律出版社 2003 年版，第 55 页。

⑥ Bryan A. Garner，Black's Law of Dictionary，eighth edition，Thomson，2004，pp. 658—659.

既包含严格法律意义上的狭义受信关系，又包含任何存在于一方信任或仰赖另一方的非正式关系。”而对“fiduciary capacity”（被信任者身份）则有一个附加解释，即“该术语并非使用于严格法律意义上的或明示的信托，而是也适用于包括律师、监护人、经纪人、公司董事以及政府官员等”。“fiduciary duty”，是“为他人之利益将个人利益置于该他人利益控制之下的义务，这是法律所旨意的最高标准的义务”。

元照词典对“fiduciary”作名词时解释为“受托人源自罗马法，指受托人及其他类似信任关系中的受信任者。受托人应克尽诚信勤勉之责，为委托人的利益处理有关信托事务，且须达到法律或合同所要求的标准。受信托人、破产管理人、遗嘱执行人、监护人等均属受托人之列”；把“fiduciary capacity”解释为“以受托人身份从事某项工作、接收财物或订立合同时，其行为并非为自身的利益而是为另一人的利益建立信托关系，一方要给予另一方高度的信任；另一方则应有高度的信誉。受托人身份不限于正式信托或明示信托。其他如律师、监护人、遗嘱执行人、经纪人、公司董事、公共官员等都是以受托人身份从事一定工作”；把“fiduciary duty”解释为“为他人利益办事时，必须使自己的个人利益服从于他人利益。这是法律所默示的最严格的责任标准”。

从以上中英文的释义，我们看出，信义义务是指受信人为他人谋取最佳利益，要履行最高和最严格的法律责任和义务。可以把信义义务概括法定和事实上、广义和狭义的信义义务两方面来理解。所谓法定的信义义务是指法律规定适用的信义义务，比如信托关系中受托人与受益人、律师与委托人等，所谓事实上的信义义务是指法官在行使自由裁量权时，强行判决当事人之间存在信义关系。所谓狭义的信义义务是信托法律关系中的信托义务，所谓广义的信义义务是明示信托关系之外的默示信托，或者说推定信托、回归信托。信义义务比之受托义务适用范围广泛，没有固定和具体含义，只有原则性含义，视具体特定的情景而定。信义义务是基于当事人信义关系产生的义务，是一种不对等的法律义务。信义关系是指，由于缔约双方当事人所处地位不同，谈判能力和地位不对等，一方必须信赖或者依赖另一方，并且一方承诺为了另一方最大化利益行事，或者为了共同利益行事。信义关系也是一种契约关系，但不符合意思自治和合意的经典契约理论，因为信义义务是强加的义务，并且具体内容不是很明确，依赖于法官的自由裁量。

信义义务既可是积极的作为义务（prescriptive duties），也可以是不作为或禁止性的消极义务（proscriptive duties）。积极的作为义务要求受信人在处理受托实务中，必须以促进受益人最大化利益为宗旨，受信人要履行适当的注意和谨慎义务。消极义务要求受信人在处理委托事务中，必须避免利益冲突，恪尽忠实义务。

为进一步准确理解衡平法上的信义义务，下面我们从衡平义务的来源、信义关系分类和学理解释以及信托义务做一探讨。

三、信义义务的起源

信义义务来源何处？怎样成为法律原则的？国内鲜有研究，本文认为是对人之所以为人的一个约束（参见第一章第二节），是对英格兰习惯法、教会法和封建法的一个综合，是随着衡平法的形成和发展而确立起来的。

（一）日耳曼的从士制度和英国封建保有制：忠诚义务

英国法的一个来源就是日耳曼习惯法。日耳曼人中间还存在一项特殊的“从士”（comitatus）制度，这个词的意思原本是指同志间的一种联合。从士本身并不是奴仆，基本上都是自由人（也正因为大家都是自由人的缘故，因此在寻求对方帮助和保护的时候要生活于对方家中，为其提供某种劳务）。从士的性质是一种私人武装，从士跟随主公出战，保护其人身安全，类似于亲军护卫，一旦主公有事则义不独生。主公对其从士也存在某种保护的义务，如果从士遭到侵害，主公有义务为其复仇或追索赔偿金。主公同从士之间形成了某种结义的关系。主公和从士之间存在一种信赖关系，在战场上从士须为主公奋力战斗，如果主公阵亡或被俘而从士逃回，将被视为一种极大的耻辱。主公同样对从士负有一定的责任，即提供保护、日常供给，以及帮助复仇及追索赔偿金等。在从士制度中，我们已经可以依稀看见封建主义的效忠关系，一种类似于契约的互相负有责任的观念①。这种观念与衡平法中的信义原则有契合之处。

在封建保有制下，英国国王与领主、领主与封臣的契约关系不是现代意义上对等的契约自由关系，领主对国王、封臣对国王存在严重的人身依附关系，这种人身依附关系有很大的忠诚内容，并且具有法律意义，比如领主要对国王宣誓效忠，其他的封建附属义务如协助金等都与忠诚这一人身依附关系密切相关，还辅以不忠的刑事罪配合。虽然12世纪中期以后，人身依附关系逐渐消

① 何勤华、张海斌主编：《西方宪法史》，北京大学出版社2006年版，第146页。

解，转向经济收益分配，但其中的忠诚道德法律义务转化为财产权利，通过普通法法院和衡平法院对权利的司法诉讼，与基督教教义融合，使得衡平法义务的形成有了传统习惯法的基础。因为衡平法义务也是对封建保有制关系的一个拟制。

（二）道德和哲学观点的影响

庞德把法律发展分为四个阶段：原始法、严格法、衡平法与自然法和成熟法，认为衡平法和自然法是对严格法的矫正，在罗马和欧洲大陆都有体现，在英国是以大法官法院的兴起和衡平法的发展为代表，在17—18世纪被商人法接纳。道德和哲学观点是英国衡平法能动的、直接的渊源①。庞德认为当时严格法主张一致性，衡平法和自然法则强调良好的道德。前者坚持形式，后者坚持伦理角度的正义；前者关注救济，后者关注义务；前者坚守规则，后者坚守理性。衡平法和自然法阶段的基本观点有：（1）法律即道德；（2）义务的含义以及试图将道德义务纳入法律义务；（3）依靠理性而非严格的规则抑制不确定性因素并消除或者最大限度减少司法中的人为因素”②。这些观点叙述如下：

1. 法律即道德。这时期法学家把法律定义为道德。

2. 关于义务、道德义务和法律义务。在历史上义务的思想早于权利的思想，只是奥斯汀才把义务与权利相连。关于义务的一般观念始于希腊的斯多葛派的“自然”观念③。罗马的法学家和政治家深受斯多葛学派哲学的影响，称自然法为万民法④。法律义务的思想始于罗马法，它是一种作为得到政治上组

---

① 参见［美］罗斯科·庞德著，廖德宇译：《法理学》（第三卷），法律出版社2007年版，第384—385页，第414页。

② 参见［美］罗斯科·庞德著，余履雪译：《法理学》（第一卷），法律出版社2007年版，第334—335页。

③ 斯多葛派哲学的“自然”就是支配性原则，遍及整个宇宙，按照其泛神论的观点视之为神。这种支配性原则本质上是理性。理性作为一种遍及宇宙的普世力量，是正义和法律的基础。神圣的理性寓于所有人的身心之中，不分种族和国别。因而存在一种基于理性的自然法，对全世界各地的人都有约束力（参见［美］E. 博登海默著，邓正来译：《法理学：法律哲学与法学方法》，中国政法大学出版社1999年版，第13页）。这有点像道家哲学的“道”。

④ 西塞罗就把理性和自然等而视之，并且作为衡量正义与非正义的标准，“真正的法律乃是一种与自然相符合的正当理性；它具有普遍的适用性并且是不变而永恒的。通过命令的方式，这一法律号召人们履行自己的义务；通过它的禁令，它使人们不去做不正当的事情。它的命令和禁令一直影响着善良的人们，尽管对坏人无甚作用。力图变更这一法律的做法是一种恶，试图废止其中一部分的做法也是不能容许的，而要想完全废除它的做法则是不可能的……。罗马的法律和雅典的法律并不会不同，今天的法律和明天的法律也不会不同，这是因为有的只是一种永恒不变的法律，任何时候任何民族都必须遵守它；再者，人类也只有一个共同的主人和统治者，这就是上帝，因为它是这一法律的制定者、颁布者和执行法官”。转引自［美］E. 博登海默著，邓正来译：《法理学：法律哲学与法学方法》，中国政法大学出版社1999年版，第14页。

织起来的社会强力支持的道德义务，是对自然冲动的规制。在罗马道德义务转化为法律义务，被上帝宣布并执行的犹太人的道德法的概念所预示的道德义务观念，作为一种道德性的约束在基督教伦理观中得到了全面发展，并在“债”的名义下进入了自然法。债从属于广义的“义务”。萨维尼认为，债就是在强求一种行为或不作为的人和服从这种强求的另一个人之间的关系，也即在罗马法意义上的债务人和债权人之间的这种关系。他说，债存在于“对另一个人的控制，这种控制不是对他整体的控制（依此他的法律人格将遭到破坏），而是控制他的单个行为或控制被认为从他的自由中推演出来，服从我们的意志的关系”，所以在庞德看来，债和义务就是被强求和被控制的服从①。衡平法义务就是要求受信人被强求和被控制的服从，是法律和法官强加的。

3. 依赖理性而非严格的规则。这包含四个观念：一是法律人格应扩展至所有的人，法律主体应该是道德主体；二是法律应该是深入实质而非形式，关注精神而不是字面含义；三是诚实信用原则，即根据公正的要求个人不应使他人基于其行为正当预期落空；四是一方不得以牺牲别人利益为代价获得不正当利益。

因此，这种衡平法上的义务是一种绝对义务，没有相应的权利，或者隐含权利，以一种道德良心为他人公正行事，不能有利益冲突，是对自私自利人性的一种拘束。这是衡平法信义义务的实质。

（三）基督教“良心原则”影响

伯尔曼认为法律与宗教有四种共同要素：仪式、传统、权威和普遍性，引发人们的法律情感，把法律所体现的正义理想视为生活终极意义之一部分的充满激情的信仰，人们的法律情感赖此得以培养和外化，“法律赋予宗教以其社会性，宗教则给予法律以其精神、方向和法律获得尊敬所需要的神圣性”②。英国的普通法、衡平法浸渍了基督教的影响，这种影响是通过三个途径实现的，一是基督教的神职人员担任世俗法院的法官，教会法在大法官法院中获得了再生，由此产生的衡平法成为对普通法的有效补充；二是基督教的教义精神对法律的影响，使道德原则法律化，法律道德化③；三是如上文所述，当时的社会

① 参见［美］罗斯科·庞德著，王保民、王玉译：《法理学》（第四卷），法律出版社 2007 年版，第 130—135 页。

② 参见伯尔曼著，梁治平译，《法律与宗教》，中国政法大学出版社 2003 年版，第 20—30 页。

③ 参见伯尔曼著，梁治平译，《法律与宗教》，中国政法大学出版社 2003 年版，第 52 页。

理念把国王看做是良心的守护者和正义之源，同时英国国王也需要通过大法官法院受理案件获得财政收入，开辟新的税源。

在诺曼征服之后的数百年间，神职人员在国家机构中担任着诸多职务，扮演着重要角色。他们一方面充任国王的重要政治顾问；另一方面担任王国政府中的显要官职，成为王国官僚阶层的重要组成部分，其中包括大量的王室法院的法官。甚至有史家认为，“亨利二世在法律领域中最伟大、最持久的胜利，就是使得教会高级教士成为他的法官”①，直至宗教改革。以大法官法院的领导者大法官为例，在 14 世纪至 16 世纪上半叶的 200 多年中，神职人员一直是大法官一职的首选，仅在极少数的时候才出现由俗人担任大法官的例外。在 14 世纪这 100 年中共有 42 任大法官，其中仅有 7 任由俗人担任，而且此 7 人担任大法官的年限总和不超过 16 年。15 世纪至 16 世纪上半叶亨利八世宗教改革的 130 年中，共有 30 任大法官，仅有两任大法官由俗人担任，而他们的任职年限总和不到 4 年，中世纪大法官法院中的其他文书，尤其是高级官员也多由神职人员担任②。

在 16 世纪之前的大法官法院的诉讼中，人们最为通常的做法是以“良心”（conscience）之名请求大法官救济③。这表明“良心”成为一个法律原则④。中世纪的良心不仅是个体的道德判断，还与神法紧密相连，甚至直接与神法等同，具有宗教性和客观性。神职人员担任的大法官，将这种以判断指引人的行为对错的“良心”概念借用至大法官法院时，“良心”的宗教性和客观性特质也被带入大法官法院。大法官法院中的这个“良心”概念来自中世纪的教会，它是神学家们关注的对象，其涵义被赋予浓重的神学和神圣色彩。中世纪认为公平和正义来源于神，其在人身上的表现就是良心⑤。中世纪神学意义上的良

① Charles P. Sherman, A BriefHistory of MedievalRoman Canon Law in England, University of Pennsylvania Law Review and American Law Register, Vo. l 68, No. 3 (Mar., 1920), pp. 242.

② 参见冷霞：“中世纪教会法对英国衡平法的影响”，《华东政法大学学报》2008 年第 3 期。

③ 参见 William Paley Baildon, SelectCases in Chancery (A. D. 1364 to1471), London, 1896。

④ “良心”一词源于拉丁语 conscientia (con: with; scien: to know)，意思是和另一个人一起知道的隐秘之事。它表示对于对错的一种内在了解或认识，对于人们行为的正确或错误的道德感：它是一种人类和神一起分享的知识。中世纪人们将良心与神法、理性法联系起来，托马斯·阿奎那把良心定义为人遵守自然法的自然能力，并将良心分为两个部分：良知（synderesis）和心知（conscientia）。他认为，良知是人们对于自然法主要原则的先天知识。当个体将良知适用于具体情况的时候，即为心知。因此，良心是对一个特定行为的一个判断行为，该特定行为源自人类对自然法主要原则的先天认知。当个体违背了他们的良心的时候，就违反了神法。

⑤ 参见［英］密尔松著，李显冬等译：《普通法的历史基础》，中国大百科全书出版社 1999 年版，第 89—91 页。

心作为上帝之善有着客观标准可循，被认为是一个具有普遍意义的概念。大法官仅仅是良心知识的客观拥有者和代表上帝的仲裁人，启发当事人的良心，因而在进行衡平审判的时候，法官常常求助当时的忏悔手册寻求指导。因此，大法官法院中的良心原则的应用绝非是指根据大法官个人的道德认知进行任意裁断，具有客观性特征。基督教教义是托马斯的思想体现。神学家和经院哲学家托马斯的思想是基督教教义与亚里士多德哲学的巧妙融合，他的正义观受到西塞罗和亚里士多德重大影响，把分配正义和矫正正义都看成是按比例分配(epieikeia)，也就是衡平、良心和正义。

“良心原则”要求大法官提供用益救济时，判决一方当事人不得背弃他人的信任，不得违背承诺。因为此类案件往往是作为受托人的被告违背了与委托人之间私下的约定，违背了委托人对他的信任导致的。至15世纪末，律师们已经清楚认识到，大法官法院对受益人授予救济并非仅仅是为了使得土地可以根据遗嘱法的具有约束力的信赖。比如在 Rede v. Capel 案中，被告的律师 Mordaunt 对此评价到，大法官法院干预这些案件的理由是它们都涉及“信任”[①]。这样的“信任”是“良心”的衍生物，我们也可将其追溯至教会法上的“背信”（the fidei laesio）。正是大法官基于宗教上的良心，将诺言必须被遵守，否则违背诺言就是教会法上可以处罚的罪孽的这样一种理念带到了大法官法院。他们认为，只要符合正派和诚实的标准，并且诚实交易，契约就必须被遵守和实施。

四、信义关系类型和信义义务的构成要件

衡平法的灵魂和核心是信义义务（fiduciary duty or fiduciary obligation），信义义务存在于信义关系（fiduciary relation）之中。信义关系多种多样，限于篇幅和本文探讨的主题，本文只讨论根据信义关系发生的不同基础，可以分为法律上的信义关系（status - based fiduciary relationship）和事实上的信义关系(fact - based fiduciary relationship)。法律上的信义关系，就是法律明文规定当事人之间的关系必须适用衡平法上的信义关系，有受托人与受益人、委托人与代理人、公司与董事、合伙人之间的关系等。

---

① Paul Vinogradoff Reason and Conscience in Sixteenth - Century Jurisprudence, Law Quarterly Review, Vol. 24 (1908), pp. 381.

事实上的信义关系又称之为推定信托①，是指在无法律明文规定情况下，一方当事人基于对另一方当事人的信赖而将自己置于易受伤害的地位时，法官根据衡平法“公平正义”理念，通过拟制、推定技术，寻找掩盖在形形色色现实关系面纱下的信义本质，裁决双方当事人之间存在信义关系，进而对受信人施加忠实、注意义务。事实上的信义关系往往是法官自由裁量的结果。

根据英美判例的长期发展，判断事实上的信义关系有三个标准：信任标准（trust and condfidence test）②、承诺标准（undertaking test）③和脆弱性标准（vulnerability test）④。所谓信任标准，早期有关学说和判例就是如果一方被施加信赖，而这种信赖却被滥用，那么无论是否存在信托财产，衡平法院将对另一方面给予救济。后来这一标准进一步向三方面发展，一是信任标准客观化，要求主观信任存在合理的依据（reasonable grounds），信任的衡量主体是理性人（resonable person）；二是将信任标准与双方不对等地位联系起来；三是将信任标准与法律义务联系起来。所谓承诺标准，就是受信者是承诺代表他人利益行事之人，这种承诺与是否采取合同形式，是否有偿无关。所谓脆弱性标准是针对受益人来考虑的，有三个特征：一是受信者拥有行使某种自由裁量权或权力的机会；二是受信者能够单方面行使上述权力以影响受益人法律的或者实际的利益；三是受益人特别容易受到受信人的伤害，或者任其摆布。脆弱性标准强调受信者权力对象的脆弱地位。

许多法律上的信义关系在最初都是由事实上的信义关系发展而来。从上个世纪中叶至今，信义关系更多推广到各类金融机构与顾客的金融服务关系等方面。在英美金融监管中，除上述法定的信义关系之外，大量的是通过判例确定金融服务者与金融消费者的信义关系，如在 Lloyds Bank v Bundy 案中，这家银行诱骗一位年长者购买了不适合他的金融产品，银行与年长者的关系就存在信义关系，银行负有信义义务⑤。

---

① 推定信托是 Keech v. Sandford（1726）Sel Cas t King 61 一案所确立的，在此案中，出租人拒绝与信托续约，受托人以自己的名义续签了该市场租约，法院推定受托人为受益人的利益以信托方式持有新的租约。King LC 大法官言，这是一个应当严格执行的规则。该规则设计的主要目的是确保受托人尽量为信托利益续约。

② Hospital Products Ltd. v. United States Corporation，（1984）156CLR41 at 69.

③ Finn：fiduciary Obligations，Law Book Co.，1977，pp. 467.

④ LAC Minerals Ltg. V. International Corona Resources Ltd.，（1989）61 DLR（4th）14 pp. 27.

⑤ （1975）Q. B，326.

存在信义关系，受信者就负有信义义务。衡平法中信义义务作为亚里士多德矫正正义观的具体体现，借用博登海默的话来说，“有着一张普罗透斯似的脸（a Protean face），变幻无常、随时即可呈现不同形状并具有极不相同的面貌”[①]，因此我们要努力把握其精神实质。信义关系有四个特征或者说构成要件：受信人的承诺、委托人对受信人的信赖、受信人占有信托财产、受信人有对信托财产的处分权因而具有脆弱性[②]。因而，一旦构成信义关系，对受信人的信义义务不讲究对等的权利义务关系，所承担的义务与所享有的权利不对称。对受信人的责任和约束围绕如下两点展开：一是受信人不得利用其身份、地位、知识或者机会为自己或者第三方谋取利益；二是受信人在履行期职责范围内，不能同第三方有任何关联关系，除非得到受益人的知情同意或法律授权。

确定一种关系是否属于事实上的信义关系取决于它是否具有上述信义关系的基本构成要件或者特征，有两个层次的适用规则，一种是衡平法下的公平、正义、良知的道德原则；另一种是利益原则。任何人不能通过不当影响、不能从其犯罪行为中获得利益，如欺诈、非良知；不得有不当得利；不得违反信义义务的公平规则和禁止自我交易规则，不得产生利益冲突。所以，除专属于衡平法规范的信托法外，衡平法并没有发展为完整的系统规则，只是以其富有弹性的衡平法义务之原则适用具体情形。

商法的发展是衡平法发展过程中的重要写照。我们注意到普通法的发展在于规范商业交易，同时衡平法则是解决普通法无法处理因商业行为而产生的纠纷的手段，衡平法中许多原则所关注的是避免以欺诈方式进行交易，将欺诈最小化是衡平法的核心。当时国王保护正当商业交易和秩序，就是保护税收。

衡平法对英国商法的影响，是通过教会、行会和商人法庭进行的。14世纪起，英国商人依靠王室特许权经商，封建性很强，普通法对商业贸易关系的调

---

① 参见［美］E. 博登海默著，邓正来译：《法理学：法律哲学与法学方法》，中国政法大学出版社1999年版，第252页。

② 邢建东：《衡平法的推定信托：另一类物权性的救济》，法律出版社2007年版，第9—12页。受信人的处分权很大程度上影响到委托人的法定权益和实际权益，从而使得委托人和受益人利益极易受到受信人的侵害。Mason 法官在 Hospital Products. United States Surgical Corporation 案中提及这一特征：信义关系中委托人授权受信人处分信托事务，受信人很容易利用所获得的权利侵害委托人，使其利益受损。在这个案件中，Dawson 法官认为信义关系本身就决定了委托人处于易受受信人侵害的不利地位，这就使得委托人只能是基于信赖而选择受信人，同时也需要通过衡平法规定受信人以道德准则为标准来保护委托人利益。参见（1984）156C. L. R. 41 at 96—97，142.

整漏洞百出[1]。16—17世纪，天主教背弃了有关来世和禁欲的理想，鼓励追求金钱和财富，鼓励商人组成行会，赋予行会宗教功能，使之在商业交易中维持道德标准。为解决商人交易中的纠纷，商人自己组织商事法庭，包括市场法院、集市法院、商人行会法院和城市商务法院，反对欺诈。这使得商人形成的行为规范具有强制执行力。商人们认为拯救他们的灵魂有赖于使他们的做法符合一种以上帝的意志为基础的法律体系，上帝的意志显现在理性和良心之中，把商人的灵魂引向拯救的新经济道德观都体现在法律之中，法律是商业活动与灵魂拯救的桥梁[2]。由此，教会法的意识形态与商人制度相结合，使得英国的一系列商法制度，比如买卖、票据、合同、浮动抵押、有价证券、租赁、公司、侵权、担保、信托、保险和破产等都通过衡平法信义义务有机连接一起，形成一整套直到今天还在发挥作用的配套制度。

五、衡平法信义义务的经济学分析

衡平法是在英国历史上一系列耦合事件中创造的，为什么衡平法的灵魂——信义义务，在英美的公司法、合同法、遗嘱、信托法等民事和商事法律中得到广泛运用并且流传至今，甚至还在进一步发展（比如美国的返还法）？为什么大陆法系国家在借鉴英美法系制定合同法、公司法、信托法等法律制度时也吸收和引进信义义务？这些现象背后的共同基础是什么？有何合理性？没有衡平法是否可以继受信托？

首先在于共同的人性基础，不同时期和不同种族的人们在历史长河中面临同样的基本问题。如第一章所述，古今中外，人性是一致的，即人都是追求自私自利的人。这是人们作出行为选择的基础和动机所在。但人是在时间、空间、资源稀缺、有限理性等一系列约束条件下，作出自身效应最大化的行为选择。有什么样的激励约束条件，人就会有什么样的行为选择。人之自利本性如水，随物赋形。因为资源是稀缺的，所以出于自利动机，人们需要交换。因为人的有限理性，信息是属于私人的，导致人与人之间、人与自然之间的信息不对称，这样交易中存在很大的不确定性和风险，尤其是容易出现损人利己的道

① 参见何勤华、魏琼主编：《西方商人法史》，北京大学出版社2007年版，第361—362页，第427、第436—438页。

② 参见［美］哈罗德·J. 伯尔曼著，贺卫方、高鸿钧、张志铭、夏勇译：《法律与革命——西方法律传统的形成》（第一卷），法律出版社2008年版，第330—333页。

德风险（典型的是商事活动中的欺诈、虚假陈述等）。于是，在交易中，人们发明了一系列正式制度（如法律制度）和非正式制度（习俗和习惯等），以约束当事人的行为选择空间，减少不确定性，稳定预期。制度（包括法律制度）本是社会经济生活中的当事人博弈的结果，一旦形成又成为人们行动选择的约束条件和博弈规则。

由于有限理性和信息不对称产生不确定性，加上人的自私自利本性，人们不可避免地在交易中发生交易费用。因为有交易费用，人们在交易过程中产生了分工和专业化，专业化分工和合作的过程就是如哈耶克所说的人类交易秩序的扩展过程或者说自生自发秩序的发展过程。

交易费用包含内生交易费用和外生交易费用①，还有中性交易费用。内生交易费用为人们为争夺分工利益采取机会主义行为使交易不顺利或者失灵造成的损失，外生交易费用为议定、执行交易合同和保护产权交易的费用、时间成本②。这两种交易费用的减少具有不可兼顾的两难冲突，即减少内生交易费用就要增加议定和执行合约的外生交易费用，没有适当的外生交易费用就难以克服和减少内生交易费用③。所谓中性交易费用，就是由于人的有限理性、时间空间等约束条件形成的，如搜寻成本。这类费用不可消除，只能随着技术进步减少，比如，互联网技术的出现，就大大减少了信息搜寻费用。

由此，从上述理论逻辑出发，我们不难看到人类交易中面临的共同问题：交易安全和效率。所谓交易安全就是交易和合作的可靠性，所谓效率就是分工经济中交易的总收益要大于三项交易费用之和。没有交易安全，就没有交易效率，如果外生交易费用不大于内生交易费用，交易的总收益不大于总的交易费用也没有效率，也就是要有交易合作的剩余。法律制度要合乎交易的经济理性也在于此。因为人们自私自利的具体内容不同（人性的多样性）和追求自利时容易产生机会主义行为，这就很容易在交易中发生亚士多德所说的不公正交易，即福利经济学所言负外部性。负外部性即为交易中把成本留给别人，把收益留给自己。负外部性对以个人而言是有效率的，但对整个社会是无效率的。

① 参见杨小凯和黄有光著：《专业化与经济组织》，经济科学出版社 1999 年版，第 56—105 页。

② 关于交易费用的详细论述和理论发展脉络，可以阅读科斯（《生产的制度结构》）、威廉姆森（《资本主义的经济制度》）、张五常（《关于制度经济学》）、诺斯和托马斯（《西方世界的兴起）、巴泽尔（《产权的经济分析》）、杨小凯和黄有光（《专业化与经济组织》）、杨小凯和张永生（《新兴古典经济学》）、佛鲁博顿和芮切特（《新制度经济学——一个交易费用方式分析》）等人的著作。

③ 这也就是分工越发达，交易范围扩大，为克服内生交易费用导致外生交易费用占 GDP 比重越大的原因。我认为，从内生交易费用和外生交易费用的冲突出发，我们不能笼统地说降低交易费用。

康芒斯和科斯认为人们在交易中交换的不是物而是权利义务，因此通过符合人性的、科学合理的立法和司法，以确保交易安全和效率就是至关重要的，其中的关键又是权利与义务的配置。因为这决定了人们进行行为选择的空间和方式，或者说相互博弈策略。立法是第一次权利义务的配置，司法是第二次，矫正交易。科斯第一定理作为一种参照物，指出只要交易成本为零，无论初始权利如何配置，当事人都能够通过交易达到资源优化配置。其隐含的假定为：人是完全理性，没有信息不对称，消除了不确定性。这在真实世界不存在。

放松上述假定，存在交易成本，产生科斯第二定理，即权利义务如何配置影响资源配置效率。由此有两个推论。第一个推论是，清晰地界定权利义务，增加外生交易费用，以减少内生交易费用。第二个推论是，如果交易费用大于交易收益，应该将权利配置给出价最高者。库特和尤伦把波斯纳的第一个推论称为规范的科斯定理：建构法律以消除私人协商的障碍，润滑交易。这实际上是保证交易安全以达到效率。把第二个推论称为规范的霍布斯定理，建构法律以最小化私人协商失败导致的效率损失，即纠正错误配置①。波斯纳称之为波斯纳定理②。这是对初始配置的矫正以达到效率。

根据哈特等人的不完全合约理论③，法律是不完全的法律，不可能事前给定一个能够覆盖现实一切情形的规定。因此，第三个推论是，将义务配给能够以最低成本避免损害的一方，也就是通过法律和法官设定的义务使得一方内部化负外部性，减少外生交易费用的同时减少内生交易费用，从而提高交易效率。这是对有信息优势、谈判能力强一方单方面强加的责任和义务，这种义务配置方式不是与权利的自愿和对等配置。法院如何阻止这些冲突的发生或控制这些冲突所产生的结果呢？法院可以宣告购买信托财产的行为无效或命令受托人必须就任何支付的费用向信托予以说明，还可以宣告一些禁令或预防性规则确保受信人不为自利行为诱惑。因此，衡平法信义义务对受信人确立了一种惩罚性备用规则，给受信人提供了一种激励约束，促使他向第三人明确告知该规则对自己的适用，也就是以自利之心制约不当自利行为。这种通过法律和法官事前和事后强加给受信人以衡平法信义义务，就是对初始权利义务的再配置，

---

① Cooter and Ulen, Law and Economics, 4th. edition, Addison - Wesley, 2003, pp. 97.

② ［美］理查德·A. 波斯纳著，《法律的经济分析》（上），中国大百科全书出版社 1997 年版，第 20 页。

③ Grossman, S & Hart, O, The cost and benefits of Ownership: A theory of Vertical and Lateral Integration, Journal of Political Economy, Vol. 94, 1986, pp. 691—719.

因而，从另一方面又弥补了法律的不完备法。就是矫正正义的体现。这就是科斯给我们思考衡平法信义义务合理性的启示[①]。

确定衡平法信义义务有效率，还在于这是一个标准化的契约。委托人省去了草拟控制受信人机会主义的一系列规则，易于理解和适用，节约时间成本。信义义务的原则性与法官自由裁量权结合具有相当的弹性，也具有相当的适用性。

大陆法系虽然没有衡平法，只要有类似的“替代品”，就可以起到同样的作用。比如可以通过成文法律强制规定受信人以衡平法信义义务，同时辅以法官自由裁量权以矫正成文法的刚性和僵化，可以达到同样的效果。南非、日本等国在民法基础上把信托纳入了自己的法律系统，就是明证。

第二、第三个推论说明当初始界定无效率或者交易成本较高时，权利义务的重新配置也能够提高效率，不一定采取政府规制以解决负外部性。

六、信托义务

信托是衡平法在信托法律关系中的运用。受托人在信托关系中居于关键地位，不仅持有和管理信托财产，而且以自己的名义处理信托事务。但依信托的性质，受托人的一切作为只能是为了受益人的利益或实现信托目的，不能利用信托牟取私利。为确保受托人有效地实现受益人的利益或信托目的，防止受托人侵害受益人利益，赋予受托人严格的责任和义务，即为衡平法下的信托义务。正如 Hayton 所言，“受托人对受益人负有不可减损的核心义务，此义务由受益人强制执行并构成了信托概念之基础。如果受益人没有对受托人的强制执行权，信托就不存在”[②]。

英国信托法权威 Hayton 教授认为信托义务是受托人的一种衡平法下的义务[③]。这一观点通过判例在英美国家信托制度中予以广泛认可。衡平法下的信义义务落实到信托法律关系中，受信人的义务就是受托人的义务。受托人义务是信义义务的具体化。受托人的义务是多方面的，主要有忠实义务和谨慎义务。

---

① 参见“社会成本问题”，载于［美］罗纳德·哈里·科斯著，盛洪、陈郁译：《企业、市场与法律》，上海三联书店、上海人民出版社 2009 年版，第 96—147 页。

② Armitage v. Nurse (1998) Ch. 241.

③ A trust is an equitable obligation binding on a person (who is called a trustee) to deal with property over which he has control (which is called the trust Property), for the benefit of Persons (who are called the benefieiaries or cestuis que trust) of whom he may be one and any of whom may enfored the obligation. See Andrew lwobi: Essential Tusts (Thirdedition)，武汉大学出版社 2004 年影印版，第 1 页。

受托人对信托财产的管理、运用权力是以承担信托义务为条件的。这是衡平法强加的，远远超过普通法上人们之间互负的义务，是对自私自利人性的深刻理解。受托人一旦违反，受益人可强制执行，或者法官确定推定信托。与其他人相比，受托人享有对他人财产的最大控制权，因此忠实义务是首要的，是最高适用标准。忠实义务首先是预防性的消极和积极措施。消极性措施具体表现为：不得将自己置于受益人利益与义务相冲突的地位，不得从信托中牟利，不得未经受益人允许为自己或第三人谋利，不同信托财产之间交易不得有利益冲突。John Norton Pomeroy 将忠实义务分成四个层面（均为消极）：不得为自己利益与信托财产交易之义务；不得混合信托基金之义务；不得实施任何与受益人利益相冲突的行为之义务；不得出售信托财产于自己之义务①。积极性义务有受托人标示信托财产的义务，也就是把信托财产与自有财产、其他人的信托财产分别管理，必须以受托人的名义而不是自己的名义管理财产。现在绝对禁止冲突交易有所松动，因为这可能为受益人最佳利益带来损失，但要设立免责和例外规定②。

注意义务是一种积极的谨慎义务，产生于受信人为受益人管理事务时的控制权或自由裁量权。控制权是受信人为受益人利益行事的主要手段，是当事人同意受信人实施的权力。受信人有一种最大的义务就是对待受益人就像对待自己一样。受托人管理信托事务必须采取合理的谨慎，客观上还须符合专业上的知识、经验和技能。如果受托人虽然已尽其所能的注意，并无故意和过失，但如依事务性质进行判断，受托人应具备特定专业的知识、经验和技能，如果受托人未具备上述知识、经验和技能，而使其处理事务陷入不合理的状态，受托人仍被认为未具有专业人士的注意，应属于违反注意义务③。现在注意义务深受现代经济学和金融学的影响，要求受托人管理信托财产的收益率要跑赢通货膨胀，进行组合投资分散风险，不再以投资行为是否投机为条件，据此美国《信托法重述》（第三版）引入了“谨慎投资人规则”。但是，受托人没有选择合理的投资策略时，受托人仍然要承担赔偿责任④。

---

① John Norton Pomeroy, *A Treatise on Equity Jurisprudence* VI. Spencer W. Symonsed., 5th ed. 1941, pp. 1075—1078.

② John H. Langbein, *Questioning the trust Law Duty of Loyalty: Sole Interest or Best Interest?* 114 YALE L. J. 938 (2005).

③ 参见谢哲胜著：《信托法总论》，元照出版公司2003年版，第84页。

④ Edward C. Halbach, Jr., *Significant Trends in the Trust Law of the Unitied States*, 32vd and Jttransnat'L. at 546—547 (1999).

从英国法律制度发展的角度来看衡平法的作用与影响体现在以下几个方面：

1. 衡平法的产生与发展创立了许多新的权利程序和救济方法，对趋于僵化的普通法起到了填补空缺、纠偏补漏的重要作用，推动英国法律制度逐步走向完备与成熟。

2. 衡平法的产生与发展在客观上造成了两种法律体系的并立与竞争，从而在一定程度上刺激了普通法的自我改革和进步。在实践中普通法迫于竞争对手的压力，总是不断地从衡平法中汲取营养，不断丰富和完善自己。在这方面最典型的例子就是普通法对简易合同法律效力的承认。本来普通法只承认有缔约人签字盖章的正式成文合同的合法性，对于简易合同是不予保护的，衡平法本着缔约人应遵守誓言诚实守信的原则，从一开始就承认简易合同的法律效力。因而将大量简易合同案件吸引到了大法官法庭，面对这种竞争压力，14 世纪中后期，普通法法庭进行了改革，将违约之诉（Action of Assumpsit）运用与简易合同纠纷案件，即开始给予违反简易合同的缔约人以普通法上的惩罚，给予因此遭受损失的缔约人以赔偿。这样，只有当事人要求得到比普通法上的赔偿更多的救济时，衡平法上的干预才是必要的。普通法对商法的吸收的另一例证，在英国源于商业习惯的商法，一向具有含义不清、模棱两可的特征：在 18 世纪之前，始终被认为是一种本质上不同于普通法的特殊法，只适用于商人阶层，然而由于商法以正义和公平所支配的衡平准则为基础，以方便交易加快流转为现实目标，因而从很早的时候起商法就属于衡平法的范畴；进入 18 世纪以后，由于商业活动日益频繁，商事案件急剧增多，衡平法庭获得了大显身手的机会，在这一巨大的外界压力下，著名法官霍尔特和曼斯菲尔德把大量商业习惯引入普通法领域，最后把商法整个地融入普通法体制，从而赋予这一法律体系以新的发展空间，满足了新型工商业社会的需求。当然普通法也促进了衡平法的发展变化，如后来衡平法也采用了普通法的遵循先例的原则，就是一个有力的证据。从一定意义上说，13 世纪以后的英国法律制度，就是在普通法和衡平法的互相竞争与渗透过程中不断向前发展的。

3. 衡平法的产生和发展促成了英国法律体系独特的分类与结构方式。在欧洲，各国法律法律体系普遍遵循罗马法的分类方式，分为公法和私法两大基本部分。在英国公法和私法之间向来不存在明确的界限，而且由于衡平法的发展形成了由普通法和衡平法组成的独特的双重结构模式。两种法律各有自己不同的实体内容、程序规则、管辖范围和执行机构。当然二者的关系不是衡平并列的而是主副依附的，正如梅特兰所言，是法典与修正案、正文与注释之间的关系，如果将普通法去掉，衡平法将不复存在，而将衡平法去掉，普通法仍然是一个完整的体系。虽然通过19世纪的司法改革，衡平法院和普通法法院合并在了一起，但衡平法并没有与普通法融为一体，普通法上的权利义务救济方法和衡平法上的权利义务救济方法的不同与对立，仍然继续保持着，并随着制定法干预范围的扩大而分别获得了新的发展。

这种双重结构模式赋予英国的法律制度某种特有的协调机制，使之能够及时有效的调节法律的稳定性与灵活性之间的矛盾，在英国法律系统中，普通法主要代表着法律稳定性的要素和机制，衡平法主要代表着法律灵活性的要素和机制，二者相辅相成组成了一个和谐的整体。

第五章

信托财产权的特质与信托法的移植

首先是英国的国王、贵族、教士，在英国封建主义保有制这个最大的约束框架下，分别从各自的利益出发，围绕税收这个关键的因素，进行相互博弈的行为选择，结果导致了地产权、普通法制度的形成，后来加上法律发展形成的职业律师阶层和工商经济发展形成的乡绅、市民阶层和资本家阶层，参与到既定制度下的利益博弈，结果形成了衡平法和信托财产权制度。因而信托财产权制度是各利益集团在既定历史约束条件下行为选择的结果，发展到今天成为一种正式的博弈规则，是一种共有信念。这个不经意创造的博弈规则是那么有用和符合人性，以至全世界包括我们中国在内，都在引进这种财产权法律制度，广泛运用到政治、经济和家庭事务安排等各领域。

但是历史不可复制，信托存在于英国的一整套配套“土壤”不可移植过来，要使普通法系下形成的信托财产权制度在中华法系土壤上和大陆法体系内生根开花结果①，我们如何避免“水土不服”和“变橘为枳”？这就需要我们在信托财产权形成的历史基础上，对信托财产权的实质进行深入的分析认识，

① 我们的法律传统分为两部分，一是中华法系；二是大陆法系。中华法系是中国在自己的历史中创造的不同于罗马法的一套规则。这部分法律传统可以参见张晋藩著《中国法律传统的传统与近代转型》（第三版），法律出版社2009年版；瞿同祖著：《中国法律与中国社会》，中华书局2003年版；费孝通著：《乡土中国》，上海人民出版社2007年版。大陆法系的传统我们只是从清末开始到现在，这个传统的历史较短，相关著作有张德美著：《探索与决策——晚清法律移植研究》，清华大学出版社2003年版；黄宗智著：《经验与理论：中国社会、经济与法律的实践研究》，中国人民大学出版社2007年版；《过去与现在：中国民事法律实践的探索》，法律出版社2009年版；黄宗智、尤陈俊编：《从诉讼档案出发：中国的法律、社会与文化》，法律出版社2009年版。

分析其本质背后的经济学逻辑，这样首先才能知道如何确立正确的信托法理念，才知道为何具有普适性。其次，在引进这种法律制度时才知道如何使之能够进入司法和执法层次。否则，信托立法如水上浮油，或者成为聋子的耳朵，造成制度资源的极大浪费。

第一节
信托财产权的特质及其经济学解释

对于信托财产权制度，从概念和条文出发，以大陆法系思维很难理解，甚至误解。从历史出发，如果仅仅是简单陈述史实，罗列事件，难以把握其精神实质。本节在对信托财产权形成的经济学分析基础上，对其精神实质进行法经济学分析，以期对于信托为何能被运用广泛进一步作出合理的解释。

一、信托财产权的特质

委托人转移给受托人的财产，是信托财产权利。信托财产权制度根源于英国的财产权制度，英国的财产权制度根源于英国的地产权制度，英国的地产权制度孕育于封建保有制关系中。没有英国独特的封建保有制下的地产权制度，就没有信托财产权。英国人的地产权不是土地，而是附着在土地上的各类抽象权益，地产权分割基础上产生财产法，由此产生了普通法权益（法定所有权）和衡平法权益（衡平法所有权）。这里所有权的概念不是罗马法意义上的所有权，不是占有、使用、收益和处分四个权能的分解，也不是物权和债权，而是一种能够带来价值的东西（a thing）。所有权（权益）是一个有利用和交换价值的“物”，其外在表现是动产和不动产，甚至是无形资产。

信托财产权是一个抽象的财产权利束，也就是所有权。这种权利的特点是：

（一）可以根据现实需要创设和不断分解

信托法律关系要成立必须要有确定的财产权利，如图5－1，A以C为受益人把财产转移给B，那么财产权利分解为两部分：普通法上的所有权和衡平法上的所有权。普通法上的所有权，又是一个权利束，主要包括占有、使用、处分、管理、投资、损害赔偿等若干权利。衡平法上的所有权也是一个权利束，主要包括收益、信托到期后的财产、禁令和特别履行等衡平救济权利。无论是终身权益还是将来权益，C 不仅可以出售、转让、设立担保和放弃，还可以在权益范围内再设立信托（sub - trust）①。C 可以宣告自己为受托人，为 D 谋取利益，也可以为 D 设立信托的方式将利益转移给 E。也就是把其所有的财产权利再分割、再利用下去。这种分割和利用方式与普通法其他财产权利分割和利用方式很不相同。

在英美，信托财产权利的创设，可以基于当事人之间的合意和意思自治，只是有争议才诉讼，所谓无诉讼，无救济，无救济，无权利。在大陆法系国家，原来基于物权法定，不能随意创设，否则法律不予承认即无效力。比如我国《物权法》第 2 条第 2 款规定“本法所称物，包括不动产和动产。法律规定权利作为物权客体的，依照其规定”。第 5 条明文规定“物权的种类和内容，由法律规定”。

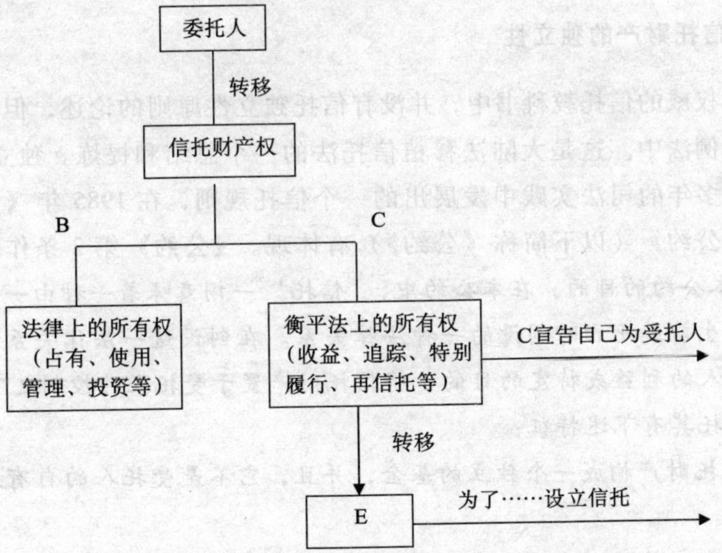

图 5－1　信托财产权利束分解

① 参见［英］F. H. 劳森、伯纳德·冉得著，曹培译：《英国财产法导论》，法律出版社 2009 年版，第 199 页。

（二）具有鲜明的衡平法特性

1. 受托人的权利行使受信托义务（忠实义务和谨慎义务）约束，是法律和法院强加的，与其权利不对等。因而不得与受托人自己的财产权利混淆，禁止自我交易，不得有利益冲突，要像谨慎管理自己的财产一样管理信托财产。这一义务的具体内容在英美很大部分是根据成文法规定的，如《受托人法》、《信托法重述》、《投资公司法》、《统一谨慎投资人规则》等，有许多具体标准。有一部分是法官根据衡平法的精神实质（体现为衡平格言），在具体的判例中创造的，还有就是委托人根据信托文件创设的。

2. 受益人根据衡平法向法院进行诉讼救济。这种救济很不同于普通法上的救济①。这既形成了对受托人行使权利的拘束，也形成了受益人的财产权利，如追踪、特别履行等。其具体的财产权利内容或者遵循先例，或者由法官根据案情创造出新的权利。衡平法具有极大的弹性，是道德原则的法律化。很显然，受托人的权利与受益人的权利的相互行使形成了一种相互制约。

（三）信托财产的独立性

在英美权威的信托教科书中，并没有信托独立性原则的论述，但其规则存在于英美判例法中。这是大陆法移植信托法的一个总结和提炼。独立性原则，作为在英美多年的司法实践中发展出的一个信托规则，在1985年《关于信托承认的海牙公约》（以下简称《公约》）有体现。《公约》第2条作了如下表述："为了本公约的目的，在本公约中，'信托'一词意味着一种由一个人，即委托人，在生前或死亡时创设的一种法律关系。在创设这一法律关系时，委托人为了受益人的利益或特定的目的，将信托财产置于受托人的控制之下。

一个信托具有下述特征：

（a）信托财产构成一个独立的基金，并且，它不是受托人的自有财产的一部分；

（b）信托财产的所有权在受托人或受托人的代表人的名下；

（c）受托人应根据信托文件的规定和法律施加给他的特别义务，对信托财产拥有管理、使用、处分的权利和义务，并负有说明的义务。

---

① 参见［英］F. H. 劳森、B. 拉登著，施天涛等译：《财产法》（第二版），中国大百科全书出版社1998年版，第53—54页。

委托人对一些权利和权力的保留，以及受托人可能自己享有受益人的一些权利的事实，并不与信托的本身相矛盾”。

《公约》第11条明确地规定“对上述信托的承认至少意味着，该信托财产是独立的财产，受托人可以以受托人的身份起诉或被起诉。他可以以这一身份出现在公证员或其他拥有官方身份的人面前，也可以在上述人面前行使相应的权利。

就适用于信托的准据法而言，对信托的承认将特别意味着：

(a) 受托人的债权人无权对信托财产进行追索；

(b) 当受托人破产时，信托财产不能被列入受托人的破产财产；

(c) 当受托人死亡时，信托财产不能被视为受托人或其配偶的婚姻共有财产，也不能被视为受托人或其配偶的个人财产；

(d) 当受托人违反信托，并把自己的财产与信托财产相混合，或转让信托财产时，信托财产可以被恢复原状。但是，任何持有信托财产的第三人的权利和义务应当由准据法来决定”。

据此，本书把信托财产的独立性表述为：一是独立于委托人、受托人、受益人的固有财产，他们各自的债权人不能够追索，以此偿债；二是破产隔离，委托人、受托人不能够把信托财产纳入破产清算财产；三是法院不能够把信托财产强制执行和拍卖；四是抵消的禁止，属于信托财产的债权与不属于信托财产的债务不能相互抵消，不同信托财产产生的债务不能相互抵消；五是混同的禁止，信托财产不能够与受托人的财产混同，不同的信托财产不能混同；六是非善意第三人受让信托财产，受让人视为受托人，仍为信托财产。

正因为信托财产的独立性，所以有人把信托财产称为“法人”，可以起诉和应诉。信托财产的这种独立性使之与债、股、典当、租赁等法律关系规制的财产相区别，有了一种风险隔离的属性。

（四）一种交易的法律关系

没有交易就没有财产权利，交易就必须支付对价，即受约人必须提供或允诺提供有价值的东西作为代价，是权利义务的交易，不是外形物的交易[①]。信托财产权作为一种制度也是以交易作为基本单位。这与合同法上的约因不同，

---

① 交易可以是经济性的、政治性的或社会性的，还可以是遭受痛苦或分享情感（如表达同情）。参见［美］艾夫纳·格瑞夫著，郑江淮等译：《大裂变：中世纪贸易制度比较和西方的兴起》，中信出版社2008年版，第33页。

约因必须是法律上有价值的东西。对价可以是金钱、物质，也可以是无形的和精神的。这起源于英国封建主义保有制具有互惠的权利义务关系，当时封臣对国王或者领主支付的对价，既有封建义务（都是具有金钱价值的役务），也有人身依附义务（部分是劳务，部分是自愿约定的没有物质意义的东西），人身依附义务中有的是送一朵玫瑰，有的是说个笑话，甚至放个响屁博人一笑（具体见第二章）。委托人将财产转移给受托人，在英国中世纪是没有报酬的，是以一种信任、荣誉和信誉作为对价。演变到后来受托人收取报酬，是对人性的顺应，但与其承担的衡平法信义义务是不对等的。

地产权的存在和分割是以缴税（人身义务和封建附属义务）为对价的，是对封建保有制关系的拟制。信托财产权始终是以地产权分割原则为基础的，信托制度是地产原则的严格运用，是地产权分割原则的一个翻版。也即是说，同一财产（包括动产和不动产）可以同时由不同的人拥有不同的财产权利，普通法权利所有者有权处分、管理和运用权利，但不得有利益冲突，衡平法权利所有者有权享有该财产的收益等权利。普通法所有权和衡平法所有权的权利束中的权利还可以不断创设、分割下去，但普通法所有权束中有些权利不能转让、出售，受到法律限制，如善意购买人制度。无论是普通法所有权还是衡平法所有权，都是以缴税、诉讼费用为对价获得法律保护、承认，最先普通法上的用益权就没有受到法律承认和保护而消失。

虽然财产权利基于合意和意思自治，可以自由创设，理论上可以无限分割（不过要承担衡平法义务和责任，加上技术限制，事实上是有限的[①]），但是一旦有了纠纷，便根据诉讼由法官判决，只有判决合法的财产权利，才能够得到执行和实现。因而财产权利都是体现一种人与人之间对有价值的东西进行利用所产生的法律关系。这种法律关系就是权利义务关系。信托财产权中的权利义务关系是对封建关系的拟制（类推）[②]。

信托财产权利交易不但有内部交易外部交易还有。内部交易就是委托人、受托人和受益人之间的交易，在英美信托法中，委托人一旦把财产转移出去，就与委托人无关。外部交易就是受托人与第三方的交易。如转换信托财产的形

---

① 豪诺雷统计了一下也只有 11 种。参见豪诺雷著，金可可译："所有权"，载于《复旦民商法评论》第 4 集，法律出版社 2007 年版，第 253 页。

② 参见［美］罗斯科·庞德著，唐前宏、廖湘文、高雪原译：《普通法的精神》的第一章"封建关系"，法律出版社 2001 年版，第 1—21 页。我们国家的法律传统也有类推，如把"礼"作为人伦基础，所谓君臣父子，以礼入法，但是我们国家没有产生类似英国的法律，形成了自己的中华法系特点。

态。受托人的外部交易和自我交易都受衡平法下的信托义务制约①，受托人专业分工为托管与信托财产管理两部分，信托到期时，受托人把信托财产转移给受益人。仅仅是普通法下的其他财产权利没有信托关系人的内部交易问题。

英国普通法和衡平法下的财产权利交易还有一个基础就是个人主义，这一点很少为人所关注，也是衡平法义务的一个基础②。什么叫个人主义？它有两方面的特征；一方面是对个人自由的极端重视和对私人财产的无限尊敬。从个人出发，制定诉讼程序、民事、刑事和激烈辩论模式。它依赖个人的主动性去实施法律，维护权利。它不能容忍对个人行为、身体、精神和经济自由的干预。在对方应尽义务的情况下，每个人对于自己的行为选择负责。另一方面，又有相反倾向的特征。倾向于把义务和责任附加在受其约束的人身上，而不管此人的意愿如何；倾向于以人们之间的相互关系而不是个人之间的法律行为作为法律后果的基础；倾向于把责任和不作为的义务加之于那些作为一个集团的成员、处于一定社会关系中的那些人而非单独的个人身上。最常见的证券市场上的“买者自负”、“卖者自负”就是如此，但我国的这类财产权利交易却缺乏这种个人主义。

这样我对信托财产权利实质的理解，既不同于大陆和西方的财产说，也不同于合同说，更与限制性权利转移说、法主体说等学说相区别。

二、信托财产权作为一种制度机制的法经济学分析

因为资源是稀缺的，信托财产权利束的不断分割，有两个积极的意义：一是顺应了专业化分工；二是促使人们不断发现资源的利用价值，不断提高有价值资源的利用效率。人类社会组织的一个显著特点就是分工，随着交易秩序范围的扩大，分工的链条更长。人类有限理性造成的信息不对称，加上时间和空间的约束，既是人类分工的动力又是他的后果。人类专业化分工已经从产品内分工、产业链纵向一体化分工演化到今天的模块化分工，分工的迂回程度更长、更细，人类创设的财产权利更多。分工产生出以专业化为基础的专业知识，形成专用性人力资本。这样把财产权利变为信托财产权利，由不同的人管理、处分、托管财产，充分利用了社会分工所形成的专业性知识和技能，有利

① 原来法律一概禁止自我交易，现在有条件放松了。

② 参见［美］庞德著，唐前宏、廖湘文、高雪原译：《普通法的精神》，法律出版社 2000 年版，第 9 页、第 25—39 页。

于财产保值增值。

在财产权利利用信托制度不断分割创设的过程中，还有效地提高了资源的利用效率，做到“物”尽其用。以企业的应收账款为例，银行可以以应收账款进行浮动质押贷款，再把合同权利——贷款进行证券化，在证券化过程中可以对未来的现金流创设为不同信用等级的证券分层出售，分层出售的证券又可以进行质押融资。也可以应收账款为基础签发银行承兑汇票，银行承兑汇票可以进行多次背书转让、贴现、再贴现，同时可以进行质押融资，或者对票据开发出更多新的金融工具，如证券化。还可以把应收账款开发为保理产品，保理产品可以证券化、转让、质押等。因此，应收账款不仅有多种利用形式，而且在不断进行分割和创设新的权利过程中，资源得到了更深入的利用，交易链条长度和深度达到了前所未有的程度，流动性大大增强。假设某人有财产权利 A，财产权利分割交易次数为 n，贴现率为 r 且固定的话，则原资产 A 利用价值 P 为：

$$P = A\ (1 + r)^{n} \tag{1}$$

但是因为人的有限理性，交易中存在人与人、人与自然之间的严重信息不对称，从而很容易产生交易结果的不确定性，需要配置交易各方的责任与风险，加上人的自私自利本性，没有一个完美的约束条件，特别容易产生道德风险，代理成本外部化，就是好处留给自己，把成本和损失转嫁给别人。人类理性有限决定了，无论人们签订的契约多么完美，都是不完备的；无论法律规定多么详细，也是不完备的。这就直接影响到交易安全和效率。

信托财产权利交易结构的最大价值在于：因为对受托人有衡平法下信托义务约束，它是一个相互治理和制衡的动态机制（见第四章第三节的分析）。这有利于，一是解决法律的确定性与灵活性问题；二是解决基于人的自私自利本性产生的道德风险问题。因为法律强制规定的信托关系，使受托人直接受法律规定的信托义务约束，事前对受托人有一个正向激励，告诉你哪些能做，哪些不能做。一旦违反受托义务，受益人事后有衡平法救济，法院可以判决执行。再加上衡平法义务的规定非常有灵活性和弹性，对于法律和信托文件没有规定的情况，法院可以根据衡平法的忠实义务和谨慎义务原则，进行判决。如果法官判决推定信托成立，如政府雇员与选民、官员腐败，同样受衡平法约束。衡平原则可以及时矫正法律的僵化和落后于现实的情况，同时进行民事和刑事处罚，对于违反信托义务者，承担应有的成本。

衡平法义务严格而富有弹性的约束，是普通法意义上的严格责任，如第四章所分析的，是通过权利义务的配置，诱导人的行为选择以克服广泛存在的机会主义行为，达到资源优化配置。值得高度关注的是，在英国司法体系中，相对而言，衡平法义务的约束是硬约束而不是软约束，具有现实的约束力，否则，这一义务就没有可执行性，是个空洞的承诺，是个吓人的“纸老虎”。信托财产权利的交易机制是个自动履行和执行的机制，赖于英国法的司法中心主义，不需要政治、宗教和道德来执行[①]。

借用汉德公式可以更好地理解衡平法下信托义务的作用。设 B 为受托人遵守信托义务的边际收益，L 为违反信托义务承担的边际成本，P 为被发现和被处罚的边际概率，则受托人事前的理性选择为：

$$B \geqslant L \times P \tag{2}$$

由于司法的救济机制，受托人事后违反信托义务承担严格责任，必然会使其：

$$B \leqslant L \times P \tag{3}$$

因此，根据衡平法下信托义务，受托人事前的理性计算会导致正向激励，对其事后处罚的威慑力，不仅使其承担外部性的成本，而且对他人有强烈的警示作用。这样会形成整个社会的福利最大化[②]。

信托财产权利交易结构所形成法律关系，是一种提供各自的理性选择来解决利益冲突和平衡的制度安排。这样既可以作为财产管理制度，又可作为一种相互治理机制的制度安排，还可作为一种融资制度。这就是信托财产权利交易结构具有强烈的宪政原则和普世的价值所在，比较容易抑制因为信息不对称、处于强势谈判力地位或者控制地位人的机会主义行为和行为不确定性产生的道德风险，实现效率最大化——最大的正义，这正是亚里士多德的交换正义和矫正正义思想在制度安排上的体现[③]。

---

① 这一点给予我国实施信托法的重要启示就是通过执法机制的设计来提高我国信托法的有效性。

② 各国监管机构对银行的资本充足率监管、对券商、基金公司的净资本管理、对保险公司的偿付能力管理，都是实质遵循亚士多德的交换正义和矫正正义思想的。

③ 我的这种分析与其他信托法著作分析信托制度的价值有重大区别。其他的著作可以参考方嘉麟著：《信托法之理论与实务》第三章，中国政法大学出版社 2004 年版，第 102—158 页；张天民著：《失去衡平法的信托》第四章，中信出版社 2004 年版，第 243—312 页。等等。

第二节
路径依赖与信托法移植

承接米塞斯和哈耶克的思想资源，20 世纪 80 年代以来，诺斯开创性地把阿瑟关于技术演进过程中的自我强化现象的论证推广到制度变迁方面来，从而建立了制度变迁的路径依赖理论。随后青木昌彦和艾夫纳·格瑞夫等都参与了此项研究活动。他们大多认识到制度变迁（演化）受到制度遗产、集团讨价还价的能力、有限理性、文化传统等诸多因素的制约，并且试图解释或揭示制度变迁的路径依赖的形成机制①。美国波士顿大学法学院的欧纳·哈萨维教授，应用路径依赖理论对普通法环境下的法律变迁进行了规范性分析，提出了普通法环境下法律变迁中路径依赖的三种模式，为路径依赖理论在法律制度变迁作了开创研究。本节在介绍上述基本理论后，把路径依赖理论用于分析信托移植分析，并且不同于其他法律移植理论②，以期打开一个新的思路。

一、路径依赖理论

路径依赖理论内容主要为：

（一）制度变迁如同技术演进一样，也存在着报酬递增和自我强化机制

这种机制使制度变迁一旦走上了某一条路径，它的既定方向会在以后的发展中得到自我强化。所以，人们过去作出的选择决定了他们现在可能的选择，

---

① 关于路径依赖理论的主要著作有，［美］道格拉斯·C. 诺斯著，刘守英译：《制度、制度变迁与经济绩效》，上海三联书店 1994 年版；［美］道格拉斯·C. 诺斯，陈、罗华平译：《经济史中的结构与变迁》，上海三联书店、上海人民出版社 1994 年版；道格拉斯·C. 诺斯著，钟正生、邢华等译：《理解经济变迁过程》，中国人民大学出版社 2008 年版；［美］艾夫纳·格瑞夫著，郑江淮等译：《大裂变：中世纪贸易制度比较和西方的兴起》，中信出版社 2008 年版；［日］青木昌彦著，周黎安译：《比较制度分析》，上海远东出版社 2001 年版。关于路径依赖的理论内容是根据这些著作概括的。

② 比如 D. 奈尔肯 J. 菲斯特编，高鸿钧等译：《法律移植与法律文化》，清华大学出版社 2006 年版；何勤华等著：《法律移植轮》，北京大学出版社 2008 年版；黄金兰著：《法律移植研究》，山东人民出版社 2010 年版；康锐著：《我国信托法律制度移植研究》，上海财经大学出版社 2008 年版。

或者现在做出选择的既定约束条件。沿着既定的路径，经济和政治制度的变迁可能进入良性循环的轨道，迅速优化；也可能顺着原来的错误路径往下滑；弄得不好，它还会被锁定在某种无效率的状态之下。一旦进入了锁定状态，要脱身而出就会变得十分困难，往往需要借助外部强力，引入外生变量或依靠政权的变化，才能实现对原有方向的扭转。

（二）制度变迁不同于技术演进的地方在于，它除了受报酬递增机制决定外，还受市场中交易因素影响

决定制度变迁的路径有两种力量，一种是报酬递增；另一种是由显著的交易费用所确定的不完全市场。如果没有报酬递增和不完全市场，制度是不重要的。随着报酬递增和市场不完全性增强，制度变得非常重要，自我强化机制仍起作用，只是某些方面呈现出不同的特点：

1. 设计一项制度需要大量的初始设置成本，随着这项制度的推进，单位成本和追加成本都会下降。

2. 学习效应，适应制度而产生的组织会抓住制度框架提供的获利机会。

3. 协调效应，通过适应而产生的组织与其他组织缔约，以及具有互利性的组织的产生与对制度的进一步投资，实现协调效应。不仅如此，更为重要的是，一项正式规则的产生将导致其他正式规则以及一系列非正式规则的产生，以补充这项正式规则。

4. 适应性预期，随着以特定制度为基础的契约盛行，将减少这项制度持久下去的不确定性。总之，制度矩阵的相互联系网络会产生大量的递增报酬，递增的报酬又使特定制度的轨迹保持下去，从而决定经济长期运行的轨迹。

（三）由于制度变迁比技术演进更为复杂，所以行为者的观念以及由此而形成的主观抉择在制度变迁中起着更为关键的作用

在具有不同的历史和结果的不完全反馈下，行为者将具有不同的主观主义模型，因而会作出不同的政策选择，因此，制度变迁过程中，边际调整就不会完全趋同。所以，不同历史条件下形成的行为者的不同的主观抉择，既是各种制度模式存在差异的重要因素，也是不良制度或经济贫困国家能够长期存在的原因之一。具体说来，它有着以下特殊的含义：

1. 政治过程影响制度选择，因为在这一过程中，包含了大量的讨价还价、度量和强制的交易成本，其结果往往是非效率的，制度选择和路径依赖是不同利益集团的博弈的反映。与制度框架“共生的”相互依赖的组织和利益集团会竭力维护现行的制度，阻挠制度变迁。重大的制度变迁就发生在大危机时期，因为危机极大地削弱了既得利益集团维持现状的能力，增强新利益集团谈判能力。

2. 制度变迁是一个适应性学习的过程。诺思认为，制度反映了当事人的信念，或者至少反映了制定规则的当事人的信念。信念反映了当事人的语言和文化传统。学习是个体的心智模式对环境的反馈所作的适应性调整的过程，也是一个反复“试错”的过程。人类学习的特征既是心智模式的调整过程，又是“表象重述”的过程。从特殊到一般进行概括的能力和应用模拟的能力是这种重述过程的一部分。这种能力不仅是创造性思维的源泉，而且是决定人类决策的意识形态和信念体系的源泉。因此，人类的学习过程决定了制度的演进方式。

3. 制度的非效率是历史的常态（而非例外），制度变迁是一个非历态（non—ergodicity）的过程。由于制度的报酬递增，制度变迁过程的政治效应可能被锁入某一制度轨道；技术锁定的重要性远不如制度锁定，即（源于制度和政治安排僵化的）路径依赖和互不相同的人类信念构成了经济政策长期性和系统性失灵的原因。

（四）路径依赖的传递途径

制度变迁的路径依赖，先从认知层面开始，经过制度层面，最后达到经济层面。信念决定了制度结构，因为认知的路径依赖，制度也呈现出路径依赖的特性。在制度框架既定和社会激励结构不变的情况下，借助于价格信号，市场当事人的信念与技术互动，可能引导该社会沿着一种鼓励技术进步的方向前进。因此，认知和制度的路径依赖将会导致经济的路径依赖。

（五）一个社会独特的文化信仰或文化传统决定了博弈者预期和行为方式，决定了其对制度均衡的选择，也决定了其制度变迁的特殊轨迹和历史的路径依赖

一个博弈均衡的选择在很大程度上取决于博弈者的预期，博弈者的预期又深受其文化信仰的影响，博弈者的文化信仰又是在历史的制度选择与以往的制度均衡中逐渐形成的。当博弈者根据当前的战略局势对未来的博弈做出预期和相关决策时，他在以前（历史上）的博弈中所形成的文化信仰就会深刻地影响

其当前的预期和决策。这样，文化信仰作为链条和纽带，就在历史上不同的博弈和均衡之间建立了内在联系和承继关系。

二、遵循先例：哈萨维的法律变迁路径依赖理论

最早提出普通法路径依赖问题的是霍姆斯①，哈萨维依照路径变迁理论，认为遵循先例原则明显造就了路径依赖，提出了法律变迁进路中路径依赖的三种模式：递增报酬路径依赖、进化路径依赖和序贯路径依赖②。

普通法系统的核心是要求法院黏附于原则和行为规则的整体，这种原则和行为规则单纯地从习惯法和代代相传的习惯中、或从法院识别、判断和应用这样的习惯法和代代相传的习惯所形成的裁判和法令中获得权威。在遵循先例原则下，上级法院早先的判决具有支配作用，法院尤其看重自己判决的分量，法院也留意于具有说服力的先例中非约束性的判决。结果，虽然法律体系中有一些灵活性，但先例在法律审议中仍然保持核心地位。由此，后来的判决依赖于且受制于早期的判决，遵循先例原则造就了一个明显的路径依赖进路，形成三种模式。

（一）递增报酬路径依赖：禁止永久权规则的发展

众所周知的禁止永久权规则形成的故事为我们提供了普通法中一个递增报酬路径依赖的引人注目的例子。在17世纪中叶的英国，有关继承的规则上存在领主和法院之间的持续争战。领主寻求在他们的土地继承方面更强的控制，法院则强烈地反对他们。1681年，阿罗戴尔伯爵（Arundel）寻求创制信托契约以阻止将他的土地遗传给他最年长的儿子，因为该儿子患有严重的精神病。大法官诺丁汉认为伯爵的关心是合情合理的，于是作了一个决定以反映他所处

---

① “法律的生命在于经验，而不是逻辑……如果我们想知道某一法律规则为何形成其特定的形态，以及，多多少少我们是否想知道它为何存在，我们诉诸传统。我们从《年鉴》（the Year Books）中追寻它，可能追踪到较之更早的萨利法兰克人（the Salian Franks）的习惯，而且，在历史上的某一地方，比如日耳曼人的森林，在诺曼国王的需要中，在占统治地位阶级的主张中，在普通观念的缺失中，我们发现，对于如今最佳的东西的实际动机，因其被接受的简单事实，以及人们习惯于此而变得正当”。引自［美］斯蒂文·J.伯顿著，张芝梅、陈绪刚译：《法律的道路及其影响——小奥利弗·温德尔·霍姆斯的遗产》，北京大学出版社2005年版，第10页。

② Hathaway，Ona A Path Dependence in the Law：The Course and Pattern of Legal Change in a Common Law System［J］，Iowa Law Review，2001（6）：pp. 602—665.

的特定环境。大法官论证，父亲可以适度地估定他现存家庭成员的能力，因此允许父亲的裁判得到强制执行。在后来的150年里，这一个裁决逐渐地演变为众所周知的禁止永久权规则。在禁止永久权规则之下，"除非必须经过授权，否则，没有利益是永久的，如果是全部的利益，创设的权利终其身后，不得少于21年"。

禁止永久权规则的发展生动地刻画了每个如上所描述的法律变迁递增报酬路径依赖的特征。第一，规则发展非收敛性：一件早期小概率事件——一位父亲寻求阻止由他患精神病的儿子继承他的土地——对于最后的结果产生了巨大的冲击。领主应该有能力判断在所有继承人中谁最适合被授予继承权的原则已经锁定在现在看来已经变得奇特的标准。第二，结果是不可预知的：虽然我们能相当容易地解释规则是如何发展的，事先预测最后的结果即使不是不可能，也是很困难的。第三，不存在固有的能够引导我们相信禁止永久权规则是单一的均衡，而是给予一组不同的历史环境，任何可能主宰继承的规则都可能得以发展。

（二）进化路径依赖：固有危险规则的发展

生物进化有渐变和突变两种，大部分时期生物的进化是稳定的，有时突变带来根本性的变化，然后又稳定下来。法律进化也是渐变和突变的交融。固有危险规则就是这种进化的一个案例。固有危险规则起源于狄克森诉里英案，表现为判例法的突变。在狄克森案中，枪的拥有者派遣女佣回家取枪，结果原告的儿子被回家取枪的女佣意外击中，法院认为枪的拥有者对原告负有责任。该案中，法官把处于那种状态下的枪说成是"处于能够造成伤害的状态中"，如此建立了拥有者可能被视为因对所有物疏于管理而负有因该所有物造成伤害的责任。随着该案例的引用，法院逐渐扩大应用"固有危险"规则到最初适用案件的情形之外。首先在狄克森案中关节连接的原则变成就像装入胶囊的理念，在 Longmeid Holliday 一案中宣称，允许补偿由"事物的自然危险所引起"的伤害，但是不允许补偿由"一个未知的潜伏性的缺陷"——像一个有缺陷的灯——所引起的伤害。判例法然后进入列维视为法律规则发展的"第二个阶段"内安顿下来，在这期间"虽然用案例推理继续在观念的内外对项目进行分类，但观念已或多或少地被修正"。这时期的稳定毫无疑问具有 Longmeid 案中所宣称的应用法律规则的特点。虽然判例法仍然保持由于狄克森案所产生的最初见识和由之所产生的法律观念的一致性，但它远非静止的。法院必然地将规则适用于新的和无法预料的环境。判例法然后进入了发展的最后阶段——新的突变，在这期间法律观念被突破，“通过用案例推理……能够将法律规则推演得更加清楚，以至于不再需要判决字面上暗示性的影响力”。

（三）序贯路径依赖：“分离却平等”规则的变迁

序贯路径依赖应用到法律变迁的一个重要启示是：案件呈送法院的顺序将会对法律规则的选择产生重要影响。修哥得·马歇尔法官代理全美有色人种委员会（NAACP）挑战 Plessy v. Ferguson 案例所形成的“分离却平等”规则的故事是其典型。法官马歇尔和他的同事知道联邦最高法院极端地不愿宣布“分离却平等”规则是违宪的，所以他们采取了一系列经过精心设计的行动逐渐将法院带引向那一方向。他们断定，终止法律隔离的关键在于向分离教育的三个方面挑战：“州法律需要分开的学校，学校开支是不相等的，州法律之下不存在使开支相等的机制。”然而，他们并没有立刻向所有公众教育的分离挑战，他们决定从挑战一个法学院的分离按部就班地开始其案件的序列，因为他们相信在这一领域法庭上成功的机会最大。他们逐渐地建立起早期成功的基础，最后拉开了具有革命性意义的案件——布朗诉教育董事会一案的序幕。

哈萨维的分析没有对遵循先例原则的原因进行归纳分析。其实，路径依赖既有可能是技术原因，也有可能是制度原因，还有可能是因参与人主观认知原因。初始状态、递增报酬、突发小事件、交易成本、有限理性、信息不对称、利益集团的政治斗争、知识积累、多重均衡等，都是认识和分析路径依赖的工具与视角。

三、路径依赖与信托法律移植

路径依赖变迁理论告诉我们，移植信托法律制度，既要理解英国的信托财产权利形成的路径依赖，又要知道中国法律的路径依赖①。懂得路径依赖理论就能更好地知道信托制度的移植。

（一）路径依赖与信托财产权的形成和实质

所谓普通法就是习惯法，突出说明了英国法律的路径依赖（见本书第三

① 张天民看到了我国信托法移植失去衡平法的传统，这是比较深邃的，但他没有看到失去了普通法的传统，因为衡平法是依托于普通法的，还没有看到如何与中国的法律传统衔接。参见张天民著：《失去衡平法的信托——信托观念的扩张与中国〈信托法〉的机遇与挑战》，中信出版社 2004 年版。

章)。信托财产权利形成的路径依赖首先是英国的日耳曼因素和封建保有制的初始状态决定的，英国普通法的传统、信托财产权利的形成与发展等许多方面，莫不与此血肉相连。限于本文篇幅，不详细研究信托财产权利形成的路径依赖，只从初始状态、谈判力、拟制、法律竞争、司法实施几个方面展开，以加深对信托财产权利制度的理解。

1. 财产权利分割和封建关系的拟制。因为罗马法意义上的土地真正所有权属于国王，受封土地的人只是保有土地。因而对于土地的利用，就是依附于土地上的人身关系和封建附属关系上的土地权益，即地产权。这种权益纯粹是基于利用土地和依附于土地上的封建关系产生的抽象权利，而不是土地本身。如第二章所述，地产权就是不断分割的，这样客观上基于地产权基础上的所有财产权也都是不断分割的[①]，信托的衡平法所有权中的受益权，就是对普通法上所有权的一个分割。受益权又可以进行再信托或者质押、转让等方式创设后分割。进行财产权利分割，当时都以封建关系进行拟制当事人之间的权利义务关系，对于非自由保有地也是如此，信托财产权利的当事人之间的权利义务关系就是对封建权利义务关系的拟制。拟制正好说明了人的有限理性下的行为选择，节约认识世界的成本。

2. 法庭竞争。争夺司法管辖权不仅直接决定王室的财政收入，而且是加强中央集权的手段和工具。正因为在封建保有制下存在教会法庭、领主法庭、百户郡法庭、商人法庭等多个司法管辖权。亨利二世就以令状制度与其他法庭争夺司法管辖权（详见第三章）。这种竞争不是以武力做后盾进行征服，而是依照封建原则和理论，以竞争优势取胜，最终形成普通法和普通法财产权。普通法形成后，衡平法院又与之竞争，形成了衡平财产权利，最终形成了信托财产权利这么一种复合财产权利。信托财产权利形成后，普通法院和衡平法院虽经长期竞争最终合并，但两者之间仍然存在竞争，即可按照普通法审理又可按照衡平法审理，并且衡平法优先。这种竞争一直延续到现在。

衡平法的法律程序明显优于普通法的法律程序的地方在于它着眼于在行为之前进行控制而不是行为之后进行惩罚。衡平法的诉讼程序不要求普通法冗长的调查、检控和陪审团审理，违反衡平法的禁止令和对违反禁止令的惩罚都是十分迅速的。衡平官法院享有仅在申诉人申诉（allegations）和证词（affida-

---

① 比如知识产权，在英美法系中分类和成立就没有大陆法系的障碍，在股份基础上的表决权信托，就不必像大陆法系分为人身权与财产权，必须把股份的信托与表决权的信托给同一受托人，可以分别信托。

vits）的基础上就通过行动令（mandamus）或禁止令（injunction）强使特定行为的能力，而无需等候如普通法法院那样缓慢的损害赔偿诉讼的程序。它首先下达命令，然后再找出适用法律、权利和事实都是怎样，而普通法则要先找出法律和事实然后才会下达命令。但这一点就会让衡平法院通过禁止令干预普通法院，或者要求普通法院扩展其行动令和禁止令状的适用范围，以创设造成有体物财产向无形财产的转变的那些现代商业的无形财产权。通过禁止令的方式法院可以事前就触及所需要的最微小的行为细节，以承认新的权利，保护新的人身和财产的定义。普通法只能有效地处理有体物以及在事后作出惩罚，而衡平法则可以处理最无形的价值，因为它在事前直接命令价值所依托的特定履行、规避或承受。衡平法将财产视为主张他人应为的行为，普通法则将其视为自己所有的物。

衡平法的主要任务在于创设使用权和信托，它们将有体物与从物中产生的期望的交易区分开来。并且因为价值并不存在于物而存在于这些期待的交易中，衡平法程序一度从普通法程序中攫取了价值的实质内容。自此通过衡平法针对普通法的死板或救济不足而给予的开释（relief）的方式，又产生了一系列的行为意义上的价值，比如对事故或错误的救济，对账户、合伙以及公司法的每一个细节的控制①。

3. 利益集团谈判。诺曼征服建立的封建关系就是对人身依附和封建附属内容进行协商谈判的一种制度，按照人身依附和封建附属内容的不同分为自由保有制和不自由保有制，自由保有制又因封建义务内容不同分为许多种。因为国王靠自己过活，没有强大的常备军，因战争、治理国家财政支出增多等原因导致的王室财政困难，就需要国王与贵族、教会就纳税问题重新谈判，谈判力的大小以税为基础。由此形成了以税为核心的谈判政治，纳税人纳税，王室提供财产权利保护，后来演化为国家提供财产保护。并不是每个先占据了“谈判”位置的利益集团就会以大局为重，放弃自己的利益，照顾他人的利益。相反，只有到了不改革自己的利益便无法继续下去的时候，这些利益集团才会不得不让步，或才会不得不允许被排除在外的其他利益集团进入“谈判”机制参加谈判。谈判是有条件和资格的，主要就是纳税能力大小。只有首先有了政治谈判的资格，才能进入谈判程序，并最终改变谈判的方式和内容。亨利二世就是以

① 参见［美］康芒斯著，戴昕等译《资本主义的法律基础》，华夏出版社 2009 年版，第 215—216 页。

司法管辖权与其他利益集团竞争税源，奠定中央集权的经济基础，形成的普通法及其法定所有权实质就是要那些人纳税，国王则从救济出发保护那些人的财产权。普通法的僵化也是因为税源向王室集中导致贵族利益受损，超过其容忍限度，不准王室签发新的令状。用益制的形成和用益法的颁布都是因为税。国王之所以通过衡平法院保护部分用益制也是因为税源和结构的变化。由于经济结构的变化，工商业发展，土地交易频繁，财政收入结构也发生变化：从以土地产生的封建义务的税收为主转向以动产交易税为主。这样王室保护工商业的交易，市民、乡绅和资本家纳税，王室通过衡平法对商业贸易进行保护，下院的起源和发展以及对王权的限制都源于税。经过几百年的发展，英国各利益集团在纳税——利益冲突——谈判——妥协的框架下博弈。所以，信托财产权利结构的形成实质也是利益集团博弈均衡的结果，从而具有鲜明的宪政因素，形成和凝聚了各方的共同信念①，成为新的习惯。因而，英国的信托财产权利的形成过程中，始终充满历史的悖论。

4. 司法中心主义。英国信托财产权利以普通法所有权与衡平所有权的双重所有权为框架结构，表现出以抽象权利不断分割为中心的基本特征，对这些表象背后的支撑，则是它的法律裁判规则（legal rule）载体形式，从而能够采用关系类推和具体比较的办法实现法律的实施。两大法系法律的实施各自形成了完整系统，按照调整对象—法律载体—法律适用方法—核心出发点这样的主线，大陆法系表现为：权利类型—抽象规范—法典（既定条文）—请求权基础—个人意思；英美法系表现为：具体对象—裁判规则—法官（正义直觉）—关系类推—整体关系。整体关系的思想相较于个人意思，在现代社会具有更强的开放性，但二者自有特性，并无高下之分，只是为不同的时代需要而产生，并不断发生着历史的优劣转化②。这个区别至关重要，是两大法系基本价值理念的重大区别。大陆法通过立法事先告诉人们应该怎样行动，不这么做就会惩罚。普通法不告诉你应该怎样做，告诉你不能这样做，因为你这样做就会侵犯别人的权利而受到惩罚。衡平法下的信义义务尤其体现这一特点。这意味着前者不能选择，不能发挥主观能动性，后者除了少数禁止的外，想怎么做就怎么

---

① 国王是良心的守护神，是正义之源，王权借助这个进行司法干预，增加税收，分别形成普通法和衡平法，又因上院和下院分别反对随意加征税构成对王权限制的力量。宪政形成之后，良心和正义之源就是法官、宪政体制。

② 参见冉昊："两大法系法律实施系统比较——财产法律的视角"，《中国社会科学》2006 年第 1 期，第 59 —71 页。

做，可以充分发挥主体的能动性。

这个区别，也是英国封建主义保有制不同于欧洲大陆的初始状态决定的。国王与领主、领主与封臣形成的封建权利义务关系是基于意思自治协商的，有了纠纷就诉诸王室法庭、领主法庭、百户郡法庭、教会法庭等各级各类法庭，有一个自由选择余地。亨利二世针对斯蒂芬内乱后，相互侵占土地的情况，通过令状制度，引导人们选择中央王室法庭，形成普通法。新令状的不断签发以直接或间接的方式侵害了贵族领主等法庭的管辖权，使其收入减少。这激起了贵族们的不满，1258 年他们通过《牛津条例》宣布停止签发新的令状；若必须签发，要经贵族组成的大谘议会同意方可。新令状的停止签发意味着新的不法侵害无法得到救济，于是负责签发令状的文秘署官员就套用以前类似案件的令状格式签发令状以开始诉讼，这类诉讼被称为类案诉讼或例案诉讼，最典型的例子就是从有身体接触的侵权之诉中发展出对无身体接触的侵权行为的救济。衡平法是新令状停止签发后的另一种救济方式的选择。直到十九世纪普通法庭和衡平法庭合并后，当事人还有两种选择救济方式。无令状无诉讼，无诉讼无救济，无程序无救济，无救济无权利。这种选择对于权利的确认是通过法官造法进行的。从此意义上讲，信托财产权利是权利司法救济的产物。

司法中心主义传统是什么意思呢？是指普通法是以司法救济为出发点而设计运行的一套法律体系，这区别于以立法为中心的大陆法。以救济为中心意味着只有在权利义务关系的平衡被打破时法律才出面干预、救济，在此前法律并不关心权利和义务的具体分配。普通法和大陆法的一个显著区别就是，大陆法关心的主要是通过列举或其他方式明示人们的权利和义务，并在它们的平衡被打破时进行司法救济，普通法则很少关注这些对于权利和义务的直接分配，相反它将这一任务留给了习惯或其他社会规范，很多时候它默认这些规范对权利和义务的分配，只在它们被破坏时予以救济。因此，普通法一开始是缺乏实体的权利义务分配规则的，这些内容都蕴涵在日耳曼习惯法或是人们的内心当中①，只在纠纷发生时提供解决办法。衡平法也是如此。

普通法形成之时关注司法制度的特点深刻地影响了它后来的发展，法官有自由裁量权，普通法和衡平法都遵循先例。大陆法的法官自由裁量权受到限制，必须追寻立法者的原意来解释法律，以免有司法篡夺立法权之嫌。在普通法，法官解释制定法时主要不是寻找立法者的原意，而是要看先前法官的解

① 比如“己所不欲，勿施于人”的信念。

释，在该条文首次被解释时，法官也不是问立法者在立法时的意思是什么（立法者的原意），而是问当立法者自己在处于当下的情形（手头案件）时他的意思会是什么。如果说立法者在立法时的意思是他们自己的意志的话，那么他们自己在当下情形中所可能采取的立场则很大程度上会受到法官意志的左右，因为他们此时不可能出现在审判现场。

除法律解释外，司法中心主义的立场还为普通法带来了其他一些不为或很少为传统大陆法学所关注的内容，比如令状制、陪审制、巡回审判、法律职业阶层、律师公会、司法技术、司法审查等等。但普通法并不排斥制定法和大陆法的相关内容，它与大陆法的差别毋宁说是一种治理观念和出发点上的差别，一个力图为每一种行为提供模式，另一个则将行为方式的选择权交给了当事人自己，只在行为方式的选择发生偏差和纠纷时予以纠正。这就是李猛所说的普通法是通过一种一贯的治理（遵循先例）来实现对于行为模式选择的管理①。普通法和衡平法并不设计或创制某种行为模式，但它排除某些模式的运用。

以司法为中心的另一个体现是，普通法和衡平法的许多制度创新和社会变革都是通过司法而非立法完成的。在制度创新方面，比如信托制的产生、侵权行为规则原则的变迁、商法制度（都有衡平法的精神）的引进等，都是由法官通过具体的判例确立的，然后由后来者予以遵循②。在社会变革方面，比如法治传统的确立、普通法对于国王专制的制约等，也都是普通法法律职业阶层共同抗争的结果。很难想象，如果没有曼斯菲尔德勋爵，没有柯克等大法官，英国是否会有今天的法治传统？如果没有了约翰·马歇尔，美国的联邦最高法院是不是会有今天如此尊崇、荣耀的地位和如此广泛的权力？与立法相比，法官造法的司法在推动社会发展方面更加自然、渐进，制度在不知不觉中自然地生长了起来，从而比立法断然地创制更易为人所接受。

2. 路径依赖、强制性变迁与信托移植

通过上述路径依赖分析，再结合信托财产权利的法经济学分析，我们发现，对于信托财产权利的移植很容易得其形忘其神。我们的信托法移植是一种

① 李猛：《除魔的世界与禁欲者的守护神：韦伯社会理论中的“英国法”问题》，载李猛主编：《韦伯：法律与价值》，上海人民出版社 2001 年版，第 183—184 页。

② 法官造法是普通法与大陆法最本质的区别之一，普通法就是英格兰的王室法庭造就的。英格兰的王室法庭却并不是一开始就有的，是由巡回法庭发展而来，而且也不是当时所有国家（如法国、德国等）的王室法庭都发展出了普通法，这其中的发展又与多种历史机缘紧密相连。

在我国传统法律路径依赖上的强制性制度变迁[①]。这种强制性制度变迁是国家通过立法强行规定的制度供给，不是各利益集团博弈均衡的产物，也不是我国法律传统土壤中自然生长出来的，更不是诱致性制度变迁，极难产生共同的信念。这种强制性法律制度安排，如何使之在我国成功移植，会是一个长期的磨合过程。日本移植信托制度经过100多年才成熟。本文依据路径依赖理论，首先提出中国法律的路径依赖[②]，然后寻找共同的信念，再指出信托移植在司法方面与传统对接。

中国法律从简单幼稚的法律幼苗发展而成的体系完整、内容全面、义理精深、风格特异的庞大法律系统，是一套以"天道"观念和阴阳学说为哲学基础、以儒家学派的主流思想为理论根据、以农业生产方式和血缘家庭家族为社会土壤、以"三纲五常"为核心（即礼）的完整而圆熟的法律传统和法律体制。这个传统因为初始状态与英国很不同，导致的中华法律传统也不同。后来我国引入大陆法系的概念和逻辑又形成了新的路径依赖。顾元注意到了英国的衡平法传统与中国的衡平理念对接的问题[③]，从哲学基础、基本价值、法律职业等方面对两者作一比较研究，以试图观察司法官是如何运用类似的手段在不同的文化背景之下来建构理想的法律秩序的。确实，中英两国甚至其他民族和国家历史上都有"公平"、"正义"和"良心"这一衡平理念，但是只有英国发展为法律规范，我国还是停留在道德层次上。其中根本的原因就是我国对王权缺乏以税为核心的多元利益谈判机制。顾元只看到了思想上的相通之处，没有看到缺乏现实的物质力量把思想转化为制度安排。因此，我们看到了这一点，就是找到了信托财产权利移植的共同信念：衡平，即有路径依赖基础。路径依赖说到底是人们的信念在发挥作用，是信念变成制度，然后由这种制度来推动社会其他方面的发展，包括经济的发展。信念是由个体学习和社会集体学习的过程决定的，人类的学习过程决定了制度的演进方式，从而把"学习过程"与"路径依赖"问题结合起来。接下来就是考虑如何把衡平理念转化为制

---

① 林毅夫："关于制度变迁的经济理论：诱致性变迁与强制性变迁"，载于［美］R. 科斯、A. 阿尔钦、D. 诺斯等著：《财产权利与制度变迁一产权学派与新制度经济学译文集》，上海三联书店、上海人民出版社1994年版，第371—403页。

② 笔者对中国的法律传统和路径依赖知识准备和研究很不足，只好进行对部分公认的东西进行粗略的描述。

③ 参见顾元：《衡平司法与中国传统法律秩序：以清代诉讼案例为主要素材兼与英国法比较》，中国政法大学博士论文，2002年；顾元："中国传统衡平司法与英国衡平法之比较——从'同途殊归'到'殊途同归'"，《比较法研究》2004年第4期，第12—26页。

度安排。

关于法官自由裁量权。大陆法系制度下并不排斥法官的自由裁量权。相反，诚信原则早已根深蒂固地成为赋予法官自由裁量权。在具体适用个别法条时，立法者本身就留有空间，赋予法官在某种程度上的自由裁量权，比如说不当得利的“没有合法依据”便属于此类典型。但是，我们不能不承认，普通法制度下法官的自由裁量权以遵从先例为原则，法官在这个原则下运用法律技术，区别（distinguish）或遵从（follow up ）先例，其运用的空间比大陆法系制度下法官的运用空间大得多。几百年来法官、律师、学者对这种技术的熟悉程度及运用，使得全社会已经形成看不见的网，约束着法官的自由裁量权。在我国，由于法官整体素质低，法律的适用程序仍然不能达到高度的透明及公正，对法官适用法律的监督体制未有建立，因此，在对法官进行信托法培训和具有上诉的约束前提下，可以赋予法官一定自由裁量权，比如以标的金额为限。不要忘记英国的法官一开始也不是就成熟到今天的程度，也有个学习过程。

关于遵循先例。我国发展信托制度可以采取立法、立法解释、司法解释、案例指导等多种形式形成先例。比较可行的方式应当是司法解释或案例指导。这有现实基础。人民法院在审判工作中涉及具体应用信托法律的问题，可以由最高人民法院根据法律和有关立法精神，结合审判工作实际需要作出司法解释。最高人民法院发布的司法解释具有法律效力。案例指导相对于司法解释更为灵活、能够及时满足司法实践的需要。近二十年来，最高人民法院建立了“案例指导”制度，这是我国司法制度一个组成部分。对于典型的涉及信托制度的诉讼案例，经最高人民法院审判委员会讨论通过后，以公报的方式公开发布。这些案例事实上已被赋予了与司法解释同等的司法权威，可以说具有事实上的先例约束力。

关于立法、司法和执法权的分配。这涉及到法院司法与行政司法优劣和分配等问题，我们在第四节详细论述。在金融等领域，我们可以通过授权方式，把实现衡平法义务的立法、司法和执法权部分授予给银监会、证监会和保监会以及仲裁委，避免目前情况下的僵化。

第三节
对我国《信托法》若干条款的评析

根据第一章至第五章的第二节研究内容，本文对我国《信托法》的一些条款进行评述，以加深对信托财产权利制度特质的理解。

一、信托是法律关系还是法律行为

第二条 本法所称信托，是指委托人基于对受托人的信任，将其财产权委托给受托人，由受托人按委托人的意愿以自己的名义，为受益人的利益或者特定目的，进行管理或者处分的行为。

这一条饱受诟病，问题很多。

1. “委托人基于对受托人的信任”，没有体现信托财产权衡平法的特性，即受托人负有为受益人管理、处分信托财产的信义义务（fiduciary duties/obligations）。如果在用益制时期还有信任的话，信托普及和商业化之后，从实际上看，恰恰是人们之间充满不信任，才强加给受托人衡平法义务，并且此“信任”并不是日常人际交往之间的心理学意义上的相信，其内涵丰富得多（忠实义务和谨慎义务），还具有法律拘束。

2. “委托人……将其财产权委托给受托人”，这里的“委托”一词作为法律术语不妥，也突出说明我们在大陆法系概念和法律思维中继受信托财产权利的尴尬。第一，“委托”是财产权利没有实质转移，很容易混同代理，使得委托人“委托给”受托人的财产权就不能成为信托财产权，信托就不能成立。第二，财产权不能转移，受益人就没有衡平法财产权利，后面的信托财产独立性就不能成立[①]，如独立于委托人、受托人和受益人的固有财产、免于破产、不得强制执行、抵消的禁止、混同的禁止、有限责任（分别见《信托法》第十五、第十六、第十七、第十八、第二十七、第二十八、第二十九、第三十四和

① 信托财产独立性是强制移植信托财产权利制度的一个创造性概念，比较好地揭示了信托财产权利的部分特质。

第三十七条等），失去了根基。第三，用“委托”一词的本意是为了照顾中国的传统观念[①]，认为委托“并不意味着信托财产不转移给受托人”“信托财产具有充分的独立性，即使没有转移给受托人，信托财产也不再是委托人的普通财产”[②]。这种概念突出说明了如何处理法律传统的路径依赖与强制性制度变迁的两难问题。既然强制移植信托，就要给一个正宗的信托理念，选择一个正确的起点，否则会造成更大的混乱，再有委托在法律意义上不实质转移财产权利，没有必要搞信托财产登记制度。这会造成移植信托财产权利制度整个落空。事实上在我国信贷资产证券化过程中已经把“委托”改为“信托”[③]。第四，“委托给”导致委托人权力太大，不利于实现信托财产的独立性。

3. 把信托看成是一种法律行为，不是一种法律关系。这忽略了信托财产权利关系和作为一项制度安排的衡平法信义义务基础与实质。这条受日本信托法影响较大。日本信托法对信托行为进行了界定，把该项下信托契约、遗嘱、书面形式或电子记录上所作出的意思表示三种情形称为信托行为，我国的信托法没有对此界定。信托一旦成立，虽然有委托人把财产权转移和受托人管理、处分信托财产的两个基本行为，但还是有关当事人之间权利义务的法律关系，其行为是基于权利义务履行而发生，其核心是受托人负有衡平法义务。再有，正因为信托财产权利的分割所形成的权利义务关系具有一般性和普遍意义，才作为一项制度安排广泛运用于各领域。如果仅仅把信托法律关系界定为一种信托行为，不利于信托制度的推广运用和深入利用信托制度的法律资源，如默示信托中的推定信托、回复信托，其制度价值就会很小。

路径依赖理论告诉我们，要想路径依赖的负面效应不发生，那么在最开始的时候就要找准一个正确的方向。因此建议把第二条改为“本法所称信托，是指委托人将其财产权转移给受托人，由受托人按委托人的意愿以自己的名义，为受益人的利益或者特定目的，进行管理或者处分财产所产生的法律关系”。

---

① 2009年笔者与《信托法》原起草小组组长王连洲先生交流时，他说，因为根据中国的传统法律概念，把自己的财产转移给别人管理处分恐怕难以令人接受，所以最后定稿时把原来的“转移”改为“委托”。

② 参见何宝玉著：《信托法原理研究》，中国政法大学出版社2005年版，第8—12页。

③ 《信贷资产证券化试点管理办法》第六条第一款规定“受托机构因承诺信托而取得的信贷资产是信托财产，独立于发起机构、受托机构、贷款服务机构、资金保管机构、证券登记托管机构及其他为证券化交易提供服务的机构的固有财产”。

二、信托是否为合同

第八条 设立信托，应当采用书面形式。书面形式包括信托合同、遗嘱或者法律、行政法规规定的其他书面文件等。

第九条 设立信托，其书面文件应当载明下列事项：（一）信托目的；（二）委托人、受托人的姓名或者名称、住所；（三）受益人或者受益人的范围；（四）信托财产的范围、种类及状况；（五）受益人取得信托利益的形式、方法。

除前款所列事项外，可以载明信托期限、信托财产的管理方法、受托人的报酬、新受托人的选任方式、信托终止事由等事项。

上述两个条款强调了信托以协议设立和当事人对条款的自主选择权，似乎合乎合同法的两个标志性特点①。国内一些学者据此认为信托是合同②，笔者在与从业者和部分监管者交流时，也认为信托是合同，在处理基金公司有关违背信托义务时（见第一章第一节案例三）也以此为依据。这两条虽然指出了信托条款以合同形式订立，但没有说信托的合同性质。说信托是合同既不符合信托形成的历史，更不符合受托人受信托义务拘束的事实③。在英美信托法律中，包括忠实义务在内的信托义务，是最严厉、最高的义务，根本不是双方对等谈判确定的与权利对称的互负义务，其具体内容既可能是法律规定的，也可能是法官根据原则创造的，尤其是在推定信托中。

合同说能够解释一些现象尤其是大陆法系都明确以合同的形式确立信托关系，如明示信托，但信托财产权制度还是与合同制度有重大区别：一是信托是衡平法的产物，与普通法同时发展而来。受托人对信托财产的管理、运用权力是以

---

① John H. Langbein, The Contractadan Basis of the Law of Trusts, The Yale Law Journal, Vol. 105, (1995) pp. 625—652.

② 参见秦洁："信托合同在适用中的法律问题探讨——以信托合同的法律性质为中心"，《西南民族大学学报》（人文社科版）2009 年第 5 期，第 92—94 页；张淳："信托合同论——来自信托法适用角度的审视"，《中国法学》，2004 年第 3 期。

③ 海顿认为"信托不能被视同为合同，否则的话，就会导致处理违反信托的结果，就像处理违法合同的情况一样。例如：一旦违反信托就可以终止信托；或者委托人必须有执行信托的权利；或者委托人或受托人的死亡、或智力上的缺陷都会影响信托关系的存续；或者所有的受益人必须在信托关系发生时就存在等等。如果把信托仅归为一种合同义务，会极大地限制其在下一个世纪（指 21 世纪——译注）发展的空间。信托义务是一项独立的义务，通常持续一段较长的时间，或是一种有它自身寿命的法律关系"。即使大陆法系的合同可以包括信托的安排，其权利也是对人的权利，无法对抗债权人和不当受让人。参见［英］D. J. 海顿著，周翼、王昊译：《信托法》，英文部分第 5 页、第 10 页、第 16 页，中文部分第 5 页、第 10 页、第 16 页的具体论述。

承担信托义务为条件的。这是衡平法强加的，远远超过普通法上人们之间互负的义务，是对自私自利人性的深刻理解。二是法律构造不同。信托存在委托人、受托人和受益人，委托人和受益人或为同一人，如果是不同的人，则不存在合同关系。合同是双方当事人的协议。信托关系中，委托人的意志起很大作用，受托人的忠实义务和谨慎义务，是法律或法官强加的，不是来自意思自治。受托人一旦违反，受益人可强制执行，或者法官确定推定信托。合同条款是当事人的意思自治。三是合同支付金钱对价，信托在商事活动中支付金钱对价，在遗嘱信托、推定信托、归复信托中都不支付金钱对价，并且信托的对价可以是精神上的和情感上的。四是信托涉及财产转移与财产权利分割，合同有财产权利转移，也没有财产权利转移，没有财产权利的不断分割，合同说无法解释信托制度的许多特征，尤其是受托人受信托义务的拘束，更不好解释推定信托和结果信托。五是一旦选定信托法律关系或者法官推定存在信托关系，则信托合同对于信托义务没有选择权，受托人必须负有信托义务，而一般的合同则没有此强制规定，但在英美合同法中，合同当事人之间就存在信赖关系，违反信赖义务一方则负有推定信托义务。如果信托是合同，则很难承认宣言信托和我国在司法实践中已经存在的推定信托。

三、信托法仅仅是规制信托公司的吗

第四条　受托人采取信托机构形式从事信托活动，其组织和管理由国务院制定具体办法。

第二十四条　受托人应当是具有完全民事行为能力的自然人、法人。法律、行政法规对受托人的条件另有规定的，从其规定。

这两条确定了在我国自然人和法人可以担任受托人。但是，自然人是否可以从事商事信托还是民事信托不甚明了，并且以信托法律关系从事商事信托是否一定要信托机构也不清楚。由于大陆民法系国家遵从没有规定就是禁止的传统，从第四条的字面意义理解，并没有说以信托法律关系从事业务或者适用信托法律关系，就一定要设立信托机构，造成事实上以信托法律关系从事业务，或者适用信托法律关系，就要经批准设立信托机构。

我国设立信托法有一个根本认识上的错误，就是把信托业看成是一个与银行、保险、证券并列的一个金融产业[1]，我国的《商业银行法》和《证券法》有关条款都是如此称呼，并且当时起草《信托法》时，专设"信托公司"一章，以信托法规制信托公司[2]。虽然后来取消了这一章，但是至今还有不少人认为信托法是规制信托公司的，适用信托法原理就应该设立信托机构。这一错误认识延续至今，以致笔者与保险、证券公司及其监管机构的有关人士交流时，根本回避"信托"二字，以为运用信托法原理从事业务就要受银监会管辖。况且在英美都从来没有这么一个金融产业称谓，虽然其广泛运用信托法原理设立金融机构、从事金融业务和监管。

这一错误认识，在实践中是非常有害的。目前我国以信托法律关系从事金融业务的主要是信托公司、证券投资基金公司、社保基金和企业年金，但是实践上证券公司、商业银行、保险公司、各类私募股权基金等金融机构从事理财业务，证券公司从事资产证券化业务，客观上要求以统一的信托法律关系进行规制，然而却因为上述两条的规定，事实上没有以统一的信托法律关系进行拘束，既造成各金融机构不平等的竞争，也形成适用法律关系的混乱[3]。再有，我国《公司法》第一百四十八条规定"董事、监事、高级管理人员应当遵守法律、行政法规和公司章程，对公司负有忠实义务和勤勉义务。董事、监事、高级管理人员不得利用职权收受贿赂或者其他非法收入，不得侵占公司的财产"。第一百四十九条规定"董事、高级管理人员不得有下列行为：（一）挪用公司资金；（二）将公司资金以其个人名义或者以其他个人名义开立账户存储；（三）违反公司章程的规定，未经股东会、股东大会或者董事会同意，将公司资金借贷给他人或者以公司财产为他人提供担保；（四）违反公司章程的规定或者未经股东会、股东大会同意，与本公司订立合同或者进行交易；（五）未

---

① 甚至有不少人把我国信托业分为广义和狭义上的信托业。所谓广义上的信托业包括所有按照信托法原理开展的经营活动。所谓狭义的信托业，指信托公司开展的信托业务活动。这一区分根本没有必要，反而造成混乱。正像我们从事金融交易和商业交易都要适用合同法，没有必要把合同分为金融合同和商业合同一样。

② 江平说当时起草《信托法》主要是为了整顿信托公司，解决信托公司将来的出路问题。参见金立新：《〈信托法〉十年十人谈，应加强完善信托公权配套规章》(1)，《金融时报》，2010 年 12 月 6 日；另外参见王连洲：《"脱胎换骨"的信托业亟待解决深层次问题》，《金融时报》，2010 年 12 月 18 日。

③ 康锐就认为适用什么样的法律关系，可以在当事人之间发挥法律信号作用，即信号便于迅速将法律关系归类，从而对当事人形成不同的激励和约束。如根据信托法律关系特征来认定当事人之间的权利义务是否比照信托，就比起采用大量法律术语的解说更为简单清楚，特别是对于我国这样的通过移植引入信托概念的国家而言，更易为社会各界所接受，司法审判的法律规则适用也会相应变得明晰。参见康锐：《委托理财案件审理的司法成本问题：信托信号不清及其法律困境》，来源：信托法律网（www. trustlaws. net），2008 年 10 月 28 日、30 日。

经股东会或者股东大会同意，利用职务便利为自己或者他人谋取属于公司的商业机会，自营或者为他人经营与所任职公司同类的业务；（六）接受他人与公司交易的佣金归为己有；（七）擅自披露公司秘密；（八）违反对公司忠实义务的其他行为。董事、高级管理人员违反前款规定所得的收入应当归公司所有”。这两条都是借鉴英美公司法中的衡平法原理而来，事实上是对其强制施加信义义务中的忠实义务和注意义务。如果按照我国《信托法》第四条和第二十条的规定，这些信托义务就得不到落实，因为上市公司不可能设立为信托机构①，从而不能进行有效的公司治理。

其实，信托首先是从不动产法发展而来的一个权利义务的法律关系，就像股、债权债务的法律关系一样，对各方当事人的权利义务分配不一样，是一个民商合一的法律关系，最有利于防范人类普遍存在的机会主义行为导致的道德风险，不应该看成只是特许专用于几个金融机构。由于我国没有衡平法，一切采用法定的信托关系和推定的信托关系都应该适用信托法。因此这两个条款应该进行必要的修改，便于在我国推广信托法律制度，便于充分有效利用法律制度资源。

四、关于受托人的忠实义务和谨慎义务

第二十五条　受托人应当遵守信托文件的规定，为受益人的最大利益处理信托事务。受托人管理信托财产，必须恪尽职守，履行诚实、信用、谨慎、有效管理的义务。

第二十六条　受托人除依照本法规定取得报酬外，不得利用信托财产为自己谋取利益。受托人违反前款规定，利用信托财产为自己谋取利益的，所得利益归入信托财产。

第二十七条　受托人不得将信托财产转为其固有财产。受托人将信托财产转为其固有财产的，必须恢复该信托财产的原状；造成信托财产损失的，应当承担赔偿责任。

第二十八条　受托人不得将其固有财产与信托财产进行交易或者将不同委

① 学者李颖芝看到了我国《公司法》中的这一规定因为缺乏衡平法基础有落空的可能。参见李颖芝：“衡平法外的受信义务—析董事于新《公司法》下之‘忠实义务’”，载《北大法律评论》，2008年第9卷第2辑，第310—377页。她没有看到与我国《信托法》的联系。如果与信托法有效衔接起来，这些规定不会落空。

托人的信托财产进行相互交易，但信托文件另有规定或者经委托人或者受益人同意，并以公平的市场价格进行交易的除外。受托人违反前款规定，造成信托财产损失的，应当承担赔偿责任。

第二十九条　受托人必须将信托财产与其固有财产分别管理、分别记账，并将不同委托人的信托财产分别管理、分别记账。

我国《信托法》从第二十五条到第三十四条都是规定受托人义务，其中的核心是建立在衡平法基础上的忠实义务和谨慎义务。从第二十五条到第二十九条，对受托人忠实义务和谨慎义务作了一般原则的规定，如为受益人利益最大化服务，对忠实义务的内涵也做了一些规定，如避免关联交易、禁止自我交易和避免利益冲突，但还是存在一些瑕疵。第一，对于“恪尽职守，履行诚实、信用、谨慎、有效管理的义务”过于原则和含混。第二，对于谨慎义务既缺失一般标准，也没有具体内容。一般标准至少是合理期待的理性人标准，即像管理自己的财产一样谨慎同时具备专业技能。这一标准下至少应该包括如下内容：是否听取专业人士的意见和建议；是否进行多样化投资组合降低风险；是否充分考虑信托的目的、期限、分配等具体情况；是否把信托财产的投资组合作为一个整体，把具体的某项投资决策作为一个总体投资策略的一部分进行考虑，而该策略的风险和收益对信托来说是合理的和适宜的；是否充分考虑总体经济情况、财政税收政策等外部环境可能给信托投资带来的影响；以及是否使信托财产具有盈利能力等。第三，对于受托人的忠实义务内容还有缺失和不够明确。比如受托人个人目的不得与信托的目的相冲突；受托人或其关联人的利益不得与信托利益相冲突（或不得与受益人的利益相冲突）；受托人不能从信托中获取任何秘密利益等。另外，我国《信托法》对信托受托人忠实义务的规范还缺乏对信托财产与受托人关联人之间的关联交易以及受托人与受益人的与信托财产无直接关联的交易的规范、对受托人“秘密收益”的规范、类似于美国信托法的“无须更多询问”以及“举证责任倒置”规范。第四，对于违反忠实义务和谨慎义务缺少相对于受益人的救济制度安排。

完整意义上的受托人的忠实义务和谨慎义务规范体系应当包括：衡量受托人履行信托义务与否的一般标准、受托人义务的具体内容、判断受托人是否尽到义务的具体细化标准以及违反义务应当承担的责任等。只有形成了这样的逻辑结构，对受托人义务的规范才是完整的和具有实践性的。因为缺乏法官造法的传统，上述缺陷使得我国运用信托法律关系制度时，无法把握其受托义务的标准内含，更是难以进入司法和执法层次。建议修改信托法时，单独制定《统一受托人法》，把其原则与忠实义务和谨慎义务的具体内容至少要列举出来。

五、关于信托财产

第七条　设立信托，必须有确定的信托财产，并且该信托财产必须是委托人合法所有的财产。本法所称财产包括合法的财产权利。

第十四条　受托人因承诺信托而取得的财产是信托财产。受托人因信托财产的管理运用、处分或者其他情形而取得的财产，也归入信托财产。法律法规禁止流通的财产，不得作为信托财产。法律、行政法规限制流通的财产，依法经有关部门批准后，可以作为信托财产。

第七条明确了作为信托财产的标的物是不动产、动产和财产权利，且必须是合法的。第十四条非常巧妙地消化了英美信托概念中的普通法所有权和衡平法所有权的分离，把现实的信托财产权和未来的财产权都看做是信托财产。这是通过大陆法系的物上代位性和同一性两个概念消化的①。代位性是以一种财产形态变更为另一种财产形态为前提，同一性并不存在财产形态的变更问题，是原信托财产的孳生物，例如，信托财产本身的形态若没有发生变化，而仅仅是产生了利润，该利润属于信托财产就不存在“代位”问题，属于同一性范畴。代位性不同于同一性。假若信托财产被盗获得了保险金，保险金成为信托财产，存在“代位”问题，即保险金取代了以前的信托财产形态，因而属于代位性范畴。

正如海顿所说，通过相似概念来彻底转化信托概念是不行的②。这两条的瑕疵在于：一是“确定的信托财产”含义不清楚，需要司法解释。期待权或其他未来的财产权利是否可以作为信托财产？这又与我国的《物权法》第五条有些冲突，物权需要得到承认才行。在实践中，我国信托公司以未来的财产权利设立信托财产但没有得到物权法承认的财产进行资产融资的案例，已经很多。二是因“承诺”取得的财产才是信托财产，似乎不妥。委托人转移至信托的财产，应该是据以设立信托的财产，至少是受托人接受受托人这种职务而取得的财产，不是承诺，况且，推定信托中，受托人根本不需要承诺，如不当得利的

① 一些学者将信托财产的代位性和同一性看作同一特性。参见赖源河，王志诚著：《现代信托法论》，中国政法大学出版社 2002 年版，第 79 页；周玉华著《信托法学》，中国政法大学出版社 2001 年版，第 146 页。

② 参见［英］D.J. 海顿著，周翼、王昊译：《信托法》，法律出版社 2004 年版，中文部分第 14 页。

财产作为信托财产。

第四节
不完备法律与我国《信托法》的执行

我们将解释为什么法律是内在不完备的，并且在法律不完备的前提下，剩余立法权及执法权在不同机构之间的分配会影响执法的有效性，以及如何在立法者、法庭和监管者三者之间进行立法及执法权分配的权衡问题[①]，以此理解信托法的移植问题和司法以及执行。因为缺失了衡平法基础，没有普通法传统，信托成长的法律环境是极为逼仄的。因此通过重新合理分配对受托人义务的立法、司法和执法的权力，可以一定程度上矫正这一缺陷，为信托制度在我国土壤缓慢生长创造条件。

一、为什么法律是不完备的

如果法律能准确无误地规定出所有相关的适用情况，而且如果证据充分即能切实地加以执行，则我们认为法律是完备的。这要求法律能够自我说明（即所有法律的适用对象都对法律的含义持相同看法），并且不需要进行司法解释。否则，法律就是不完备的，也就是说，法律对一些相关问题未做规定或者规定不清。不完备法律即使有充分的证据仍然不能切实加以执行。

法律是内在不完备的。这根源于人类有限理性造成的信息不对称。既然法律通常被设计为要长期适用于大量的对象，并且要涵盖大量迥然不同的案件，那么它必然是不完备的。只有当社会经济或技术变革的过程静止时，法律才可能完备。

如果所有可能造成损害的行为都能准确无误地由法律详细规定，则我们认为法律是完备的。否则，法律就是不完备的。这或是因为法律存在空白（即法

① 这些思想主要来自皮斯托和许成钢的论文《不完备法律——一种概念性分析框架及其在金融市场监管发展中的运用》（上、下），载于吴敬琏主编：《比较》第3、4辑，中信出版社2002年版。他们的思想又主要来自哈特和莫尔的不完全合同理论，哈特和莫尔的研究思路又是由科斯的《企业性质》和《社会成本问题》的研究发展而来。

律不能处理特定的损害行为)，或是因为法律条款的开放性质（即法律的边界未清晰地加以限定)。在法律中，某些领域比其他领域更不完备。环境因素会影响法律的相对不完备性。比如，受社会经济及技术的快速变革所影响的领域，相对于不受外因变化影响的领域会更不完备。原因在于，这样的变革会不断挑战那些为解决“老”问题而设计的法律解决方案，因此，如果法律还想维持有效性，就需要频繁修改。

法律也可能由于有意设计而具有不完备性。立法者可以决定将法律设计得或多或少不太完备，而且考虑到现有的执法制度及其有效性，他们常常会这样做。由于立法者知晓法庭会介入并且填补法律留下的空白，他们会起草宽泛、开放性的而非详细的条款。反过来说，如果不愿给予法庭立法权，或者法庭被认为无法以按预期的方式行使这些权力，那么立法者会试图以更精确的方式表述其意图。然而，即使高度明确的法律也是不完备的，因为它必定会遗漏一些影响裁决未来案件的相关问题。

大陆民法比普通法更加不完备，因为普通法通过判例和法官解释成文法来克服法律的不完备性。法律内在的不完备法，一定程度上造成了司法和执法的不完备性。

二、法律不完备与立法、司法和执法权的分配

在法律不完备时，如果不阐明法律的含义，则无法用之断案。这种解释现有法律，适应环境变化，并把它扩大适用于新案例的权力称为“剩余立法权”。剩余立法权可由立法者保留，也可授予法庭或监管者。本文将探讨剩余立法权在立法者、法庭和监管者之间进行最优分配的条件。但是，仅分配立法权还不够。除此之外，还应分配执法权。除非能自愿或强制地得到遵守，否则再好的法律也会形同虚设。大量文献对有效执法的条件进行了探讨。

法律是不完备的，那么显然，无论是在判例法还是在成文法中，执法所面临的挑战要比设计最优刑罚更复杂。它要求设计适当的制度机制以解决不完备法律下执法无效的问题。在更进一步的条件下（例如预期损害的程度)，仅靠法庭不足以保证执法的最优化。这源于法庭执法的本质。法庭被设计成被动执法者，是中立者。只有在国家或私人起诉之后，法庭才能开始行动。法庭本身不能发起调查，因为这会削弱其中立性和公正性。至少，在法治国家中，上述观念（法庭的中立及公正性）都是核心价值观，它们将法庭设计成争端解决者

并取得了成功。相反，监管者却可以主动执法。他们主动监督各种行为，开展调查，禁止或惩罚损害行为。在许多领域内，监管者的主动式执法的产生在很大程度上是由于法律不完备，以至于大量"负外部性"致使被动式执法无效。

法律不完备有两种类型。一种情况是，法律没有对特定行为进行界定或仅列举了少数行为，使得对行为结果的限定很宽泛（第I类型不完备法律）；另一种情况是，法律虽明确了应予制止的行为，却不能涵盖所有相关行为（第II类型不完备法律）。

第I类型不完备法律的一个例子即侵权法。一般性侵权原则通常规定，损害他人财产、生命及自由的责任人要承担侵权责任。要注意到，它并未定义具体的损害行为，仅定义了造成财产损害要支付赔偿金这种广义的行为结果。尽管在确定侵权责任时要求行为人存在故意或过失，或规定某类行为要负严格责任，这样可以进一步限定责任范围，但这仍然给损害行为的形式留下了空间。

第II类型不完备法律的一个很好的例子是刑法。刑法通常会规定许多以保护产权为目的的条款，但每条都针对特定行为，例如盗窃、侵占、财产损坏等等。更仔细地审视这些条款则会发现，法律并未概括所有可能侵犯产权的行为。但人们还是宁可有意识的选择制定高度明确的法律，即使这意味着那些可能产生类似损害结果的行为不可避免地会被遗漏。

在本质上，法律的不完备性不同于惩罚程度的不确定性。只要行为人知道，他可以预期到惩罚，并且他所预期的惩罚程度的最大值足够高，那么，法律为达到最优的社会效果已具备足够的阻吓力，且这一阻吓力与惩罚程度的不确定性无关。相比之下，如果法律不完备，对于行为者个人以及执法者而言，核心问题均是确定行为是否违反法律。不完备的法律可能会惩罚无辜者，从而阻止有利于社会的行为。当然，它也可能会阻止潜在的损害行为。因此，除非能找到在不完备法律下增强执法的制度机制，否则不完备法律会使执法处于次优状态。

每一法律体系都在不同的机构之间分配立法及执法权。在民主制度下，最普遍的立法机构是立法者，还包括法庭（至少在普通法国家中是这样），最重要的执法机构是法庭。这些机构可认为是在行使原始立法权和执法权。如果法律不完备，仅分配原始立法权和执法权是不够的。如果一项既定的法律不可能解决所有未来的案件，那么解释和发展现有法律并决定如何用之处理新案件的权力也需要进行分配。我们将这种权力称为剩余立法权和执法权。这些权力可以分配给法庭或其他机构，例如监管者。对监管者所采取的制度性约束完全不同，这使得它能以不同于立法者或法庭的方式来制定和执行法律。

每一法律体系都面临着同样的挑战，即如何使得各种法律的相对完备性最大化，以及如何对剩余立法权进行相应的分配。世界上两大主要法系——普通法和民法体系，分配剩余立法权及执法权的方式截然不同。在普通法体系中，法官不仅享有大量的剩余立法权，还拥有原始立法权，即发展新的法律原则的权力①。但在民法体系中，法官被认为只能解释而非创设法律。但法律创设与法律解释之间的界限经常很难划分。法律解释，即使是狭义的解释，也会包含剩余立法的因素。这意味着，法律在一组特定事实中的适用，并非直接根据制定法或判例法的字面意思。在某方面，民法法官甚至可视为比普通法法官受到的约束更少。因为，他们不必服从“先例拘束”规则，也就是说，他们没有遵循上级法院判决的法律义务。但在实践中，下级法院却常会这样做，因为，不这样的话，他们要冒判决被推翻的风险。但是，没有正式的“先例拘束”规则，法官在解释法律时就有更多的回旋余地。因此，即使在民法国家中，法官也行使剩余立法权。不过较之普通法系国家的法官，民法法系国家的法官在行使这些权力时受到的约束更多，部分原因是法律信条不同，部分要归因于法官所面临的制度约束截然不同。

在执法方面，法庭和监管者行使剩余立法权和执法权的程序及时间不同。法庭的职能被设计为中立裁判者，这是以法治为基础的法律体系的本质特征之一。因此，法庭是被动的，并且仅在起诉之后才能行使其立法及执法权。也就是说，即使那些应该受到干涉的事件展现在法庭面前，他们也无权采取行动。相反，监管者被设计成主动执法者。主动式执法包括多种职能，涉及到控制市场准入、监督各种活动、开展调查、禁止损害行为，以及对违法者予以行政制裁。法庭不能履行这些职能，因为法庭必须公正，并因此不得不保持被动直至有人提起诉讼。

对主动式执法者如监管者的需要仅在法律不完备时产生。当法律完备时，法律体系不必费心寻找一个机构来替代作为主要执法者的法庭。它所需要做的，只是保证惩罚程度以及拘捕概率足够高。但如果法律不完备，执法机构的设计和立法及执法权的最优分配则变得至关重要。原因在于，当法律不完备

① 是否普通法的法官实际上是在“创设”法律，或者是否他们仅以法律原则为基础“发现”法律，这都存在大量争议。从我们的目的而言，这种区别并非至关重要。关键问题在于，在普通法国家，法官行使着大量权力来创设具有法律约束力的先例以填补法律的空白，这点是受到广泛认可的。这种立法权是法官的关键职能之一。

时，法律的阻吓效果削弱。加之法庭被设计成被动式执法者和主要的事后立法者，这样便导致执法不足。前文所述，即使有证据表明特定行为已经发生并产生了损害结果，这些行为是否处于相关法律的范畴之内仍是有疑问的。个人如果对其行为进行规划，则会从两方面对不完备法律问题做出反应。一种情况是，行为人假定法律不会适用于他们，因而继续其行为；或者，因为其行为可能处于某特定法律的范畴之内而面临惩罚，他们会过分谨慎。任何一种情况下，法律的阻吓作用都远非最优。第一种情况下，法律阻吓不足，第二种情况下，法律阻吓过度。在行使立法和执法权的时间方面，法庭和监管者通常是不同的。多数情况下，法庭在事后即损害发生之后才创设及执行法律。事后执法与法庭作为被动式执法者的职能密切相关。因为法庭不得不等着他人起诉，所以通常只在当事人受到足够高的激励进行起诉时，法庭才能出面。但是，法庭也能应当事人的请求采取行动以预防损害行为的发生。程序上的方法便是向法庭提出颁发临时禁止令的请求。相反，监管者在事前和事后都能创设及执行法律。由于监管者是主动执法的，因此只要发现足够高的预期损害程度，他们就可以开展执法程序。而且，他们可利用立法权改写或变更规则，以回应所观察到的社会经济或技术变革。

较之立法者，监管者能更灵活地行使立法权。他们不必通过冗长的立法过程，但却可以在其立法权限内，以简单程序改写及变更法律。只要以民主方式制定的法律将监管者的管辖权界定得足够准确，这种行为就不会侵犯国会的权力。根据不完备法律理论的核心观点，至关重要的是，监管者不仅是规则制定者，而且是执法者。立法及执法权兼备使得监管者的立法活动能直接得益于其执法活动。

损害结果的受害人的反应也取决于法律不完备这一事实。当法律的适用范围不清楚时，他们可能不愿起诉。原因在于，即使他们相信自己能提供充分证据，他们仍要面对案件结果的巨大不确定性，结果便产生执法不足。对这一问题，一种可能的解决方案是，允许政府机构代表私人或在私人之外进行起诉。美国“谢尔曼法”（1890）就赋予检察官以制止反竞争行为的起诉权，这些条款可视为解决执法不足问题的一种手段，因为个人是不会有足够的激励来提起诉讼的。但赋予政府机构以起诉权，仅仅减轻了由于法庭被设计成被动执法者所产生的执法不足问题。这并未解决那些为了不断增强法律的完备性而改动与变更现有规则以适应社会经济与技术变革的问题，增强法律的完备性才能大大增强有效执法的可能。因此，为使执法最优，将立法与执法都纳入享有持续立法权和主动执法权的机构手中，可能才是更合适的。

三、如何最优分配立法权和执法权

我们曾经说明法庭作为剩余立法权及执法权所有者的缺点，并提及监管者的比较优势。但监管也并非毫无成本。监管的直接成本包括各种必需的资金用以雇佣监控者、调查员，维持档案系统，以及启动诉讼。监管的间接成本包括：市场参与者因为不得不服从监管而产生的成本；监管者执法不足或过度时产生的社会成本。同法庭或立法者一样，监管者也可能犯错，导致监管失灵。如果不考虑激励问题，监管者的优势在于，他们能主动以灵活的方式对过去的错误做出反应并加以改正。如果监管者强加的成本超过主动式执法的收益，监管就会失灵。当过多的潜在有利行为受到禁止，或监管原本良好的初衷却抑制了经济活动时，监管失灵便产生了。监管者也会监管不足，因为他们面临着资源的约束或分配不当。

于是问题变成，在什么条件下将立法及执法权分配给法庭是最优的，以及何时应将这些权力（再）分配给监管者，或者何时用法庭执法对监管执法进行补充会更好。他们提出了两种重要因素：标准化以及预期损害的程度（外部性）。

标准化是指一种能力，即以合理成本对损害行为及结果进行描述，以便监管者能有效行使主动式执法权的能力。主动式执法的有效性取决于监管者监督市场以及确定行为及其结果的类型的能力（这类行为及结果在合理预期下，会导致损害性结果）。尽管随着时间的推移，对究竟哪种行为及结果会满足这些条件，评估的标准会发生改变。然而，为了有效利用资源并避免过度监管的缺陷，监管者对这些类型进行确定以及标准化仍很关键。如果对可能导致损害结果的行为类型没有任何经验，设立事前监管者可能是一个错误。然而，一旦这些行为类型得以确定，监管者不仅会是比法庭更有效的执法者，而且成本会更低，因为许多人都会节省因诉讼拖沓所产生的成本。

决定最优制度选择的第二个因素是预期损害的程度。如果预期损害的程度，事后立法和被动式执法的约束是可以容忍的。当受害人可能遭受的损害较小，或当仅有少数受害人受潜在损害行为的影响时，便是这种情况。单个家庭发出的噪音只会影响近邻。由于邻居能确定损害的原因，他们可以起诉并向作为被动执法者的法庭寻求法律救济。相反，在工厂排放污染物时，会影响到比近邻更多的人。只要这些人所遭受损害的程度有限，那么将案件提交给法院执行，并通过允许集团诉讼和给予三倍赔偿金等制度来进行激励，这样就足够了。但是，如果预期损害的程度相当大，比如核电站这样的情况，法庭执法便不会有效。它通常来得太晚，即在损害发生之后。由于主动式执法制度通过设置准入壁垒、持续监督和调查等方式，试图预防损害的发生，因此，采取这样的制度会更好。

总之，监管者履行的职能与法庭截然不同。作为主动式执法者，是行政执法，监管者禁止损害性行为，并启动执法程序，而后一职能在法律不完备时与法庭相比是个重要优势。只有当行为能够加以标准化，并且这些行为可能产生极大的损害和负外部性时，由于被动式执法无法对其进行充分救济，监管者主动执法所付出的代价才是合理的。

四、信托法的立法、司法和执法权分配：在金融领域的一个分析

法律是不完备的，在不完备法律下被动式执法经常是不够的。此外，法庭不能履行与监管者相同的职能，因为这会违背其作为中立裁判者的角色。如果法庭履行同样的主动式执法及事前立法的权力，这将把他们变成监管者。给定法律不完备，并给定法庭面临法治原则的制度性约束的前提，依赖法庭执法的法律将会引致阻吓失灵，通过引入一个完全不同的机构作为主动式执法者即监管者，阻吓失灵能得以改进。

金融市场法律的历史证明，市场参与者确实诡计多端，他们策划的那些欺诈投资者的阴谋，已再三被证实为超出现有法律能力所及。试图仅靠提高判例法或成文法的完备性来对这类行为进行阻吓，已证实是不成功的，因为法律总是滞后于新的市场发展，包括滞后于那些欺骗投资者的新方法。立法者仅仅依靠制定更完备的法律是无法预防未来的损害行为的，最终这一方式不得不让位于监管者的出现，监管者最早以证券交易所形式出现，后来以政府监管者形式出现。即便这些机构并未使证券监管领域的执法变得尽善尽美，它们仍提高了执法的有效性。

因此，根据不完备法律理论，在金融市场领域，我们设想可以把违反受托人义务的部分立法权、司法和执法权赋予给银监会、证监会和保监会，同时要求替代性纠纷解决机构对受托人是否履行受托义务进行仲裁，以建立快速反应机制。

1. 中国银监会、中国证监会和中国保监会根据《信托法》和《统一受托人法》①，对各自监管的金融机构，制定针对受托义务的实施细则，分配给其部分剩余立法权。比如中国银监会根据《信托法》制定了《信托公司管理办法》、《信托公司集合资金计划管理办法》、《银行与信托公司业务合作指引》、《关于银信合作业务有关事项的通知》、《信托公司净资本管理办法》等部分规章，在我国没有衡平法的传统而且法庭司法执行反应慢的情况下，对于落实受托人义务起了非常积极的作用。最近几年中国银监会根据信托法理对信托公司的监管是比较成功的。中国证监会和中国保监会依据《信托法》和《证券投资基金法》制定相应的规章极少，或者即使有关于集合理财和专项理财的规章，虽然实质应该用信托法律关系规制，但极不情愿承认这一点。第一章的第二、第三个案例就说明中国证监会没有按照《信托法》和《证券投资基金法》对受托人应该履行忠实和谨慎义务进行裁决。在我国，短期内不可改变分业进行机构监管的情况下，通过全国人大授权给上述"三会"制定落实信托法理的部门规章，是一种较为现实的选择。当然部门规章不能作为法庭判案依据，也不能进行刑事处罚，只能进行行政处罚。

2. 全国人大授权中国银监会、中国证监会和中国保监会对于违反受托人义务以一定的司法和执法权。赋予监管机构部分准司法和执法权在这方面已经有先例，如2006年颁布的《证券法》第180条第六款明确规定，中国证监会可以冻结或者查封涉案财产重要证据，中国证监会据此发布了《中国证券监督管理委员会冻结、查封实施办法》。2006年修改的《银行业监督管理法》第四章赋予了中国银监会延伸调查权。

3. 仲裁机构作为可替代性纠纷解决机制（ADR），可以节约诉讼成本，推动纠纷及时解决，尊重当事人解决纠纷的意思表达权利。1998年美国颁布了《替代性纠纷解决法》，把由法官主持的审判之外的任何程序都称之为替代性纠纷解决方法。我国最常见的机构就是仲裁委员会。我国也可以通过全国仲裁委向各类仲裁机关要求适用信托法律关系的事项，按照受托人义务进行仲裁。

---

① 在国内高传捷先生最早（2008年）提出制定《受托人法》，有学者学日本、中国台湾，提出应该制定《信托业法》。其实，考虑到民事和商事信托及其在政治领域、公法领域的广泛运用，还是制定统一的《受托人法》好些，从日本、中国台湾的情况看，《信托业法》只是对规制从事金融投资的商事主体。

参考文献

一、英文论文

1. John H. Langbein, *Questioning the trust Law Duty of Loyalty: Sole Interest or Best Interest*? 114 YALE L. J. 938, 2005.

2. John H. Langbein, *The Contractadan Basis of the Law of Trusts*, The Yale Law Journal, Vol. 105, (1995) pp. 625 – 652.

3. Grossman & Hart, O, *The cost and benefits of Ownership: A theory of Vertical and Lateral Integration*, Journal of political Economy, Vol. 94, 1986, pp. 691 – 719.

4. Paul Vinogradoff *Reason and Conscience in Sixteenth – Century Jurisprudence*, Law Quarterly Review, Vol. 24, 1987.

5. Charles P. Sherman, *A Brief History of Medieval Roman and Common Law in England*, University of Pennsylvania Law Review and American Law Register, Vol. 68, No. 3, Mar., 1920.

6. Hathaway, Ona *A Path Dependence in the Law: The Course and Pattern of Legal Change in a Common Law System*, Iowa Law Review, 2001 (6): 602—665.

二、英文论著

7. A. W. B. Simposn, *A History of the Land Law*, Oxford: The Claredon Press, 1986.

8. Alastair Hudson, *Equity and Trust*, Sixth edtion, RefineCatch Ltd., 2010.

9. Austin W. Scott, *The Nature of the Rights of the Cestui Que Trust*, 17 Colum, L. Rev.

10. Bryce Lyon, *A Constitutional and Legal History of Medieval England*, New York, 1980.

11. Cooter and Ulen, *Law and Economics*, 4th. edition, Addison-Wesley, 2003.

12. David Hayton, *Modern International Development in Trust* Law, Kluwer Law Internantional. Ltd. 1999.

13. E. H. Burn, Maudsley and Burn, *Land Law: Cases and Materals*, 6th ed., London: Butterworths, 1992.

14. E. H. Burn, *Cheshire and Burn's Modern Law of Real Property*, 14th ed., Edinburgh, Butterworth &CO., 1988.

15. F. W. Maitland, *The Constitional History of England*, Cambridge University Press, 1946.

16. F. W. *Maitland*, *Equity: A Course of Lecture* John Brtmyate reved., 1936.

17. Alastair Hudson, *Law of Finance*, Thomson Reuters, 2009.

18. George T. Bogert, *Trust*, 6th edition, West Publishing Co., 1987.

19. Graham Moffat and Dr Gerry Bean, *Trusts Law Text and Materials*, Cambridge University Press, 2005.

20. Harold Potter, *A Short Outline of English Legal History*, London, 1933.

21. H. Rothwell, *English Historical Documents* 1189—1327, London: Eyre & Spottiswoode, 1975.

22. Maudsey and Burn, *Trust: Cases and Materials*, sixth, Butterworths, 2002.

23. Michael Haley and Dr Lara McMurtry, *Equity and Trusts*, 2nd edition, Sweet & Maxwell, 2009.

24. John Norton Pomeroy, *A Treatise on Equity Jurisprudence* VI, Spencer W. Symonsed, 5thed. 1941.

25. John H. Baker, *An Introduction to English History*, Fourth Edition, Butterworths 2003.

26. J. Williams, *Principles of the Law of Real Property*, 24thed., London, Sweet & Maxwell Ltd., 1926.

27. J. Hudson, *Land, Law and Lordship in Anglo – Norman England*, Oxford: The Clarendon Press, 1994.

28. J. H. Baker & S. F. C. Milsom, *Sources of English Legal History—Private Law to* 1750, Butterworths, 1986.

29. K. E. Digby, *An intrudoction to the History of the Law of Real Property with Original Authorities*, 5th edn., London: The Clarendon Press, 1897.

30. M. H. Ogilivie, *Historical Introduction to Legal Studies*, Toronto, 1982.

31. Rudplph von Jhering, *The Struggle for law*, trans. By John Lalor, Hyperion Press, Inc., 1979.

32. Paul Vinogradoff, *Feudalism, in Cambridge Medieval History*, Vol. 3, Butterworths, 1924.

33. Pollock & F, Maitland F W. *The History of English Law before the time of Edward* Vol. Ⅰ. Ⅱ, Cambridge University Press, 1978.

34. Richard Edwards & Nigel Stockwell, *Trust and equity*, Law Press, 2003.

35. Restatement of Trusts 2ed.

36. Richard Edwards & Nigel Stockwell, *Trust and Equity*, 5th edtion, Pearson Education Limitied, 2002.

37. R. P. Meagher & J. R. F. Lehane, *Equity: Doctrines and Remedies*, Sydney: Butterworths, 1981.

38. Radcliffe & Cross, *The English Leglal System*, Butterworths 1977.

39. Sarah Worthington, *Equity*, Oxford University Press, 2003.

40. The Cambridge *Medieval History*, Vol. 5, Cambridge, 1929.

41. William Sharp McKechnie, Magna Carta: *A Commentary on Great Charter of King John*, Second Edition, James Maclehose and Sons, 1914.

42. Underhill and Hayton: *Law Relating to Trust and Trusteees*, sixteenth edition Butterworth, 2010.

43. Vinogradoff P. *Feudalism.* Cambridge Medieval History, 1924.

44. William Blackstone, *Commentaries on the Laws of England*, edited by W. M.. H. Browne ST. Paul: West Publishing Co., 1897.

45. W. S. Holdsworth, *An Historical In Troduction to the Land Law*, Oxford Clarendon Press, 1927.

46. W. Geldart, *Introduction to English Law*, 0xford University Press, 1991.

47. W. S. Holdsworth, *A History of English Law*, Vol. Ⅲ, Methuen & Co. Ltd, 1924.

48. W. S. Holdsworth, *A History of English Law*, Vol. Ⅳ, Methuen & Co. Ltd., 1924.

三、外文翻译论文

49. 青木昌彦："制度是介于策略性互动和个体信念之间的认知媒介"，载吴敬琏主编：《比较》第 47 辑，中信出版社 2010 年版，第 58—77 页。

50. 豪诺雷著，金可可译："所有权"，载《复旦民商法学评论》第 4 集，法律出版社 2007 年版，第 247—284 页。

四、外文翻译论著

51. [英] 梅特兰著，王云霞等译：《普通法的诉讼形式》，商务印书馆 2009 年版。

52. [美] 罗斯科·庞德著，唐前宏、廖湘文、高雪原译：《普通法的精神》，法律出版社 2001 年版。

53. R. 科斯著，盛洪、陈郁译：《企业、市场与法律》，上海人民出版社、上海三联书店 2009 年版。

54. R. 道金斯著，卢允中、张岱云译：《自私的基因》，科学出版社 1986 年版。

55. E. O. 威尔逊著，林和生、谢显林、王作虹译：《论人的天性》，贵州人民出版社 1987 年版。

56. 肯·宾默尔著，王小卫、钱勇译：《博弈论与社会契约》（第 1 卷），上海财经大学出版社 2003 年版。

57. 中正野俊、张军建著：《信托法》，中国方正出版社 2004 年版。

58. [英] 亚当·斯密著：《国民财富的性质和原因的研究》（下卷），商务印书馆 1972 年版。

59. [英] 亚当·斯密著，蒋自强、钦北愚、朱钟棣译：《道德情操论》，商务印书馆 1997 年版。

60. [英] 弗里德里希·冯·哈耶克著，邓正来、张守东、李静冰译：《法律、立法与自由》（第一卷），中国大百科全书出版社 2000 年版。

61. [英] 肯·宾默尔著，王小卫、钱勇译：《博弈论与社会契约（第 2 卷）：公平博弈》，上海财经大学出版社 2003 年版。

62. [英] 梅因著，沈景一译：《古代法》，商务印书馆 1984 年版。

63. 叶士鹏著，吕平义、苏健译：《欧洲法学史导论》，中国政法大学出版社 1998 年版。

64. [美] 理查德 A. 波斯纳著，苏力译：《法理学》，中国政法大学出版社 2002 年版。

65. [美] 理查德 A. 波斯纳著，蒋兆康、林毅夫译：《法律的经济分析》（上下），中国大百科全书出版社 1997 年版。

66. [美] 约翰·罗尔斯著，何怀宏译：《正义论》，中国社会科学出版社 1988 年版。

67. [美] 腓特列·坎平著，屈文生译：《盎格鲁－美利坚法律史》，法律出版社 2009 年版。

68. [美] 罗斯科·庞德著，沈宗灵、董世忠译：《通过法律的社会控制》，商务印书馆 1984 年版。

69. Y. 巴泽尔著，费方域、段毅才译：《产权的经济分析》，上海三联书店、上海人民出版社 1997 年版。

70. 阿兰·斯密德著，刘璨、吴水荣译：《制度与行为经济学》，中国人民大学出版社 2004 年版。

71. [美] 史蒂芬·霍尔姆斯著，毕竟悦译，《权利的成本——为什么自由依赖于税》，北京大学出版社 2003 年版。

72. [法] 马克·布洛赫著，张绪山译：《封建社会》（上、下），商务印书馆 2005 年版。

73. [英] 温斯顿·丘吉尔著，薛力敏、林林译：《英语民族史》第 1 卷，南方出版社 2004 年版。

74. 伯尔曼著，梁治平译，《法律与宗教》，中国政法大学出版社 2003 年版。

75. [英] 迈克尔·曼著，刘北城、李少军译：《社会权力的来源》第 1 卷，上海人民出版社 2002 年版。

76. [法] 托克维尔著，冯棠译，《旧制度与大革命》，商务印书馆 1997 年版。

77. 亨利·斯坦利·贝内特著，龙秀清、孙立田、赵文君译：《英国庄园生活：1150—1400 年农民生活状况研究》，上海人民出版社 2005 年版。

78. 米塞斯著：《人类行为的经济学分析》（上下），广东经济出版社 2010 年版。

79. [美] 哈罗德·J. 伯尔曼著，贺卫方、高鸿钧等译：《法律与革命——西方法律传统的形成》（第一卷），法律出版社 2008 年版。

80. ［美］约翰·G. 斯普兰克林著，钟书峰译：《美国财产法精解》，北京大学出版社 2009 年版。

81. ［英］F. H. 劳森、伯纳德·冉得著，曹培译：《英国财产法导论》，法律出版社 2009 年版。

82. 小奥利弗·温德尔·霍姆斯著，冉昊、姚中秋译：《普通法》，中国政法大学出版社 2006 年版。

83. ［英］S. F. C. 密尔松著，李显冬等译：《普通法的历史基础》，中国大百科全书出版社 1999 年版。

84. ［英］F. H. 劳森、B. 拉登著，施天涛等译：《财产法》（第二版），中国大百科全书出版社 1998 年版。

85. ［古罗马］盖尤斯著，黄风译：《法学阶梯》，中国政法大学出版社 1996 年版。

86. ［美］R. 科斯、A. 阿尔钦、D. 诺斯等著，刘守英等译：《财产权利与制度变迁——产权学派与新制度学派译文集》，上海三联书店、上海人民出版社 1994 年版。

87. ［美］道格拉斯·C. 诺斯著，刘守英译：《制度、制度变迁与经济绩效》，上海三联书店、上海人民出版社 1994 年版。

88. ［美］利贝卡普，陈宇东译：《产权的缔约分析》，中国社会科学出版社 2001 年版。

89. ［美］罗伯特·考特、托马斯·尤伦著，张军等译：《法和经济学》，上海三联书店、上海人民出版社 1994 年版。

90. ［美］理查德·A. 波斯纳著，苏力译：《正义/司法的经济学》，中国政法大学出版社 2002 年版。

91. K. 茨威格特和 H. 克茨著，潘汉典等译：《比较法总论》，法律出版社 2003 年版。

92. ［英］约翰·哈德森著，刘四新译：《英国普通法的形成——从诺曼征服到大宪章时期英格兰的法律与社会》，商务印书馆 2006 年版。

93. ［英］保罗·布兰德著，李红海译：《英格兰律师职业的起源》，北京大学出版社 2009 年版。

94. R. C. 范·卡内冈著，李红海译：《英国普通法的诞生》，中国政法大学出版社 2003 年版。

95. ［英］詹姆斯·C. 霍尔特著，毕竟悦、李红海、苗文龙译：《大宪章》

（第二版），北京大学出版社 2010 年版。

96. ［英］西奥多·F. T. 普拉克内特：《普通法简明史》（影印版），中信出版社 2003 年版。

97. ［美］E. 博登海默著，邓正来译：《法理学：法律哲学与法学方法》，中国政法大学出版社 1999 年版。

98. ［英］丹宁勋爵著，刘庸安、张弘译：《法律的界碑》，法律出版社 1999 年版。

99. ［英］丹尼斯·基南著，陈宇、刘坤轮译：《史密斯和基男英国法》（第 14 版），法律出版社 2008 年版。

100. J. W. S. 特纳著，王国庆等译：《肯尼刑法原理》，华夏出版社 1989 年版。

101. ［美］罗斯科·庞德著，廖德宇译：《法理学》（第三卷），法律出版社 2007 年版。

102. ［美］罗斯科·庞德著，余履雪译：《法理学》（第一卷），法律出版社 2007 年版。

103. ［美］罗斯科·庞德著，王保民、王玉译：《法理学》（第四卷），法律出版社 2007 年版。

104. ［美］约翰·R. 康芒斯著，戴昕译：《资本主义的法律基础》，华夏出版社 2009 年版。

105. 黄宗智著：《经验与理论：中国社会、经济与法律的实践研究》，中国人民大学出版社 2007 年版。

106. 黄宗智著：《过去与现在：中国民事法律实践的探索》，法律出版社 2009 年版。

107. 黄宗智、尤陈俊编：《从诉讼档案出发：中国的法律、社会与文化》，法律出版社 2009 年版。

108. ［美］道格拉斯·C. 诺斯著，刘守英译：《制度、制度变迁与经济绩效》，上海三联书店 1994 年版。

109. ［美］哈耶克著，邓正来译：《自由秩序原理》（上下），商务印书馆 2005 年版。

110. ［美］道格拉斯·C. 诺斯著，罗华平译：《经济史中的结构与变迁》，上海三联书店、上海人民出版社 1994 年版。

111. 道格拉斯·C. 诺斯著，钟正生、刑华等译：《理解经济变迁过程》，中国人民大学出版社 2008 年版。

112. [美] 艾夫纳·格瑞夫著，郑江淮等译：《大裂变：中世纪贸易制度比较和西方的兴起》，中信出版社 2008 年版。

113. [日] 青木昌彦著，周黎安译：《比较制度分析》，上海远东出版社 2001 年版。

114. D. 奈尔肯 J. 菲斯特编，高鸿钧等译：《法律移植轮》，清华大学出版社 2006 年版。

115. [美] 斯蒂文·J. 伯顿著，张芝梅、陈绪刚译：《法律的道路及其影响——小奥利弗·温德尔·霍姆斯的遗产》，北京大学出版社 2005 年版。

116. 伯尔曼著，梁治平译：《法律与宗教》，中国政法大学出版社 2003 年版。

117. [英] D. J. 海顿著，周翼、王昊译：《信托法》，法律出版社 2004 年版。

118. [英] P. S. 阿蒂亚著，刘承纬、刘毅译：《英国法中的实用主义与理论》，清华大学出版社 2008 年版。

119. [美] 詹姆斯·戈德雷著，张家勇译：《私法的基础：财产、侵权、合同和不当得利》，法律出版社 2007 年版。

120. [古希腊] 亚里士多德：《尼各马可伦理学》，商务印书馆 2003 年版。

五、中文论文

121. 马俊驹、梅夏英："财产权制度的历史评析和现实思考"，《中国社会科学》1999 年第 1 期。

122. 李培峰："英美信托财产权难以融入大陆法物权体系的根源"，《环球法律评论》2009 年第 5 期。

123. 钱颖一："激励与约束"，《经济社会体制比较》1999 年第 5 期。

124. 钱颖一："理解现代经济学"，《经济社会体制比较》2002 年第 2 期。

125. 冉昊："比较法视野下的英美财产法基本构造"，《吉林大学社会科学学报》2005 年第 11 期。

126. 汪其昌："要素、个人财产权利与企业最优治理结构"，《上海经济研究》2003 年第 2 期。

127. 杨春学："经济人的'再生'：对一种新综合的探讨与辩护"，《经济研究》2005 年第 11 期。

128. 冉昊："'相对'的所有权——双重所有权的英美法系视角与大陆法系绝对所有权的解构"，《环球法律评论》2004 年冬季号。

129. 冉昊："论两大法系财产法结构的共通性"，《环球法律评论》2006 年第 1 期。

130. 冉昊："两大法系法律实施系统比较——财产法律的视角"，《中国社会科学》2006 年第 1 期。

131. 施诚，"中世纪英国的军役制度"，《首都师范大学学报（社会科学版)》2005 年第 5 期。

132. 冷霞："中世纪教会法对英国衡平法的影响"，《华东政法大学学报》2008 年第 10 期。

133. 冷霞："'同途殊归'还是'殊途同归'?"，《比较法研究》2010 年第 2 期。

134. 张淳："信托合同论——来自信托法适用角度的审视"，《中国法学》2004 年第 3 期。

135. 皮斯托和许成钢："不完备法律——一种概念性分析框架及其在金融市场监管发展中的运用"，（上、下)，载于吴敬琏主编：《比较》第 3、第 4 辑，中信出版社 2002 年版。

136. 李群星："信托的法律性质与基本理念"，《法学研究》2000 年第 3 期。

六、中文论著

137. 何美欢著：《香港代理法》(上册)，北京大学出版社 1995 年版。

138. 谢哲胜著：《财产法专题研究》（三)，中国人民大学出版社 2004 年版。

139. 方嘉麟著：《信托法之理论与实务》，中国政法大学出版社 2004 年版。

140. 彭诚信著：《主体性与私权制度研究——以财产、契约的历史考察为基础》，中国人民大学出版社 2005 年版。

141. 程汉大、李培峰著：《英国司法制度史》，清华大学出版社 2007 年版。

142. 周威著：《英格兰的早期治理——11—13 世纪英格兰治理模式的竞争性选择》，北京大学出版社 2008 年版。

143. 何宝玉著《信托法原理研究》，中国政法大学出版社 2005 年版。

144. 余卫明著：《受托人研究》，法律出版社 2007 年版。

145. 周小明著:《财产权革新——信托法论》, 贵州人民出版社 1995 年版。

146. 唐义虎著:《信托财产权利研究》, 中国政法大学出版社 2005 年版。

147. 江平口述, 陈夏红整理:《沉浮与荣枯: 八十自述》, 法律出版社 2010 年版。

148. 张天民著:《失去衡平法的信托》, 中信出版社 2004 年版。

149. 高富平、吴一鸣著:《英美不动产法: 兼与大陆法系比较》, 清华大学出版社 2007 年版。

150. 周小明著:《信托制度比较研究》, 法律出版社 1996 年版。

151. 何勤华、李秀清主编:《外国法与中国法——20 世纪中国移植外国法的反思》, 中国政法大学出版社 2002 年版。

152. 何勤华、张海斌著:《西方宪法史》, 北京大学出版社 2005 年版。

153. 陈绪钢著:《法律职业与法治——以英格兰为例》, 清华大学出版社 2007 年版。

154. 梅夏英著:《财产权构造的经济分析》, 人民法院出版社 2002 年版。

155. 钱乘旦、许洁明著:《英国通史》, 上海社会科学院出版社 2002 年版。

156. 张晋藩著:《中国法律传统的传统与近代转型》(第三版), 法律出版社 2009 年版。

157. 瞿同祖著:《中国法律与中国社会》, 中华书局 2003 年版。

158. 费孝通著:《乡土中国》, 上海人民出版社 2007 年版。

159. 张德美著:《探索与决策——晚清法律移植研究》, 清华大学出版社 2003 年版。

160. 陈雪萍著:《信托在商事领域发展的制度空间——角色转换和制度创新》, 中国法制出版社 2006 年版。

161. 陈雪萍、豆景俊著:《信托关系中受托人权利与衡平机制研究》, 法律出版社 2008 年版。

162. 康锐著:《我国信托法律制度移植研究》, 上海财经大学出版社 2008 年版。

163. 杨春学著:《经济人与社会秩序》, 上海人民出版社、上海三联书店 1998 年版。

164. 朱海就著:《市场的本质: 人类行为的视角与方法》, 上海人民出版社, 上海三联书店 2009 年版。

165. 李红海著:《普通法的历史解读——从梅特兰开始》, 清华大学出版社

2003 年版。

166. 马克垚著：《英国封建社会研究》，北京大学出版社 2005 年版。

167. 张军建著：《信托法基础理论》，中国财政经济出版社 2009 年版。

168. 孟广林著：《英国封建王权论稿》，人民出版社 2004 年版。

169. 刘智慧著：《占有制度原理》，中国人民大学出版社 2007 年版。

170. 陈永强著：《英美法上的交易自治与交易安全》，法律出版社 2009 年版。

171. 周小明著：《罗马法原论》，商务印书馆 1994 年版。

172. 薛波主编：《元照英美法词典》，法律出版社 2003 年版。

173. 何宝玉著：《信托法原理与判例》，中国政法大学出版社 2003 年版。

174. 余晖著：《英国信托法：起源、发展及其影响》，清华大学出版社 2007 年版。

175. 谢哲胜著：《信托法总论》，元照出版公司 2003 年版。

176. 邢建东著：《衡平法的推定信托：另一类物权性的救济》，法律出版社 2007 年版。

177. 何勤华、魏琼主编：《西方商人法史》，北京大学出版社 2007 年版。

178. 杨小凯、黄有光著：《专业化与经济组织》，经济科学出版社 1999 年版。

179. 汤维建著：《美国民事司法制度与民事诉讼程序》，中国法制出版社 2001 年版。

180. 李猛主编：《韦伯：法律与价值》，上海人民出版社 2001 年版。

181. 咸鸿昌著：《美国土地法律史——以保有权为视角的考察》，北京大学出版社 2009 年版。

182. 何勤华等著：《法律移植论》，北京大学出版社 2008 年版。

183. 吴弘等著：《信托法论：中国信托市场发育发展的法律调整》，立信出版社 2003 年版。

七、博士论文

184. 冷霞：《英国早期衡平法研究——以大法官法院为中心》，华东政法大学 2007 年博士论文。

185. 顾元：《中国传统衡平司法与英国衡平法之比较》，中国政法大学 2002 年博士论文。